JN078596

あなたはひとりではない

366日元気が出る聖書のことば

岩本遠億
Iwamoto Enoku

YOBEL, Inc.

あなたはひとりではない

366日元気が出る聖書のことば

はじめに

本書は、2002年から2020年の18年間にわたって書き続け、インターネットで配信してきたメールマガジン「元気の出る聖書の言葉」から一年365日に閏年の一日を加えた366日分の聖書メッセージを集めたものです。どんなことがあっても、決して私たちを見捨てることがない神様の恵みと温かさ、導きと戒めを、季節の移り変わりや、日常生活の事柄に寄せて、短い文章にまとめました。受難週や復活日は、2020年の教会カレンダーに合わせています。

私は、2000年から友人や聖書に興味を持っている大学生に「今日の聖書」という個人配信のメールメッセージを送り始めました。当時は携帯メールの文字数制限があったため、できるだけ短く、しかし、分かりやすい言葉で文章をまとめる必要がありました。それが私のネット伝道の出発点となりました。

しかし、その直後、私は伝道に行き詰まり、自分の教会を閉じなければならない状況に陥りました。聖書の言葉を語る賜物が与えられ、伝道者、説教者としての働きが与えられていることは自覚していましたが、人格的に未成熟で、すぐそばにいてくれる人たちの苦労や忍耐を理解して感謝しようとせず、独善に走り、孤立を深めてしまったからです。

私は、キリスト伝道者として語ることができない状況の中で苦悩しました。与えられている賜物と人格的問題の狭間に陥り、自分のことを誰かに説明することも苦痛で、私は人とあまり話さなくなりました。

ただ、そんな中でも「今日の聖書」だけは続けていました。自分がどんな状態であっても、またどんな状況の中にあっても、聖書の言葉を読む時に心の内側にキリストが語りかけてくださる。その感激、その感動をそのまま言葉に表すことができるように、読む人も同じ感激、同じ感動を体験することができるようにと願い、メッセージを書き続けました。

すると、それがミッション・エイド・クリスチャン・

フェローシップ（ＭＡＣＦ）の関根一夫牧師の目に留まりました。関根先生は私をＭＡＣＦの聖書教師、説教者として働きに加わるよう招いてくださいました。ところが、私は、その招きにすぐに応じることができませんでした。自分の内的な分裂を自分で処理できないでいたからです。しかし、そんな私を、ＭＡＣＦのもう一人の牧師だった平塚修久先生が、何度も食事に誘い、再び説教者として立つようにと、励まし続けてくださいました。両先生の愛によって、私は再び説教者として立ち上がることができたのです。

また、同じ頃、小田原市の城山キリスト教会の牧師であり、太平洋放送協会（ＰＢＡ）「ライフライン」の司会者・メッセンジャーである関根弘興先生が、私を説教者として城山キリスト教会に招いてくださるようになりました。先生が「ライフライン」の働きのためにご不在の時、説教を任せてくださった、その温かいお心と信頼によって、私はキリストを語ることの喜びを回復していくことができたのです。

ＭＡＣＦに参加した頃、私は配信業者によるメールマガジンの存在を知り、それまでの個人配信に加え、業者をとおして「元気の出る聖書の言葉」の配信を始めました。すると、思いがけなく、多くの方々が読んでくださるようになり、日本各地だけではなく、世界中からお励ましのコメントやご相談を頂くようになりました。それに勇気を得て、私は18年間にわたってメッセージを書き続けることができたのです。読んでくださった方々、コメントをくださった方々、全ての方々に感謝します。

読者の方々が集まり、共に礼拝をささげるようになりました。それが「キリストの平和教会」です。今も共に集まり、共に祈り、賛美し、共に聖書の言葉に耳を傾けてくださっているお一人おひとりが私を支え、深い喜びを与えてくださいます。お一人おひとりに感謝します。

この「元気の出る聖書の言葉」がきっかけで、世界中の方々と出会い、親しくさせていただくことができるようになりました。ヨーロッパや南北アメリカ、オーストラリアから礼拝に来てくださった方々、今も友人として世界の各地から祈ってくださっている方々に、感謝します。

ヘブライ学博士手島佑郎《てしまゆうろう》先生は、長年にわたってユダヤ思想やユダヤ的聖書の読み方についてご教示くださり、また、拙文に何度もコメントとお励ましをくださいました。先生との議論は時に厳しいものではありましたが、軌道修正し、思索を深めることができました。先生に感謝します。

本書は、出版社ヨベルの安田正人社長が、「元気の出る聖書の言葉」をお読みくださり、ぜひ一年366日分のメッセージ集を出版したいとお声がけくださったことによって実現したものです。18年間書き続けた数千のメッセージがあるとは言え、それから366日分を選び、それを書き直すのには時間がかかりました。根気よくお待ちくださったこと、編集、出版の労をとってくださったことを感謝します。

本書の表紙絵とカットは、ちぎり絵作家の森住ゆきさんがご提供くださったものです。森住さん、本当にありがとうございました。

最後に、いつもそばにいて、共に祈ってくれている妻あずさに感謝します。

2020年4月
新型コロナウイルス緊急事態宣言の中で

岩本遠億

使用聖書および本文の文体と表現について

本書では、主として『聖書 新改訳2017』と『聖書 新改訳第3版』を用いています。これらについては特に明記していません。また、『聖書 口語訳』『聖書 新共同訳』『聖書 聖書協会共同訳』『聖書 フランシスコ会聖書研究所』『新約聖書 新約聖書翻訳委員会』も必要に応じて引用しています。

また、それぞれのメッセージは独立したものなので、採用する文体や表現を本書全体で統一することはしていません。丁寧体と普通体は、一般には文体の違いと考えられていますが、言語学ではそれらは文体の違いではなく、異なった意味を表すものと考えられています。ですから、これらが一つの文章の中で混在した場合、それは文体の不統一なのではなく、混在させる文法学的、意味論的な理由があるとお考えいただければ幸いです。また、「神」「神様」、「イエス」「イエス様」「キリスト」は、指示対象は同一でも、意味が違います。それぞれのメッセージの性格によって使い分けています。使い分けから感じられるニュアンスをお楽しみいただければ幸いです。

目次

／わたしの神様／永遠の帰属先を持つ／神はあなたもあの人も立たせることができる／神の言葉は自由に駆け巡る／人の真価が明らかにされる時／神が人を求める基準／生まれる前から／後戻りのない一直線の道／しかし、神は愛である／神の愛は、この惨めさを覆い尽くす／キリストは喜びを満たす／信仰はキリストから来る／最も大きな愛／全てが生きる／あなたの涙は虚しく地に落ちることはない／勇敢であれ／祈れない時／その時、救いが行われていた／「神はいない」の反対は？／怒りを手放す／愛は自分を捨てて一つになる／光の芸術／誇り高く生きよう／ただ一つの誇り／さあ出ておいで

コラム１　自己中心の日本語

４月

93

沈まない舟に乗って／光の季節／新しい道を歩み始める時／桜／キリストの激しい愛／社会から捨てられた人を求めて／あなたの王は何処に？／躓くことがあっても／汚れは洗っていただくしかない／人を真実に赦すとは／世界を導く真の王／キリストは生きている／愛は考え事を超える／復活したキリストは悪魔の支配地に立つ／鶏の声、イエスの声／本当の「自分探し」／決断を下す前に／私たちの希望／自分を耕す／ハナミズキ／待つことの意味／私たちの願いを完成する方／喜び、祈り、感謝／真実に生き、真実に死ぬ／私の主人のお客様／絶望の時／手を伸ばすだけで／愛は気持ちを超える／私たちの本質を明らかにするもの／立ち現れる神

５月

119

能力を使い尽くして／思いどおりにならないからこそ／親を大切に／キリストの火に燃やされて／ビフォーアフター／キリストの世界は秩序の世界／眠りは祝福／神の呼びかけ／キリストは本質を見る／新しい世界に／キリストに帰依する／神の真実とそ

8月

9月

／旅の仲間／手を繋いで歩く／指導者がいなくなる時／痛みは私たちを前進させる／十字架の上の賛美と希望／神は聞いておられた

／記憶

12月

317

一番大切なこと／私たちの天の父／私たちの王が立ち上がる時／神は恵みを減らすことはない／全てに勝る喜び／分裂した心を／一人を大切にする／神様の修理工場／心は窓／死を打ち破る命に／天国は今、ここに／一つとなる祈り／神は必ず決着を付けられる／愛に理由はない／光合成の神秘／歯車／この愛という実在者／私たちは状況の奴隷ではない／みかんのカビはみかんではない／最も小さな者たちの中から／聖霊の主権／ご自分の民を救うために／低められた人の一人として／自分の居場所を知る／贖いの心を知る者たち／神から直接の導きを与えられる人生へ／神から生まれ神に帰るために／自分ではなく、神を信じて／私は誰のもの？／食物を与える神

366日元気が出る
聖書のことば

1月

January

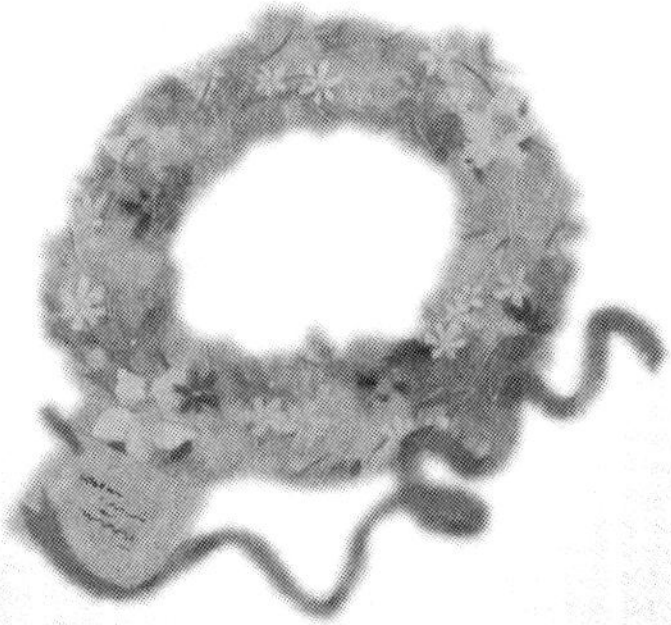

1　人生の切り札

私たちの人生の切り札は、絶対に変わることのない存在との関係の中に生きることだと聖書は言います。私たちを取り巻く状況は変わります。私たち自身もいつまでも同じように生きて行くことができるわけではありません。

しかし、そのような中で変わることがないキリストが、導き支えてくださる人生は、決して失望に終わることはないと言うのです。聖書の時と同じように、キリストが私たち一人一人と愛の関係を持ってくださるのだと。

病を癒し続けたキリスト、ご自分を捨てた弟子たちを愛し、信頼し、限りなく赦したキリスト、罪の贖《あがな》いのためにご自身の血を注ぎ出したキリスト、死から甦って弟子たちに現れたキリスト。そのキリストが、今も同じように私たち一人一人に関わってくださる。ご自身の命を注ぎかけてくださるのです。

私たちは弱るでしょう。私たちは罪深い性質を持っているでしょう。私たちの愛は揺れ動くでしょう。しかし、キリストは、変わらない。私たちの状態によって変わることがないのがキリストなのです。

変わることがないお方がいるから、私たちは勇気をもって今日の一歩を歩むことができる。私たちを決して見捨てない方が共にいてくださるのです。

イエス・キリストは、昨日も、今日も、とこしえに変わることがありません。（ヘブル人への手紙13：8）

2　時代を救うもの

良い時代、悪い時代という言葉があります。民族主義、自国第一主義の台頭と人間性の軽視、深刻な少子化と教育の質の低下、そして慢性的な政治不信の蔓延するこの時代は悪い時代と言えるかもしれません。

しかし、聖書は、「卑しいことがあがめられる」ことが時代の悪の根本にあると言います（詩篇12篇）。どんなに経済が発展して生活に困らなくても、卑しいことがあがめられている時代は滅びます。

逆に、どんなに生活が大変でも、卑しいことに膝を屈めない、毅然とした生き方を与えてくださるのが私たちの神様です。そんな私たちを用いて、神様は時代を救おうとなさるのです。

時代の良し悪しを決めるのは経済や政治ではありません。神様の光に照らされて生きている者がいるかどうか。これが決定的に重要なのです。卑しいことがあがめられ、悪意と自分中心が幅を利かせるこの時代の中で、神様ご自身が私たちを守り、立たせてくださる。私たちは、卑しいことをあがめてはなりません。膝を屈めてはなりません。

私たち一人一人の力は弱いでしょう。自分に何ができると思うでしょう。しかし、神様が私たち一人一人を創造なさったのです。私たちを尊く生かす力は、私たち自身からではなく、神様から来る。

私たちに御顔の光を照らして、ご自身の尊厳を満たし、時代に希望を与え、時代を救おうとしておられる神様がいるのです。


それは、あなたがたが、非難されることのない純真な者となり、また、曲がった邪悪な時代のただ中にあって傷のない神の子どもとなり、いのちのことばをしっかり握り、彼らの間で世の光として輝くためです。

（ピリピ人への手紙2：15～16）

3 キリストにあって喪中なし

新年の楽しみの一つに、年賀状の交換があります。年賀状を頂くとその方が私のためにわざわざ時間を割いてくださったのだと、大変ありがたい思いになります。また、長年会っていない人からの年賀状に近況などが書いてあるのを読むのは楽しいものです。年末の年賀状書きも、自分らしさを出すことができるように、いろいろと頭を捻り、趣向を凝らしますが、これもまた新年に向けての楽しい準備となります。

ところが、身内に不幸があった場合、その喪《も》が明けるまで年賀状を出すことを控えるのが日本の風習となっています。喪中《もちゅう》は、お祝い事から身を遠ざけることになっているからです。

古くからの日本の考え方では、正月は五穀豊穣《ごこくほうじょう》の神、先祖神である年神を迎えてのお祝いということですから、喪中は神を迎えることのできない時、神なしの年を迎えなければならないということを意味するのです。しかし、人生で最も寂しく悲しい時に、共にいて慰め励ます神がいないとするなら、それは本当に残念なことです。

聖書を読むと、嘆き悲しむ人々と共に生きる神様の姿を見ることができます。悲しみの中にある私たちのそばを通り過ぎるのではなく、悲しみの中に訪れてくださり、悲しみと嘆きを共に担ってくださる神様の姿です。

この方こそ、私たちの罪を背負って十字架にかかって死に、甦ってくださったイエス様です。イエス様こそ、苦しみの中にある私たちを決して一人にしない方、私たちが悲しむ時、共に泣き、私たちが歩けなくなった時、私たちを背負って歩いてくださるまことの神です。

今年、皆さんの中にも、周囲の方の中にも、伝統的には正月を祝うことができない方々がおられることでしょう。そんな時、心の隙間、悲しみの中にもご自身の存在を満たして、私たちの存在を根底から支えるイエス様の深い慰めを経験することができますように。心から祝福を祈っています。


彼らが苦しむときには、いつも主も苦しみ、ご自身の使いが彼らを救った。その愛とあわれみによって主は彼らを贖い、昔からずっと、彼らを背負い、抱いて来られた。（イザヤ書63：9）

4 神さまは知ってくださっている

私たちは、誰にも分かってもらえないような重荷や思い煩《わずら》いに心が乱れることがあります。そんな時、「私の心、私の思い煩いを知ってください」と祈れる神様がおられることは、大きな慰めです。人は理解してくれなくても、理解してくださる神様がいる。

しかし、「私を知ってください」という祈りは、心の奥底まで神様に差し出す祈りでもあります。私たちを創造なさった神様だけが知っている私たちの心の奥。自分さえ知ることができない、私たちの本質が隠されているところがある。ここを神様に差し出す祈りです。

「あなただけが知っておられる、私の中の深い思い、私の真の願い、それを調べ、それを私に教えてください。」深い心の奥底で私たちは神様と繋がるようになります。表面的には思いが揺れ動くことがあっても、決して揺らぐことのない神様がこの心の奥底に住んでくださるのです。

神様が奥の奥まで知ってくださっている。全てを知って導いてくださっている方がいるのです。

神よ。私を探り、私の心を知ってください。私を調べ、私の思い煩いを知ってください。私のうちに傷のついた道があるか、ないかを見て、私をとこしえの道に導いてください。（詩篇139：23〜24）

5 変わらぬ基準に生きる

この世の社会は、各々の人の気持ちや、自分の都合が基準となる価値観が支配する世界です。気持ちや都合が変わったら変化してしまうような基準は、人に平安と喜びをもたらすものではありません。

人の世に対立があり、強いものが弱いものを一方的に支配し、卑《いや》しめるのはこのような価値観が基準となっているからです。

私たちは、この価値観の中で自分の勝利を得ようとしてはなりません。私たちの王であるイエス・キリストは、決して変わることのない神の愛、神の聖という基準に生き抜き、この世の価値観を第一とする人たちによって殺されました。しかし、三日目に甦《よみがえ》り、神の愛と神の聖が絶対の、永遠の基準であることを力をもって現されたのです。

私たちの基準も、この神の愛と神の聖であれ！　私たちは、イエス・キリストの十字架の下に留まる者であれ！　十字架の血を受けつつ、生きる者であれ！　私たちは、キリストが甦られたように甦る者となる。卑しめられても立ち上がる者となる。

キリストが私たちを立ち上がらせるからです。

それでイエスも、ご自分の血によって民を聖なるもの

とするために、門の外で苦しみを受けられました。ですから私たちは、イエスの辱めを身に負い、宿営の外に出て、みもとに行こうではありませんか。私たちは、いつまでも続く都をこの地上に持っているのではなく、むしろ来たるべき都を求めているのです。
（ヘブル人への手紙13：12～14）

6 仕事の祝福

新年になり、今日が仕事始めの方も多いのではないかと思います。元気はつらつで仕事に向かわれた方も、様々なことに不安を感じながら仕事を再開しなければならない方もおられることでしょう。

モーセは、その祈りの中で「私たちの手の業《わざ》を確かなものにしてください」と二度も祈っています。モーセは人の能力を超えて働く神様の恵みと力を経験した人でした。

私たちの手の業を支え、それを確かなものにしてくださる方がおられると言うのです。永遠という時間の中で行われる神様の業の中に、私たちの日常の業の一つ一つを位置づけ、それに意味を与え、光を照らしてくださる。

私たちは不安におののくことがあるかもしれません。しかし、永遠の世界から私たちの存在に意味を与えてくださる方が、その業の一つ一つを心に留めてくださっています。この方がそれを確かなものにしてくださるに違いありません。

心からあなたのために祈っています。私のためにも祈ってください。

私たちの神、主の慈愛が私たちの上にありますように。私たちのために、私たちの手のわざを確かなものにしてください。どうか、私たちの手のわざを確かなものにしてください。（詩篇90：17）

7 神の言葉は虚しく消えない

私は、小さい時から聖書の言葉に触れて育ちましたが、虚弱体質で運動もできず、何かを成し遂げる強い意志も持ち合わせておらず、親が将来を心配するような子どもでした。

何とか大学には入りましたが、育ったキリスト教団体の混乱の渦中に投げ込まれ、信仰を失い、自分を失い、友を失い、さらに病に倒れ、絶望と罪の泥沼に落ちて行きました。

しかし、今、私は、生活するのに必要な力と、聖書の言葉を多くの方々と分かち合う喜びを与えられています。しかし、それは自分が谷底から這《は》い上がったからではありません。そんな気力も体力も私にはありませんでした。

私が絶望の中に滅んでいくことを神がお望みにならなかったからです。神は、私が命に溢れ、神の子の喜びに満たされることを望んでくださったのです。そして、それを実現してくださいました。絶望していた私に聖霊を注いで、私を造り変え、立ち上がらせてくださった神がいたのです。

私の心の中に植えつけられていた聖書の言葉が、私の中で芽を出す時がやってきました。それは、私の中で成長し、私を励まし、導く力となりました。神は言われます。

「わたしの口から出るわたしのことばも、わたしのところに、空しく帰って来ることはない。それは、わたしが望むことを成し遂げ、わたしが言い送ったことを成功させる。」と。

今、苦しみと自己嫌悪の中で光を見いだせず、暗闇に泣いている方もおられるかもしれません。しかし、あなたが今聞いている聖書の言葉は、決して虚しく消えていくことはありません。必ず神の望むことを実現するのです。

雨や雪は、天から降って、もとに戻らず、地を潤して物を生えさせ、芽を出させて、種蒔く人に種を与え、食べる人にパンを与える。そのように、わたしの口から出るわたしのことばも、わたしのところに、空しく帰って来ることはない。それは、わたしが望むことを成し遂げ、わたしが言い送ったことを成功させる。

（イザヤ書55：10～11）

8 心の二面性

聖書に登場する人物の中で、第二代イスラエル王となったダビデほど光と闇の二面性を強く持った人物はいません。

彼は、まだ羊飼いだった少年の時、預言者サムエルによって王任職のための油を注がれました。その時から神の臨在を強く経験する人生が始まり、神に愛され、神との深い交わりの中に育てられます。

嫉妬するサウル王に命を狙われる逃亡生活の中にあっても、低められ卑しめられる自分と共にいて支え、守ってくださる神の光に照らされる経験を深めて行きます。一方、一時的な欲望に駆られ、忠実な部下の妻を奪った上に、その部下を殺害するという闇を心の中に持っていたのもダビデです。

彼は、告白します。「私が黙っていたとき、私の骨は疲れきり、私は一日中うめきました」「私は、自分の罪をあなたに知らせ、自分の咎を隠しませんでした。」「すると、あなたは私の罪のとがめを赦してくださいました。」「あなたは、私の隠れ家です」（詩篇32篇）。

誰でも二面性を持っています。その故に苦しみます。しかし、神は二面性を持ったままの私たちを愛し、招いてくださっている。

神が罪をお示しになるのは、私たちを滅ぼすためではなく、私たちを救うためです。二面性を持った者を救おうとしておられるのです。心の闇を神に見ていただきましょう。闇を光で満たすお方がおられるのですから。

まことにあなたは、私のともしびをともされます。私の神、主は、私の闇を照らされます。（詩篇18：28）

9 名を呼ぶ神

誰でも自分が何のために生まれてきたのか、なぜ自分が存在しているのか考えたことがあると思います。自分は偶然の結果生まれてきたのか？　自分の存在価値は何か？

もし本当に偶然生まれてきたのならば、存在価値を問うことには意味がありません。偶然存在しているものには偶然の価値しかないからです。

しかし、神様は、あなたが生まれる前からあなたを知っておられます。生命が誕生する前からあなたを価値あるものとして創造し、人生の意味を用意しておられるのです。そして、あなたの名を呼ばれます。

「名を呼ぶ」とは、他のものとは区別された、特別の価値あるもの、かけがえのないものとして認識するということを意味します。あなたの存在理由は、あなたを創造した神様との関係においてのみ明らかにされるのです。

人は愛を感じる時、生きている喜びを感じます。あなたを創造し、あなたを生かしておられる神様の愛を知る時、あなたは、生きている意味と自分の尊さを心の底から喜ぶことができるようになるのです。あなたを創造なさった神様があなたを呼んでおられます。

主は、生まれる前から私を召し、母の胎内にいるときから私の名を呼ばれた。（イザヤ書49：1）

10
蔓《つる》バラ

今日、つるバラの剪定と枝の誘引を行いました。古い枝を切り、去年芽を出し伸びた新しい枝を、横に倒して、形を整えます。

垂直に立ったままだと、その枝からは花を咲かせる枝はあまり出ません。横に倒された枝から花を咲かせる枝が出るのです。

しかし、倒すときは、少しずつゆっくりゆっくり、優しく倒していかなければなりません。急に倒すと折角伸びた枝が折れてしまいます。

つるバラの誘引をしながら、神様と私たちの関係のようだなと思います。

若い時は、とにかく上に向かって伸びよう伸びようとする。若い時から自己卑下などしていたら、大成することはないでしょう。しかし、十分伸びた時、謙遜を教えられる。倒されたり、低くされたりする。しかし、そこから新しい枝が天に向かって伸びていく。もう一度美しい花が咲くのです。

倒されることや低められることは決して嬉しいことではありませんが、枝が折れてしまわないよう、神様が細心の注意をもって整えてくださる。神様の御手に抵抗しないで、しっかりと低めて頂いたほうが良いかもしれません。

バラの蔓の誘引をしている時、園芸用の革手袋を突き破り、バラの棘が人差し指に突き刺さりました。今も痛みます。棘だらけの蔓を矯めるのは大変です。棘だらけの私。素手でそれを低めてくださるイエス様の御手を思います。

ですから、あなたがたは神の力強い御手の下にへりくだりなさい。神は、ちょうど良い時に、あなたがたを高く上げてくださいます。あなたがたの思い煩いを、いっさい神にゆだねなさい。神があなたがたのことを心配してくださるからです。（ペテロの手紙 第一５：６〜７）

11 心を知る神

誰でも自分のことは自分が一番良く知っていると思っています。「そんなこと、言われなくても分かっている」と言いたくなるのも、その思いの表れです。

しかし、私たちは自分の体が病気になった時、あるいは怪我をした時、どこがどのようになって具合が悪いのか、医学を学んだ人でなければ、分からないと思います。

自分の体のことは自分が一番良く知っているようで、実はほとんどのことは知らないのです。同様に、自分の心についても、私たちはどれほどのことを知っているのでしょうか。勿論、自分の気持ちを意識することはできます。しかし、気持は心のごく一部の表れであり、心そのものではありません。

自分の思うように心が動かないことがあります。喜んでいたいのに喜ぶことができない。親切でありたいのに、親切にすることができない。頑張りたいのに頑張ることができない。

きっと、私たちが意識することができない心の中に、具合が悪いところがあるのです。私たちは、自分自身について知っているつもりで、知らないことがあまりにも多い存在なのではないでしょうか。

そのことに気がつくと、柔らかな、低い心が与えられます。「神様、私には分からない私の心を、あなたは全て知ってくださっています」と告白できるようになります。

私たちを創造なさった神様が、私たちの全てを知り、心の中の隠れた部分に光を照らしてくださる。罪や過ちを赦して癒し、御言葉を与えて魂を生き返らせてくださるのです。


だれが自分の過ちを悟ることができるでしょう。どうか、隠れた罪から私を解き放ってください。（詩篇19：12）

12 愛せない時

聖書は「互いに愛し合いなさい」と命じていますが、私たちは時にそれを非常に困難に感じることがあります。

私たちは自分を傷つけた人、傷つけ続ける人と同じところにいることができず、聖書の言葉を守りたい自分と、守れない自分の間で、心が分裂してしまったりするのです。

初代教会発足直後、クリスチャンたちはエルサレムだけに留まっていました。しかし、ステパノの殺害に始まる激しい迫害の故に、その多くはエルサレムを離れて行きました。彼らは迫害する者たちと同じところにいて、彼らを愛し続けることは出来なかったのです。しかし、そのことにより、キリストの福音は世界に広がって行きました。

私たちは、愛に生きることができない自分を正当化することはできません。真実に愛することができないのは私たちの愛が不完全だからです。私たちが神の愛を持っていないからです。

しかし、そのような不完全な者たちを握って、愛し続け、私たちが思いもよらぬ形で私たちを導き、用いてくださる神がいらっしゃる。神の御業が行われていく。これも事実なのです。


しかし、罪の増し加わるところに、恵みも満ちあふれました。（ローマ人への手紙5：20）

13 「有」の世界に生きる

宗教の中には「無」ということを説くものもありますが、イエス様が私たちに示してくださっている世界は「有」の世界です。

あなたのために備えられている祝福がある。あなたに出会おうとしておられる神様がおられる。あなたのために開かれる天国があると。

もし、祝福もなく、神様もおられず、天の門も開かれないなら、求め、捜し、たたきつづけることは虚しいことです。

しかし、イエス様が諦めずに求め続けよ、探し続けよ、たたき続けよとおっしゃるのは、イエス様ご自身が「あなたを祝福する。あなたに出会う。あなたのために天の門を開く」と約束してくださる実在の神様だからです。

神様は聖書の中で自己紹介しておられます。「わたしは、『わたしはある』という者である」（出エジプト記3：14）。

このお方は、「無から有を呼び出すお方」（ローマ人への手紙4：17）。

仮に今、あなたが虚しさの中にあり、全ては無に帰すると思っていたとしても、あなたを無から造り出した方は、有の世界にあなたを呼び出し、あなたを有の世界に生かすのです。

諦めてはなりません。虚しさに心を任せてはなりません。

求めなさい。そうすれば与えられます。捜しなさい。そうすれば見出します。たたきなさい。そうすれば開かれます。だれでも、求める者は受け、捜す者は見出し、たたく者には開かれます。（マタイの福音書7：7～8）

14 ことばの目的

聖書を読むと、人が最初に聞いた言葉は、神様の言葉だったことが分ります。これは、神様が人を創造なさったのは、人と語り合うためだったということを示唆しています。

しかし、人は神様と語り合うことを避け、自分自身の思いの実現のために言葉を使うようになります。人は言葉の真の目的を見失い、言葉の尊さを知らずに生きているのです。人を褒める言葉とけなす言葉が同じ口から出るのはこのためです。

確かに人は、自らの言葉によって栄えてきました。しかし、また、自らの言葉によって争い、対立し、滅んできたのも人です。それは、言葉を使う第一の相手を神様としなかったからです。

聖書は言います。人が死に直面し、滅びの門までやって来た時、神様に向かって叫ぶと、神様はその叫びに答え、彼を助け出されたと(詩篇107：20)。

神様は、私たちが神様と語り合うために言葉を使うのを、今か今かと待っておられるというのです。滅びの渕まで落ち込んでしまうような愚かな、罪深い者の言葉であっても、神様はそれを待ってくださっているのだと。

そして、声をかけてくださる。ご自分の言葉を私たちに送り、私たちを癒し、滅びの穴から助け出してくださるのだと。

神様が与えてくださったこの声、この言葉。あなたはどのように使いたいと思うでしょうか。

あなたを待っておられる神様がいます。神様もあなたのために言葉を用意して待っておられる筈です。あなたを癒し、あなたを救う言葉をあなたの中に満たそうとしておられる方がいるのです。

私たちは、神様と語り合いながら生きていこう。「天のお父様！」と。

神である主は、人に呼びかけ、彼に言われた。「あなたはどこにいるのか。」(創世記3：9)

「呼んでください。私は答えます。」(ヨブ記13：22)

15 ことばが作る世界

言葉はコミュニケーションの手段と言われますが、これは、言葉を交わすことによって、相手が考えていることが自分の頭の中にもコピーされ、話し手同士の間で二人だけの世界が共有されるということを意味します。

語り合うことによって作られる共有の世界は、ことばを交わした者同士だけが知る世界です。あなたがAさんと話したことによってあなたとAさんの間に共有された世界を、私は知ることができません。

私たちは言葉を交わすことによって多くの共有の世界に生きるようになるのですが、忘れると、その世界も消え、相手が死んでしまうと、記憶は残っても、共有の世界は失われてしまいます。愛する人を失うことによって受ける痛手が大きいのは、自分が生きていたその共有の世界が失われるからです。

しかし、イエス様と語り合うことによって作られるイエス様との共有の世界は、決して失われることはありません。イエス様は言われました。「わたしが生き、あなたがたも生きることになるからです」(ヨハネの福音書14：19)と。

永遠なるお方と語り合いながら生きていこう。聖書をとおして語られるこのお方の言葉を聞き、私たちもこのお方に語りかけながら生きていこう。苦しい時、祈ろう。嬉しい時、祈ろう。歩きながら、お風呂に入りながらも。

このお方との二人の世界が大きくなっていく。決して失われることのない世界に、私たちは生きるようになるのです。

あなたが祈るときは、家の奥の自分の部屋に入りなさい。そして戸を閉めて、隠れたところにおられるあなたの父に祈りなさい。そうすれば、隠れたところで見ておられるあなたの父が、あなたに報いてくださいます。

(マタイの福音書6：6)

16 神の自己紹介

天地を造られた神は、存在の危機に陥っている人を救うために歴史に介入し、行動を起こされた時、「個人の神」としてご自身をお現しになりました。出エジプト記では、「アブラハムの神」「イサクの神」「ヤコブの神」と自己紹介しておられます。

メソポタミアとエジプトという大文明、大帝国の谷間にあるイスラエルの地に住んでいたのがアブラハム、イサク、ヤコブです。しかも彼らは、そこを支配する王の顔色を見ながら生きなければならない遊牧民だったのです。

神は、そんな彼らに自分の目を天に向けて生きるようお導きになります。彼らは決して完全な立派な人間ではありませんでした。神の約束を信じられなくなったことも、人を騙し、利己的行動に走ったこともあります。しかし、神は彼らを見捨てることなく、導き、守り、祝福なさいました。そして、「アブラハムの神」「イサクの神」「ヤコブの神」と呼ばれるようになったのです。

神は、個人の生涯にご自身を現される方です。私たち一人一人の人格との関わりにおいてご自身を現されるのが天地を造られた神です。「あなたの目を天に向けよ。わたしに向けよ。わたしがあなたを救う。あなたを祝福する」と。

失敗や欠点の多い私たち。しかし、天地を造られた神は、「アブラハムの神」「イサクの神」「ヤコブの神」と呼ばれたように、ご自分が救った者の名を使って自己紹介なさるお方。

「神は『○○○○の神』と呼ばれることを恥となさらなかった。」自分の名前を入れて言ってみませんか。

私の名を使って、あなたの名を使って、自己紹介したいと願っている神がいるのです。

しかし実際には、彼らが憧れていたのは、もっと良い故郷、すなわち天の故郷でした。ですから神は、彼らの神と呼ばれることを恥となさいませんでした。神が彼らのために都を用意されたのです。

（ヘブル人への手紙11：16）

17 主客の逆転

キリスト信仰は、人の存在を左右することですから、真剣なことです。いい加減な気持ちでキリスト信仰に入ることはできません。

キリストは弟子たちに、自分の十字架を背負ってついて来いとおっしゃいました。しかし、この言葉は非常に厳しく、激しい言葉であるため、人を真に導く言葉である一方、悪用されると危険な言葉でもあります。カルト系キリスト教会の中には、信徒を支配し、マインドコントロールするためにこの言葉を使っているところもあります。キリストの真意はどこにあるのか？

キリストとの関係は、私たちが主体的に自分の意志で選び取って行くことができるものではない、ということを聖書は明らかにしています。弟子たちは、十字架を前にキリストを見捨てて逃げて行きました。誰も、キリストのために命を捨てると誓うことはできません。誓いの言葉は虚しい。その時、その場にならなければ誰にも分からないのです。

キリストに従うという出来事は、キリストが主体となり、私たちが客体となるときに起こる、主客が逆転する神秘な出来事です。

「わたしを愛しているか」とキリストが問いかけてくださるとき、私たちはキリストに愛されている自分を発見し、この方を愛している自分を知るのです。そのことを深く思い巡らすことができますように。


イエスは三度目もペテロに、「ヨハネの子シモン。あなたはわたしを愛していますか」と言われた。ペテロは、イエスが三度目も「あなたはわたしを愛していますか」と言われたので、心を痛めてイエスに言った。「主よ、あなたはすべてをご存じです。あなたは、私があなたを愛していることを知っておられます。」イエスは彼に言われた。「わたしの羊を飼いなさい。」（ヨハネの福音書21：17）

18 聖霊の喜び

「喜怒哀楽」と言われるように、一般に「喜び」は感情の一つだと考えられています。感情は、状況の展開に対する心理的な反応で、受動的な心の動きです。ですから、苦しい状況にある時、私たちは喜びたくても、喜ぶことができず、怒りや悲しみに心が塞がれるのです。

しかし、聖書が「喜び」という時、それは感情の働きを意味しているのではありません。

主イエスは、十字架にかけられる前夜、当局に捉えられる時が刻々と迫ってくる苦しい時に、弟子たちに言われました。

「わたしの喜びがあなたがたのうちにあり、あなたがたが喜びで満ちあふれるようになるために、わたしはこれらのことをあなたがたに話しました」（ヨハネの福音書15：10）。

主イエスに満ちていたのは、状況に支配されない喜びでした。聖霊に満たされる時に内側から湧き上がる命の発露、聖霊の表情、これを聖書は喜びと言うのです。聖霊は、状況を超える。

私たちの内にも外にも痛みや悲しみがあります。その中で無理に喜べと言っているのではありません。私たちの痛み、悲しみ、苦しみの全てを知り、味わった上で、なお、「わたしの喜びをあなたがたに満たす」と仰る方がいるのです。聖霊をあなたがたに与えると約束なさった方がいるのです。

「聖霊に満たしてください」と祈ろう。祈り続けよう。約束してくださった方を信頼しよう。そして、希望を告白しよう。私たちの悲しみを喜びに変えることができる方がいるのですから。

天は喜び、地はこおどりし、海とそれに満ちているものは鳴りとどろけ。野とその中にいるものはみな、喜び躍れ。（詩篇96：11）

19 現在の意味

私たちは解決が難しい、あるいは自分には解決不可能な問題の中に陥ると、過去の出来事にその苦しみの理由を求め、「あれがなかったら」「あの時、こうしていたら」「あの人がこんなことをやったから」という思いに縛られてしまいます。

私たちは過去しか見えませんから、今の苦しみを過去の延長線上にしか捉えることができないのです。

ある日、弟子たちが盲目に生まれついた人について、この状態は誰の罪の結果かと質問しました。すると主イエスは答えられます。「この人が罪を犯したのでも、両親が罪を犯したのでもない。神の業がこの人に現されるためだ」（ヨハネの福音書9：3）と。現在の苦しい状況を過去の結果として否定的に捉えるのではなく、これから行われる神の業の中に積極的に位置づけられるのが主イエスでした。そして、この人を癒されるのです。

ここで「神の業」と訳されている言葉は原文では複数

形ですから、「数々の神の業」という意味です。ただ一つの奇跡的出来事ではない。数々の神の業がこの人に現されていくのだと。

　私たちも現在、苦しい状況の中にあるかもしれません。そんな私たちに主イエスは言われるのです。あなたの中に数々の神の業を行われる神がいると。現在の意味は過去の延長線上にあるのではなく、未来を握る神からやって来ると。

　絶望してはなりません。

イエスは通りすがりに、生まれたときから目の見えない人をご覧になった。弟子たちはイエスに尋ねた。「先生。この人が盲目で生まれたのは、だれが罪を犯したからですか。この人ですか。両親ですか。」イエスは答えられた。「この人が罪を犯したのでもなく、両親でもありません。この人に神の［数々の］わざが現れるためです。」

（ヨハネの福音書9：1〜3）

20　あなたも祝福の計画の中にある

　神が私たちを覚えてくださるのは、私たちが神を愛するからでしょうか。祈るからでしょうか。聖書を読んだり、感謝したり、捧げ物や奉仕をしたりするからでしょうか。

　もちろんそのようにできることは喜びですし、そのような生き方を学んで行きたいと思います。

　しかし、そのように願う自分の願いに十分に応えることができない自分がいるというのもまた事実ではないでしょうか。私たちの神への愛が完全になることはないでしょう。思うように聖書を読むことができない日もあります。苦しみに襲われて、感謝することも、捧げ物を捧げることも、人に仕えることもできなくなることがあります。

　しかし、聖書は言います。神は、私たちが生まれる前から、この地上に存在していない時から私たちを覚えてくださっていた。そのご計画の中で、私たちを祝福することを決めて、その書物の中にそれを書き込んでくださっていたのだと（詩篇139：15〜16参照）。

　私たちは偶然存在しているのではありません。神は偶然存在しているものを祝福なさるのではありません。完全な祝福の計画を立てた上で、私たちを創造し、育て、導いてくださっているのです。

私たちには多くの問題があるでしょう。しかし、神が一度お立てになった祝福の計画が変更されることはないのです。

存在する前から私たちを覚えてくださっていた方は、私たちがどのような状態にあっても、決して私たちを忘れず、その約束をお果たしになります。最後まで握ってくださいます。決して見捨てられることはありません。


神は、世界の基が据えられる前から、この方（イエス・キリスト）にあって私たちを選び、御前に聖なる、傷のない者にしようとされたのです。（エペソ人への手紙1：4）

21 自分を離れる

キリストの呼びかけは、私たちをそれまでとは全く異なった世界に移し変えます。

これまでは、自分は尊いか、自分は汚れているか、自分は人の目にどう映るか、自分は自分の理想とする自分であるか、と思いながら生きていた。この目は自分に向けられていた。

しかし、キリストが「我に従え」と呼びかけてくださる時、私たちは自分を見なくなる。

キリストの呼びかけは、私たちを自分から離れさせる。自分の尊さや汚れという思いすら意味を失う。私たちの目がキリストを見るからです。キリストが私たちを満たすからです。

キリストは、罪びと、売国奴と呼ばれていた人たちの友となり、彼らの客となることを喜ばれました。そして、宣言なさるのです。「ここに神の国がある」と（マタイの福音書5：3、9：10～13参照）。

こんな私を喜んでくださっている方がいる。私たちをご自身の喜びで満ち溢れさせてくださる。私たちは自分を離れ、この方の喜びに生き始めるのです。


あなたの御前には喜びが満ち、あなたの右には楽しみがとこしえにあります。（詩篇16：11）

22　権威ある言葉

イエス・キリストの権威は、その語られた言葉が現実のこととして実現していく権威でした。

病人の癒しを宣言されると病気が癒され、悪霊の放逐を宣言されると悪霊が出ていく。人々の祝福を宣言されると、祝福がその人に留まる。

言葉によって天地万物を創造し、これを治めておられる父なる神の業を、この地において、人々が見、聞くことができる形で実現なさったのがキリストだったのです。

その言葉は、病に苦しむ者たちのために、悪霊に支配されている者たちのために、罪に苦しむ者たち、差別され卑しめられている人たちのために使われました。彼らの尊厳を回復するためです。彼らを神の子の喜びと輝きの中に生かすためです。

キリストの言葉に権威があったのは、キリストが言葉をご自分のためには使わず、ただ、父なる神の真実を伝え、痛み苦しむ者たちを救うためだけに使われたからです（マルコ1：21～22）。

自分の思いを語るだけの私たちの言葉と、何と違うことでしょうか。

キリストは今も語りかけておられます。キリストが語られた言葉、聖書の言葉が私たちの心に届くとき、その言葉は、私たちの中で現実のこととして働き、私たちを現実的に造り変えるのです。

愛と真実の言葉が私たちの生活を支配する原理となっていく。それは私たちの周囲にも影響を及ぼす力となっていくでしょう。

キリストのことばが、あなたがたのうちに豊かに住むようにしなさい。知恵を尽くして互いに教え、忠告し合い、詩と賛美と霊の歌により、感謝をもって心から神に向かって歌いなさい。（コロサイ人への手紙3：16）

23　一つの心

私たちの心にはいろいろな声が聞こえます。期待と不安、理想と現実の間で心が乱れることがあります。あるいは、自分の心が何を欲しているのか分からないほど疲れ果てることや、痛みや自己嫌悪のために心を見失うこともあります。

多くの声が心の中で聞こえ、自分の存在が何を求めているか分からない時、イエス様は私たちの心の奥底に語りかけてくださっています。「あなたは、わたしを愛しているか」(ヨハネの福音書21：15)と。

自分の意志でイエス様を愛し抜くことができなかった私たちをイエス様は求め、声をかけてくださる。

この方の声を聞くときに、分裂していた心が一つにされていく。このお方の声が、私たちの心の最も奥深いところに入ってきてくださる。分裂した心を一つにする言葉を語ってくださるお方がいる。

揺れる心、情けない心、何もイエス様に約束することができない弱い心を全部知った上で、問いかけてくださる。「わたしを愛しているか」と。

この方には、自分の本当の思いを告げることができる。私たちの本当の、一つの思いを知ってくださっている方がいる。

主よ。あなたの道を私に教えてください。私はあなたの真理のうちを歩みます。私の心を一つにしてください。御名を恐れるように。(詩篇86：11)

24 希望の源

人生には順境の時と逆境の時がある。聖書はこれを当然のこととして受け止めています。

神がいるのなら、順境の時だけにしてくれたら良いのにと思います。神が愛なのなら、なぜ人生に逆境があるのかと、私たちは思います。順境の時は神の愛を感じやすく、逆境の時は神から見放されたと感じやすいからです。

聖書は、順境は喜びの時、逆境は反省の時だと教えています(伝道者の書7：14)。しかし、喜ぶ時も反省する時も、私たちのそばに天地を創造した神がいてくださることを覚えましょう。共に喜んでくださる神がおられ、自分に向き合う心が壊れてしまわないように支えてくださる神がおられるのです。

神から祝福の基となると約束されたアブラハムの生涯を見ても、エジプトの宰相となったヨセフや第2代イスラエル王となったダビデの生涯を見ても、逆境の時にこそ人格が練り上げられ、神に対する深い信頼が形造られていたことが分かります。逆境がなければ、彼らに真の信仰は与えられなかったのです。

私たちに希望を与えるのは順境ではありません。また、逆境も私たちを絶望させることはできないのです。神が共にいてくださることが私たちの希望であり、神との関係が失われていることが絶望だからです。

逆境の中にあるあなたを、神は見捨てていません。今こそ、あなたとの間に深い信頼関係を築きたいと願っておられるのです。あなたのそばで、あなたの内側からあなたを支えてくださる神がいます。

逆境の中でこそ、私たちは神と深く結びつくことができる。神は不思議な方です。

たとえ死の影の谷を歩くとしても、私はわざわいを恐れません。あなたがともにおられますから。（詩篇23：4）

25 生きている者にも死んだ者にも

私たちは、神の愛と恵みを、自分の目が見えるところに限定してしまう傾向があるように思います。自分が見えるところで何か良いことがあると、「やっぱり神は愛だよなあ」と思い、不幸があると、「神は不公平だ」と思います。

また、私たちは生きている者にしか神の恵みは届かないかのような錯覚に捉われることがあります。自分が知りえないところで行われている神の業を信じることが難しいのです。

しかし、聖書は、「生きている者にも、死んだ者にも、御恵みを惜しまれない主」（ルツ記2：20）と告白しています。人が知り得ないところでも神は惜しみない恵みを注ぎ、愛の業を行っておられるというのです。

死んだ者にも恵みを惜しまれない神がおられるから、人に忘れられ、絶望の中で死んでいたような私も救われました。

今私たちが意識し得ないことまで神はご存知で、苦しみの中にある一人一人に恵みを注ぎ、祝福を届けようとしておられるのです。

生きている者にも、死んだ者にも、御恵みを惜しまれない神がおられます。主イエスを死者の中から甦らせた神が、死んだ者に神の霊を吹き込まれるのです。死んだ者をもう一度引き起こしてくださる方がいる。自分を卑しめてはなりません。自分を見捨ててはなりません。

26 神は人を信じ抜く

キリストは、死んだ人にとっても、生きている人にとっても、その主となるために、死んで、また生きられたのです。（ローマ人への手紙14：9）

聖書が私たちに語りかけ、知ってもらいたいと願っていることは、神は人を信じ抜いておられるということです。

確かに、人は神に従わなかったし、神を裏切り、神の顔に泥を塗るようなことばかりしてきました。

サタンは、神にチャレンジします。「ほら、あなたの姿に造られた人は、あなたの信頼に値するものなのですか」と（ヨブ記1〜2章参照）。

人としてやって来られたキリストの戦いは、このサタンの挑戦に真っ向から立ち向かうことでありました。そして勝利なさったのです。

キリストの生涯には二つの戦いがありました。一つは、ご自分が神に信頼されるものとしての生涯を全うすることであり、もう一つは、ご自分の弟子を信じ抜くということです。

キリストの十字架を前に弟子たちは逃げて行きますが、キリストはその弟子たちを信じ抜かれました。神の愛は人を信じ抜く。その愛が信を失った弟子たちを立ち上がらせたのです。

私たちがキリストを信じる以上に、キリストが信頼するに値しない私たちを深く信頼してくださっていること、信じ抜いてくださっていることを知る、ここに、深い霊の交わりがあります。

シモン、シモン。見なさい。サタンがあなたがたを麦のようにふるいにかけることを願って、聞き届けられました。しかし、わたしはあなたのために、あなたの信仰がなくならないように祈りました。ですから、あなたは立ち直ったら、兄弟たちを力づけてやりなさい。
（ルカの福音書22：31〜32）

27 宗教熱心の欺瞞《ぎまん》

宗教を信じる者たちの中には、熱心になれば熱心になるほど、宗教世界に閉じこもり、現実の社会で自分が為さなければならないことから目をそむける人々がいます。

それらの人々は、宗教に絶対的な価値を置くために、内的世界を理解する自分に陶酔して高慢になり、それを理解しない人々を見下し、あるいは、彼らに対して怒りを燃やすようになるのです。

私には、そのような傾向がありました。私は、神様を愛しているつもりでした。しかし、実際には、神様を愛していると思っている自分に酔っていただけなのです。そして、周囲の人々の痛みや苦しみに目を向けようともせず、自己欺瞞と高慢によって膨れ上がりました。

神様は、そんな私を自己欺瞞の罪から救い出し、隣人を愛することを教えるため、しばらく伝道ができない状況に私を追い込まれました。

神様が求められる修行、それは、苦しみの中にある人々、私の助けがなければ生きて行くことができない人々の重荷を共に負うこと、謙遜を学び、お一人お一人に仕えるに値する者に変えられていくことでしかないのです。

間違った道を行こうとしていた私を止められた神様がいました。

今日、私が助けるべき人は誰でしょうか。あなたが助けるべき人は誰でしょうか。世界と周囲から目をそむけてはなりません。

わたしの好む断食は、これではないか。悪のきずなを解き、くびきのなわめをほどき、虐げられた者たちを自由の身とし、すべてのくびきを砕くことではないか。飢えた者にはあなたのパンを分け与え、家のない貧しい

人々を家に入れ、裸の人を見て、これに着せ、あなたの肉親の世話をすることではないか。（イザヤ書58：6～7）

28 感情の暴走を抑える

私たちはどういう時に怒るでしょうか。自分や仲間、身内の者が攻撃され、卑しめられたとき、あるいは自分の価値観や善悪の基準に反することをされたり、見聞きしたときです。苦しい状況を変えられない時も私たちは怒ります。

怒りは、現状を破壊することによって自己満足を得ようとする感情です。悪によって支配されている現状を破壊し、平和と正義がもたらされるのなら、それは正しい怒りということになるのかもしれません。しかし、多くの場合、怒りは、自分の思い通りに物事を動かせない時の感情の暴走です。それゆえ、怒りは、正しい判断を狂わせ、破壊することがその目的となってしまうことがあります。

怒りとは何かを客観的に理解し、それを第三者的な視点から見ることができれば、感情が暴走しなくなるかもしれません。そうすれば、感情に流されずに正しい判断をすることもできるでしょう。

さらに、なぜ相手がこのようなことを言ったり、したりするのかを考えることができるようになるなら、それは、その人を赦すことにもつながって行きます。

西洋の諺にあります。「全てを知ることは、全てを赦すことである」と。深く知ることによって、私たちは赦しを知るのです。

イエス様が私たちを赦してくださっている。それは、私たちの存在、私たちの弱さと情けなさの全てを良く知ってくださっているからです。

聖書は語ります。「父がその子どもをあわれむように、主はおのれを恐れる者をあわれまれる。主はわれらの造られたさまを知り、われらのちりであることを覚えておられるからである」（詩篇103：13～14）と。

感情の暴走に身を任せるのではなく、全てを知り、全てを赦してくださっている神様のお心に自分の心を向けることができますように。

人に思慮があれば、怒りを遅くする。その人の栄光は、そむきを赦すことである。（箴言19：11）

29 偽りのない自己吟味の上に

キリストの福音は、信じる者たちに自由と解放の喜びを満たすものです。男女の違いなく、自由人と奴隷の違いもなく、年齢による違いもなく、存在そのものが神様に喜ばれ、聖霊に満たされる。そのような溢れる喜びと自由をもたらしたのがパウロの伝道でした。

一方で、この自由を、身勝手や社会的逸脱行為の容認と曲解する人が教会内で幅を利かせるようになると教会は混乱に陥ります。

パウロは、クリスチャンの自由と喜びは、キリストの十字架の贖いの上に立つことを教えます。キリストの十字架の苦しみに自分が価するかどうか、そのことを自ら吟味しながら生きなさい、と。

今自分が救われ喜びと自由の中に生かされているのは、キリストの十字架の贖いによるものです。しかし、私は、それに価する者だっただろうか。今も価する者だろうか。

愛のない自分、身勝手な自分、そんな救うに価しない者のためにキリストは、十字架に血を流してくださった。私は神の前にどうあるべきか。人に対してどのように生きるべきか。

教会の集まりや交わりは、常に、神の前にある偽りのない自己吟味の上に成り立つものです。しかし、その時、私たちの間に豊かな喜びに満ちた関係が与えられる。

今日、私は、様々な事情で教会に行けなくなってしまった方々、教会の中で傷ついてしまった方々のために特に祈りたいと思います。主がお一人お一人の痛みの上に御手を置いてくださいますように。主イエスにある真の愛の関係の中に再び生きる時がやってきますように。

主よ、私たちが正しく自己吟味することができるよう導いてください。私たち一人ひとりが決して自分を偽ることがありませんように。罪が示されたとき、それを素直に認め、あなたの御前にひれ伏すことができますように。

主様、分裂した教会を癒してください。

したがって、もし、ふさわしくないままでパンを食べ、主の杯を飲む者があれば、主のからだと血に対して罪を犯すことになります。ですから、ひとりひとりが自分を吟味して、そのうえでパンを食べ、杯を飲みなさい。

（コリント人への手紙第一11：27～28）

30 まだ希望はある

神は人を土の塵で造られました。目の細かい上質の粘土で造られたといわれます。神は、私たちをご自身の形に造られ、ご自身の命の息をこの中に吹き込まれました。神の姿を宿す者、神の霊によって生きる者、それが人です。しかし、人は神が与えられた霊よりも、自分の思いを大切にしました。自分の思いの実現が最大関心事で、物事の善し悪しを自分の都合に合わせて決めようとする罪を犯し続けているのです。

自分の思いどおりにならない人に対する怒りと争いはここから生じました。また野放図な欲望により、人は自分と隣人を汚しますが、それでもなお自分を正しいと言い張るのです。人生の苦しみと絶望はここから来ると聖書は言います。

しかし、粘土は火を入れなければ、まだ形を変えることができます。神は、私たちを聖い器に造り変えることができる。こんな粘土であっても、まだ神はそれを御手の中に握り続けてくださっている。

そこに私たちの希望があります。人生の苦しみは、苦しみのために与えられるのではありません。私たちが神の手の中にある粘土であることを思い出すため、自分の思いと自分の正しさから離れ、神の御手の中に自分の全てをお任せすることの祝福を知るためなのです。

いつか主イエスの姿に似た者とされる。その時、神は火の中に私たちを入れてくださる。完成の時が来るのです。

陶器師が粘土で制作中の器は、彼の手で壊されたが、それは再び、陶器師自身の気に入るほかの器に作り替えられた。それから、私に次のような主のことばがあった。「イスラエルの家よ、わたしがこの陶器師のように、あなた

がたにすることはできないだろうか ― 主のことば ―。見よ。粘土が陶器師の手の中にあるように、イスラエルの家よ、あなたがたはわたしの手の中にある。」

（エレミヤ書18：4～6）

31 信頼して祈る

私たちは祈る時、まるで神様は自分のことを何も知らないかのように祈ることがあります。もっと神様が自分のことを完全に知ってくださっていることを信頼できればと思います。

全てを知っておられる神様が、私たちの必要をご存知なのです。この方は、私たちのために自分の持っていた命と祝福の全てを捨てて愛してくださったイエス様です。

ひょっとしたら、自分が本当に必要としていることを知らずに、たくさんの願い事を神様に申し上げているのかもしれません。

イエス様が知ってくださっている私の必要、私もそれに気付くことができますように。イエス様が私に願っておられること、それを知ることができますように。

「御心が天で行われるように、地でも行われますように」という「主の祈り」は、神様が自分に最善をしてくださるという信頼の表明なのです。「あなたの御心が私の上になりますように。あなたを信頼しています」と。

信頼して祈ることができますように。この方は決して私たちを見捨てることはないのですから。

あなたがたの父は、あなたがたが求める前から、あなたがたに必要なものを知っておられるからです。

（マタイの福音書6：8）

366日元気が出る
聖書のことば

2月

February

1　真友

人生には多くの困難があります。困難を乗り切るためには友や兄弟が必要です。人は一人では生きて行けないからです。

しかし、友達だと思っていた人から酷い仕打ちをされたり、友と別れなければならないようなこともあります。悲しいことですが、兄弟と呼び合うクリスチャン同士でも、このようなことはあります。

その経験が辛く悲しいものであればある程、私たちは新しい関係を求めるのを恐れるようになります。

しかし、振り返ると、自分自身がそれらの人たちの真の友としてふさわしい人間だっただろうか。自分のための友だちだったのではないか。

どんな時にも愛するとはどのようなことなのだろう。苦しみを分け合うとは？

自己中心の私がいます。誰かの友と呼ばれるのにふさわしくない私がいます。

しかし、イエス様は言われました。「人がその友のために命を捨てる。これより大きな愛はない」（ヨハネ15：13）と。こんな者を友と呼び、こんな者のために命を捨ててくださった方がいた。

イエス様が愛してくださるから、私もきっと変われる。隣人の真の友となることができますように。

友はどんな時にも愛するものだ。兄弟は苦しみを分け合うために生まれる。（箴言17：17）

2　平和の内に蒔かれる種

神様が私たちの心に中に入ってきてくださるとき、何も無理強いはなさらない。聖書の言葉が自然と心の中に入ってくる。神様の御手は何と温かいことだろう。

分裂していた自我が一つにされ、心の中に平和が訪れる。

そのように心の中に蒔かれた神の言葉は、やがて義の実として結実していく。イエス様の姿が、私たちの人格の中に映し出されていくのだ。

今はまだ小さな種かもしれない。しかし、神様は、これに光を注ぎ、雨を降らせ、育ててくださる。雑草を抜き、害虫を駆除してくださるのも、種を植え付けてくださった父なる神様だ。

花が咲き、実がなるのを楽しみにし、待ってくださっている方がいる。私たちも、神様と共に待とう。

私の心の中、あの人の心の中に蒔かれた神の言葉の種がある。神様の言葉は必ず成る。


義の実を結ばせる種は、平和をつくる人によって平和のうちに蒔かれます。(ヤコブの手紙3：18)

3 他人の信心も大切に

キリストの福音を伝えるとは、他の宗教をなじったり、否定したりすることではありません。キリストは、ユダヤ人の宗教指導者の欺瞞《ぎまん》を厳しく糾弾なさいましたが、他の宗教を否定したり、侮辱したりなさったことはありませんでした。

むしろ、他宗教を信じていても、ご自分のところに助けを求めて来た人たちを癒し、救われたのがキリストです。

パウロがエペソでの伝道を終えて、エルサレムに帰ろうとしていたとき、クリスチャンたちに対する陰謀と騒動が起こり、教会は危機の縁に立たされます。パウロたちがエペソの宗教を卑しめているという喧伝《けんでん》がエペソ全体に広まり、町は大混乱に陥ってしまいます。

エペソ市の書記が、この騒動を鎮めるのですが、その時、決定的に重要だったことは、それまでパウロを始めとするクリスチャンたちが、エペソの宗教を侮辱したり、貶《けな》したりしたことがなかったという事実でした。

この事実の故に、エペソ教会は、陰謀と騒乱から守られました。

キリストを伝えるとは、他の人にキリスト教の教義を押し付けることではありません。他の宗教を否定したり、侮辱したりすることではありません。

今も生きて働くイエス・キリストを伝えることです。その愛と平和、癒しと赦しを苦しむ人々にもたらすことです。彼らと共に泣き、共に喜ぶことです。

自分に関することについては、できる限り、すべての人と平和を保ちなさい。（ローマ人への手紙12：18）

4 自由な世界へ

キリストは、言われました。「祈って求めるものは何でも、すでに受けたと信じなさい。そうすればそのとおりになります」（マルコ11：24）と。しかし、この言葉ほど、クリスチャンたちを当惑させるものはないかもしれません。祈っているのに実現しないのは、信じる力が弱いからではないかと思うからです。

私たちは、問題の中でその解決を祈る時、どうしてもその問題に心の目を向けてしまう傾向があるようです。祈りながらも、心が問題に縛られてしまっているのです。私たちにとって大切なのは、私たちの心は問題の奴隷ではない、ということをしっかりと知ることです。どんなに問題が大きくても、キリストは私たちの心の中に自由な世界を作ってくださる。

その自由な世界で、私たちは、神様があの人、この人、そして私のために備えておられる最善の姿、神の子の尊厳に満ちた姿を思い浮かべることができます。私たちは、それを心の目で見ながら、「神様、こうしてください」と祈ることができます。

問題の中にあっても、キリストと向き合う自由な世界の中で、私たちはキリストの御心を深く理解し、神の国と神の義を第一に求める者と変えられて行くでしょう。

キリストは、この自由な世界から私たちの問題に光を照らし、解決を与えてくださるのです。キリストは言われました。

真理はあなたがたを自由にします。（ヨハネの福音書8：32）

5 人生の決定権

日本人は占いが好きです。あちらの占い師、こちらの占い師のことが話題になり、霊能者と呼ばれる人たちが世間の注目をあびます。テレビが朝から垂れ流す占いが頭から離れず、あちらの神社、こちらの神社のおみくじに一喜一憂する。

聖書は、占いの愚かさを次のように指摘しています。

「あなたに助言するものが多すぎて、あなたは疲れている。天を観測する者、星を見る者、新月ごとにあなたに起こることを知らせる者を並べ立てて、あなたを救わせてみよ。」（イザヤ書47：13）

人間の尊さは、自分の歩む道を自分で選択し、自分で自己を決定するところにあります。神は人を自由な存在として創造してくださいました。

しかし、占いは、人から自由を奪います。お遊びのつもりでも、それに心が縛られます。自分の人生の決定権が自分に属するということを分からなくさせる魔力が占いにはあるのです。

自分で決めた道で行き詰まることはあります。しかし、そこで神に向かって叫べば、神は必ず手を差し伸べてくださいます。

人生の道、右に行くか左に行くか悩む時もあります。その時は、神に直接相談すれば良い。占い師のようには答えてはくださいません。しかし、自ら決断する勇気を与えてくださいます。そして、心の奥底に光を照らし、平安を与え、歩むべき道へと導いてくださる。

あなたは、自由なものとして創造されました。尊いものとして創造されました。この自由と尊さを得体の知れないものに売り渡してはなりません。

6　共にいてくださる神

たとえ主が、あなたに苦しみのパンと虐《しいた》げの水を与えられても、あなたを教える方はもう隠れることはなく、あなたの目は彼を見続ける。あなたが右に行くにも左に行くにも、後ろから「これが道だ。これに歩め」ということばを、あなたの耳は聞く。（イザヤ書30：20～21）

人生の道を歩む私たちは、右に行こうか左に行こうかと悩むことがあります。特に今いるところに苦しみがある時、思い切ってそこを出たいとも思うけれども、行く先にはさらに大きな試練が待ち受けているかもしれない。右か、左か。出るべきか、留まるべきか。私たちの心は不安と恐れで満たされてしまいます。

しかし、そんな私たちのところにやって来て語りかけてくださる神がいます。

「わたしがあなたと共にいる」と。

私たちは、自分がいる場所や環境が私たちに祝福を与えると思いがちです。しかし、私たちに祝福を与えるのは場所ではありません。組織ではありません。私たちと共にいて、私たちを決して見捨てることがない神が私たちを祝福してくださるのです。

何もないように見える荒野に道を作り、人の通うところとする神がいる。砂漠に雨を降らせ、そこを水のあるところとなさる神がいる。

あなたがいるところが祝福の場となる。神があなたと共におられるからです。この方があなたの人生を導き、満たしてくださる。あなたが右に行っても左に行っても、あなたを握って決して見捨てることのない神がおられるのです。

見よ。わたしはあなたとともにいて、あなたがどこへ行っても、あなたを守り、あなたをこの地に連れ帰る。わたしは、あなたに約束したことを成し遂げるまで、決してあなたを捨てない。（創世記28：15）

7 自分の正しさからの救い

私たちの世界には様々な対立と分裂があります。大きなものでは国家間の対立や紛争があり、職場や家庭でも対立が生じることがあります。そして、自分自身の中の分裂の中でも私たちは苦しみます。

その対立と分裂の根には、「自分の正しさ」という思いがあります。これが他を支配しようとし、また、赦さず、裁こうとするのです。他の人を赦すことができず苦しむのも、自分の正しさに縛られているからではないでしょうか。

キリストの十字架は、人間の心に植え付けられた「自分の正しさ」という罪の根を断ち切るものでした。キリストの血潮を注がれる時、私たちの中にある自分の正しさという鎖が砕かれる。神の御前にひれ伏すようになる。全てを赦す絶大ないのち、全てを新たにする永遠のいのちが注がれるからです。

世界が対立と混乱の渦の中に巻き込まれて行こうとしている今、私たち一人一人に求められているのは、正しさの束縛から解放されることです。自分の思いの正しさ、生き方の正しさ、主義主張の正しさ、教理や教義の正しさ……自分が拘る正しさの全てから私たちが解放されることです。

罪のなかったイエス・キリストがその正しさの全てを捨て、十字架にかかり、罪の贖いを全うしてくださった。そこで流された血潮を受ける時、私たちも正しさの鎖から解放される。平和を造る者の働きに参与する者へとされていくのです。

困難な時代がやって来ようとしています。その中で私が切に願い求めることは、私たちキリストの血を受けた者たちが、さらに自分の正しさから解放され、イエス・キリストの平和の業を受け継ぐ者となることです。

共に祈りましょう。

キリストこそ私たちの平和であり、二つのものを一つにし、隔ての壁を打ち壊し、ご自分の肉において敵意を廃棄された方です。（エペソ人への手紙２：14～15）

8 光の子とされた自分を生きる

私たちは、人から賞賛される時、経済的に豊かな時、自分の思いどおりにことが進むとき、高価な衣装で身を包む時、自分が輝いているように感じます。

しかし、そのような輝きは揺れ動く、一時的な輝きであり、永続的なものではありません。私たちは、それらがいつか失われるのではないかと、不安を感じながら、生きています。

しかし、聖書は言います。私たちの存在を根底から照らす、まことの光があると。たとい人から否定されることがあっても、自分の理想とする自分でないとしても、永遠の光に照らされるとき、すべてが変わる。

この光に照らされ、私たちの中の本当の自分が輝き出す。周囲の状況と自分の状態に左右されない輝きが与えられる。周囲をも照らす神の子とされるのです。聖書は言います。暗闇そのものであった私さえ、イエス様に出会い、世の光にされたのだと。

私の暗闇の中にイエス様が住んでくださった。私の悲しみをイエス様が背負ってくださった。イエス様が私の手を取ってくださる。イエス様と共に歩いて行くことができる。

今日また、罪と悲しみを一つイエス様に預けることができますように。光の子とされた自分を生きることができますように。

あなたがたは、以前は暗やみでしたが、今は、主にあって、光となりました。光の子どもらしく歩みなさい。（エペソ人への手紙5：8）

9 待つことの意味

私たちには、これが最善だと思うことがあります。しかし、私が思う最善とあの人が思う最善の間には多くの場合、ずれや対立があります。

そんな時、私たちは自分の思う最善を押し通そうとするのではなく、神様の前に静まる必要があります。神様は神様の最善、真の最善を用意しておられるからです。

それを信じて神様を待つ。神様は私たちには見えないところで働いておられる。私が思う最善など、色あせて見えるような時が来るに違いない。

ひょっとしたら、自分の思いを押し通そうとすることが、神様の最善を阻んでいるのではないのか。そんな私を、神様は赦し、私が神様の御声に耳を傾けるようになるまで待ってくださっている。

神様の前に静まるとき、ざわめき立っていた心の波が鎮められて行く。神様の御前にあることの喜びが心の中に満ち溢れて行く。

そして気が付くのです。神様が私を待ってくださっていたことを。今も、待ってくださっていることを。

主の前に静まり、耐え忍んで主を待て。（詩篇37：7）

10　少年の心

私は、いつ、少年の心を失ってしまったのだろう。何の能力もないのに、「神様、私を用いてください」と祈っていたあの心はどこにいったのだろうか。

今、様々な能力を身につけた。ある程度状況判断ができるようにもなった。

しかし、「神様の前に清くありたい」との思いも、罪の現実の中に弱くなってしまったのか。「神様、用いてください」との思いも、自分の限界と、目の前に横たわる大きな問題の前に、萎えてしまったのか。

キリストは、一人の少年が持っていた五つのパンと二匹の魚で男だけで五千人の人に食事を与えられたと言う（ヨハネの福音書6章）。

少年が持っていたパンは、大麦のパン。伊賀の忍者せんべいのように固く、小さく、少しずつかじることしかできないものだったようだ。人と分かち合うような柔らかい大きなパンではなかった。

しかし、少年は、自分が持っているものを打ち明けた。大人だったら黙っていただろう。

大きな問題の前で役にも立たないと思われるもの。この小さな祈り、この手、この足、この声、この心。

打ち明けたら良いのかもしれない。ここに自分を支えるだけの小さな祈りがあります。小さな手があります。足があります。声があります。あなたが血を注ぎかけてくださった心があります。

それをどのようにお使いになるかは、イエス様のお心次第です。

するとイエスは、「それを、ここに持って来なさい」と言われた。（マタイの福音書14：18）

11　その価値はどこから？

人は、自分の価値を追い求める存在です。経済力や社会的な地位を手に入れること、高価な物や人の知らない知識を身につけたりすることに喜びを感じるのは、それによって自分の価値を感じるからでしょう。

さらに、有名人と知り合いであることが自分の価値となることがあり、家族の成功を誇らしく思うことも、その思いの表れではないでしょうか。

しかし、これらのものは、決して私たちの実存の価値を保証するものとはなりません。他との比較によって得られる価値や、いつか必ず終わるものによって確認される価値は、元来永遠の存在として創造された人間に真の価値を与えることはできないからです。

聖書は言います。イエス様に出会い、十字架の血によって罪を洗い聖められた者たちは、イエス様と同じ血が流れる家族として再創造され、生まれ変わったのだと。「イエス様と家族とされた。」このことに思いを巡らせましょう。

私自身、このことの意味を十分理解できないでいます。イエス様と私はあまりにも違うからです。今も、自分の罪と汚れを知っているからです。

しかし、この価値が自分自身の中から出て来るのではなく、与えると誓ってくださった神様からやって来るのであれば、私は神様に何を考えていらっしゃるのかお伺いしたいと思います。

こういうわけで、あなたがたは、他国人でも寄留者でもなく、聖徒たちと同じ国の民であり、神の家族なのです。（エペソ人への手紙2：19）

12 未来を造る神

「前」という言葉があります。進んでいく方向を「前」と呼び、過ぎ去ったところを「後ろ」と呼びます。「前」は、希望、明るさ、積極性を感じさせますが、「後ろ」には何となく暗く、消極的なイメージがつきまといます。

ところが、この「前」という言葉、そんなに一筋縄で理解できるものではないようです。「十年前」というと、過ぎ去った過去ですし、「百年前」と言うと、もっと昔になってしまいます。進んでいく方向が「前」なのに、過去を「前」と言うとは、一体どういうことなのでしょう。

「前」の「ま」は、「まぶた」「まなこ」「まばたき」「まつげ」の「ま」、つまり「目」を意味します。そして、「え（へ）」は、「海辺」「川辺」「山辺」の「辺（へ）」で、方向や場所を表すと言われます。つまり、「前」とは、目の見える方向という意味なのです。

私たちは、時間と空間の中に生きていますが、空間では目の見える、進んでいく方向が「前」となり、時間は過ぎ去った時しか見えませんから、過去が「前」となるわけです。

私たちは、時間を後ろ向きに進んでいるのです。私たちが現在の問題を過去の失敗や出来事に結びつけ、そこに原因を見出そうとするのは、私たちの認識能力がそのように制限されているからです。ですから人は、過去に縛られ、諦めたり、絶望したりします。

しかし、イエス様は言われます。「さあ、未来を見よう。この問題を未来に結びつけることができるお方がいる。その未来とは、神の数々のわざ、愛のわざ、慈しみのわざが一人一人の中に現される未来だ」（ヨハネの福音書9章参照）。

イエス様が、私たちの問題のただ中にやって来てくださる。未来を造る方が、現在の私たちの問題に新たな意味と解決を与えてくださるのです。諦めてはなりません。絶望してはなりません。

わたし自身、あなたがたのために立てている計画をよく知っている――主のことば――。それはわざわいではなく平安を与える計画であり、あなたがたに将来と希望を与えるためのものだ。（エレミヤ書29：11）

13

松明を持って

主イエスに従う人生、それは、松明《たいまつ》を持って先頭を歩く主イエスの後ろを多くの人と一緒にぞろぞろとついて行くことではない。一人一人がイエス・キリストという松明を手にすることだ。

この世の暗闇を歩く私たちに、イエス・キリストという松明を与えてくださるのが主イエスだ。

一人ぼっちになることはある。暗闇で佇《たたず》むこともあるだろう。しかし、イエス・キリストという松明がこの手にある。誰よりも近くに、この光があるのだ。

この光を手に、今日の一歩を歩もう。行く道を照らしてくださる方がいる。心の暗闇を照らしてくださる方がいるのだ。

イエスはまた彼らに語って言われた。「わたしは、世の光です。わたしに従う者は、決して闇の中を歩むことがなく、いのちの光を持つのです。」（ヨハネの福音書8：12）

14 地はおのずから実を結ばせる

聖書の言葉（種）が人の心（地）に植えつけられる。すると、その言葉は、人の心の中で芽を出し、成長し、やがて豊かな実を結ぶ。キリストの人格がその人の中に形作られるようになるのだ。やがて、それは、他の人を生かすものとなり、その人をとおして神の言葉が他の人の心にも植えつけられて行く。

人の心そのものに、神の言葉を育てる力がある。そのように、神は私たちを造ってくださった。

私たちの心には、種の成長を阻害する石ころがあるだろう、雑草も生えてくる。害虫もやってくる。

しかし、石ころを取り除き、雑草を抜き、害虫を駆除してくださる神がいる。キリストは言われた。「わたしの父は農夫である」（ヨハネの福音書15：1）と。

自分の失敗や情けなさに意気消沈するとき、思いにまかせぬ状況のなかで、苛立ちと失望を感じるとき、キリスト者同士の意見の食い違いに戸惑うとき、この心の中に植えつけられている神の言葉を信頼しよう。あの人の心の中に植えつけられている神の言葉を信頼しよう。そして、神が一人一人の心という地を整えてくださることを。

今日、思い出そう。神が私たち一人一人の心に植えつけてくださったあの言葉を。それに心を密着させよう。

時間はかかるかもしれない。しかし、「地はおのずから実を結ばせる。」神の言葉は必ずなる。

また言われた。「神の国は、ある人が地に種をまくようなものである。夜昼、寝起きしている間に、種は芽を出して育って行くが、どうしてそうなるのか、その人は知らない。地はおのずから実を結ばせるもので、初めに芽、つぎに穂、つぎに穂の中に豊かな実ができる。実がいると、すぐにかまを入れる。刈入れ時がきたからである。」

（マルコによる福音書4：26〜29〔口語訳〕）

15 神様の心を自分の心に

主イエスは、貧しく社会的に抑圧された人々の友となられた。どんなに信仰的に熱心で宣教活動をしていたとしても、このような人々を無視するなら、そのような人たちとご自分は何の関係もないとまで言われたのである。

そして、貧しく、病に倒れ、社会的に苦しめられている人のために行なった愛の業は、主イエスご自身に行なった愛の業なのだと（マタイの福音書25：32～46参照）。

信仰は考え事ではない。自己陶酔でもない。また、自己実現の手段でも、現実からの逃避でもない。

主イエスは、私のようなものの友となってくださった。私も、主イエスが大切にしておられる方々の友となろう。これなしには、信仰は空虚で虚しい。

私が持っているものを差し出そう。そのために私も手を使って働こう。天の神様は、今に至るまでずっと働いておられる。全ての人に食べる物と着る物を与えるために。

この方のお心を自分の心とし、この方の働きを自分の働きとすることができますように。

あなたがたの神、主は、神の神、主の主、偉大で、力あり、恐ろしい神。かたよって愛することなく、わいろを取らず、みなしごや、やもめのためにさばきを行ない、在留異国人を愛してこれに食物と着物を与えられる。

（申命記10：17～18）

16 死の新しい意味

イエス・キリストの死は、死について全く新しい意味と局面を人類にもたらしました。

それまでは、死は罪の結果としての滅びであり、悪魔は死の力をもって人を支配したのです。しかし、イエス・キリストの十字架の死は、贖いの血を注ぎ尽くす死、命を与え尽くす死でありました。悪魔の力が及ばない死、悪魔の力を撃ち滅ぼす死が、イエス・キリストの死だったのです。

キリストに連なる者の死は、このキリストの死と一つになる死です。死においてキリストは私たちと一つになり、死において私たちはキリストと一つになる。そして、死においてキリストと一つになった者たちは、キリストと共に甦る。ここに私たちに与えられる大きな安心と希望があります。

私たちは、キリストの死にあずかるバプテスマによって、キリストとともに葬られたのです。それは、ちょうどキリストが御父の栄光によって死者の中からよみがえられたように、私たちも、新しいいのちに歩むためです。私たちがキリストの死と同じようになって、キリストと一つになっているなら、キリストの復活とも同じようになるからです。（ローマ人への手紙6：4〜5）

17 人生の剪定

今週薔薇の剪定を行ないました。切り落とす枝は去年や一昨年花の咲いた枝です。一度花の咲いた枝からは細い枝しか伸びず、花付きが悪くなるので思い切って切り落とすのです。すると、新しい枝が伸び、また奇麗な花を咲かせます。

私たちは過去の祝福や過去の栄光を握りしめていたいと思いがちです。しかし、それに捉われている間、新しい祝福と新しい導きを得ることはできません。

一度花の咲いた枝が切り落とされるように、私たちの過去の栄光の枝も切り落とされる時があります。大きく切り落とされると、そこから新しい大きな枝が育ちます。

人生の痛みや苦しみは決して嬉しいことではありません。しかし、痛みや苦しみは、そこに命があることの証拠です。そこから新しい命の芽が芽吹くのです。

やがて美しい花が咲く時がやって来ます。あなたの姿を見て、人々が神をほめたたえる時がやって来るのです。

わたしはまことのぶどうの木であり、わたしの父は農夫です。わたしの枝で実を結ばないものはみな、父がこれを取り除き、実を結ぶものはみな、もっと多く実を結ぶために刈り込みをなさいます。

（ヨハネの福音書15：1〜2）

18 愛に証拠はない

人は何かを信じるために、それが真実であることの証拠を求めようとします。「愛しているなら、その証拠を見せろ」「神が愛なのなら、その証拠を出せ」と。そして何を証拠として認めるかは、自分に決定権があると思っている。

イエス様が圧倒的な天の力で癒しの業を行い、悪霊を制しているのを見ても、パリサイ人たちは、それをイエス様がイスラエルの救い主であることの証拠とは認めませんでした。

イエス様は深く嘆かれます。「君たちは何を見ても信じない。君たちの思いを満足させるような証拠は与えられない」と。

自分の基準を第一とし、神様さえ裁こうとするのが私たち人間ではないでしょうか。そして、裁いた結果、私たちは何を得たというのでしょうか。

そんな高慢な私たちを赦すために、イエス様は十字架に死なれたのです。そして甦られました。

自分という基準を少し横に置いて、聖書の言葉に耳を傾けてみませんか。

私たちのために死んで甦られたイエス様の声が聞こえて来るでしょう。愛の証拠ではなく、愛の実体が私たちを救い、生かすのです。

パリサイ人たちがやって来て、イエスに議論をしかけ、天からのしるしを求めた。イエスをためそうとしたのである。イエスは、心の中で深く嘆息して、こう言われた。「なぜ、今の時代はしるしを求めるのか。まことに、あなたがたに告げます。今の時代には、しるしは絶対に与えられません。」（マルコの福音書8：11〜12）

19 神は語りかけてくださる

私たちの周りには、いろいろな声が満ちています。家族や友達の声、教師や指導者の声、職場での声、マスコミの声、ネットにあふれる虚々実々の声。また、自分の中に去来する様々な思いという声があります。

様々な声の中で私たちは自分の歩むべき道を見失いま

す。何が真実なのかが分からない。また、自分が本当は何を求めているのかが分からず、行くべき一つの道に心を定めることができなくなるのです。

しかし、人は真実を求めて生きる存在です。誰も嘘と偽りの世界の中に身を置きたいとは思っていません。私たちは、真実の道を歩みたいと願っているのです。

聖書は言います。私たちを導いてくださる実在の神がいると。語りかけてくださる神がいるのだと。

私たちは、神の呼びかけの言葉に耳を傾けたいと思います。聖書を通して語りかけてくださる神の言葉がある。聖書の言葉に私たちの心を密着させよう。

私たちの思いや気持ちを越えた神の真実に触れることができるでしょう。心を静め、神の声に耳を傾けて行くなら、キリストのお心と方法を知ることができるでしょう。キリストの僕として用いられていくでしょう。

そのうちに主が来られ、そばに立って、これまでと同じように、「サムエル。サムエル」と呼ばれた。サムエルは、「お話しください。しもべは聞いております」と申し上げた。（サムエル記第一3：10）

20

ただ一つの問題、ただ一つの解決

多神教をその文化的伝統とする日本社会において、創造者なる主だけを神として礼拝し、他の神を認めないキリスト教は排他的であると批判され、また、排他的なものは危険であるとの認識を持つ人がいます。

また、人間や文化の多様性に応じた多神教のほうが優れていると考える人もいます。確かに社会のあり方は多様ですし、生き方も多様です。

しかし、全ての人が持っている根源的な問題は多様ではありません。それは、全ての人が死ぬということです。また、全ての人が自分を基準に善悪を決めようとする高慢の罪を持っており、そのため隣人を真実に愛することができないでいるのです。

キリストは、「あなたがたは、自分の罪の中で死ぬ」と言われました。人は表面的には多様に見えますが、根源的にはキリストが言われた問題を全ての人が持っています。

全ての人を救うことができるただ一人の神がいる。人間のこの根源的な問題を解決し、全ての人を生かし、愛で満たすことができるただ一人の神がいる。歴史を動かし、高ぶる者を低くし、低められた者を用いる神がいるのです。

ただ一人の神がいるから、私たちには希望があります。この方は変わらないからです。私たちの状況によって変わる方ではない。私たちが情けなくても、倒れても、なお背負ってくださる。赦して、救ってくださる。キリストこそ、決して変わることのない唯一の神です。

地の果てのすべての者よ。わたしを仰ぎ見て救われよ。わたしが神だ。ほかにはいない。（イザヤ書45：22）

21　神様のもの

私たちは、自分を自分のものだと思っていますが、その自分が自分の思い通りにならないということを感じたことはないでしょうか。

自分の部屋は好きなように模様替えすることができます。自分の服や道具は、古くなったり、壊れたりしたら、捨てて新しいものに替えることもできます。

しかし、私たちは自分を思うように変えることはできません。気に入らない部分があっても捨てることはできないのです。

私の手の親指の爪は扁平な形をしています。小さい時、他の人とは形が違う、自分が不恰好と思う爪が大嫌いで、人に見られないように親指を握りしめて生活していた時がありました。でも、どんなに嫌いでも、切って捨てることはできないのです。怪我をしたら、薬をぬって包帯をまいてやります。

自分の体は自分の思い通りにはなりません。自分の心も自分の思い通りにはなりません。それは、この体も、この心も自分のものではないからです。私たちの体も心も、私たちを創造なさった神様のものです。

自分に気に入らない部分、捨ててしまいたいと思う部分も、神様のもの。神様がそれを慈しんで握っておられる。

聖書は言います。「地とそれに満ちているもの、世界と

その中に住むものは主のものである。」（詩篇24：1）

神様のものは、神様がお守りになる。神様のものは、神様がご用のために使ってくださいます。あなたは神様のものです。

私たちのうち、だれ一人、自分のために生きている人はなく、自分のために死ぬ人もいないからです。私たちは、生きるとすれば主のために生き、死ぬとすれば主のために死にます。ですから、生きるにしても、死ぬにしても、私たちは主のものです。（ローマ人への手紙14：7～8）

22 最高の衣装を着て

私たちは、自分が持っている一番良い服を着る時、どうするでしょうか。お風呂に入ったり、シャワーを浴びたりして体を洗い、髪を整え、お化粧をしたり髭をそったりしませんか。そして鏡の前に立ち、どこもおかしなところがないことを確認してから外出しませんか。

汚い体、ぼさぼさの髪のままで綺麗な服を着たいとは思わないものです。良い服は、あなたを素晴らしく映し出します。だから、自分自身も最高の状態でいたいと思うのではないでしょうか。

私たちは最高の衣装を着て、どこに出かけて行きたいでしょうか。何をしたいでしょうか。誰に会いたいでしょうか。

イエス様を心に着ることができたら、イエス様はきっとその気高い人格で私たちを素晴らしく映し出してくださいます。その時、私たちは、イエス様にふさわしい心の持ち主でありたいと願うようになるでしょう。

主イエス・キリストを着なさい。肉の欲のために心を用いてはいけません。（ローマ人への手紙13：14）

23 神は完成へと導いてくださる

私は、人生の苦しみと虚しさに行き詰まっていた時、圧倒的なキリストの御霊、聖霊を注がれ立ち上がりました。

その時から私の中に新しい何かが始まったのですが、それは、私の人格の中にキリストの姿を形作ろうとする神様の働きでした。

キリストは私のような者に聖霊の賜物を与えて、パプア・ニューギニアの奥地にまで導き、奇跡的な宣教の業を行なわせ、ご自身が生きて働く神であることをあらわしてくださいました。それは、私自身の人格を形成する深い霊的な出来事となりました。しかし、それは、私の人格を練上げようとする神様のご計画の一部分であり、神様は別のご計画をもって私の人格の弱い部分に働きかけようとしておられました。

私は、日本に帰って来てから大学で教鞭を執りながら、伝道の働きをしていましたが、20年ほど前、失敗と挫折を経験し、伝道することが全くできない状況に陥りました。使命感と伝道への思いが強いのは良いとしても、身近な人の苦労や忍耐を省みることがなかったこと、また、自分の思いで伝道を進めようとして、大学の中でキリスト教に反感を抱く人々に攻撃材料を与えてしまったことなどが原因でした。

失意の中で、私はアンドリュー・マーレーの『謙遜』という本に出会います。謙遜がキリスト信仰の基本中の基本であること、キリスト信仰における謙遜の意味、偽りの謙遜と真の謙遜の違いなどを学びました。謙遜でなければキリストの姿が自分の人格の中に結実することはないということを知ったのです。これは、大きな神様の恵みのレッスンでした。

自分の思いや努力では真の謙遜に到達できない私たちです。しかし、そんな私たちの中にキリストの姿を完成してくださる方がおられると聖書は言っています。

私たちの希望は、私たち自身の中にあるのではなく、キリストの中にある。この希望を胸に、今日もキリストに自分を任せて生きることができますように。隣人に仕えていくことができますように。

あなたがたのうちに良い働きを始められた方は、キリスト・イエスの日が来るまでに、それを完成してくださることを私は堅く信じているのです。

（ピリピ人への手紙１：６）

24 神様と一緒に笑おう

小さな子どもは、泣いたり笑ったりします。大人は、小さな子ども、特に赤ちゃんが泣いていると、何とか笑わせようと必死になります。大人も、子どもが笑っている姿を見、子どもと一緒に笑うのが大好きなのです。

大人になった私たちにも、そういう小さな子どもの時がありました。しかし、苦しいことや人生の苦労、理不尽なことを経験し、次第に笑わなくなってしまいます。

そんな私たちを、必死になって笑わせようとしておられるのが、私たちの天の父です。

難しいことは分からなくて良いのです。ただ、神様と共に、神様が与えてくださった友と、家族と、笑いながら生活する。神様が私たちに願っておられるのは、このことなのだと思います。

神様、今日笑いを与えてください。私の家族に、私の友に、この本を読んでくださっている全ての方々に、そして私に笑いを与えてください。あなたと共に大喜びすることができますように。

天地の主であられる父よ。あなたをほめたたえます。あなたはこれらのことを、賢い者や知恵ある者には隠して、幼子たちに現してくださいました。そうです、父よ、これはみこころにかなったことでした。

（マタイの福音書11：25～26）

25 イエス様の宝ものを託される

マタイの福音書に記録されているイエス様の最後の説教は、「タラントの譬え」として知られる例え話で締めくくられます。

イエス様が地上を去って行かれる時、僕たちに能力に応じて莫大な金額を表すタラントを渡されると言われています。そのタラントを生かして商売をし、同じだけのタラントを儲けた僕たちは主人に喜ばれ、タラントを土の中に隠した僕は裁きを受けるという内容です。

このタラントは、伝統的には「才能」とか「能力」を意味すると言われていますが、私は、その解釈には無理があると思います。もし、そうだとすると、「能力に応じて能力を与えた」ということになり、論理矛盾が生じるからです。

また、豊かな才能や能力を与えられながら、それを生かす機会が与えられず、苦しんでいる人々もたくさんいます。イエス様がそのような人々を裁くと仰っているとは考えられません。

イエス様がこの地上の生涯で、絶大な価値があるものとして、最も大切になさったのは、低められ、卑しめられていた人々でした。イエス様は、このような人々をタラントと呼んでおられるのです。

そして、僕たちに「わたしの大切な宝である、この人々を大切にしなさい。彼らを生かしなさい」と仰っている。そして、次には、この人々がイエス様の僕となり、愛の輪が広がって行く。

能力に応じて5人を託される人がいる。2人を託される人、1人を託される人がいる。どの人にも尊いイエス様の宝ものが託されているのです。

私をイエス様の宝ものとして、大切にし、私のために祈ってくれた人がいました。彼らの愛と祈りによって、私は今の私になりました。私も、イエス様が私に託してくださったイエス様の宝もの、尊い方々を大切にしたいと思います。お一人お一人のために祈る者でありたいと思います。

26

捨て身の愛

すると、王は彼らに答えます。「まことに、あなたがたに言います。あなたがたが、これらのわたしの兄弟たち、それも最も小さい者たちの一人にしたことは、わたしにしたのです。」（マタイの福音書25：40）

イエス・キリストは、パリサイ派の一派であった敬虔派の律法学者で、他の律法学者との論争に負けないほど律法に精通していました。しかし、その内に満ちていた愛といのちは、律法の枠を打ち破って人を癒し、生かすものでありました。

ある日、キリストのところにツァラアトに罹患した人がやって来ました。ツァラアトというのは、今のハンセン病を含む皮膚病で、これに罹患すると「汚れた者」となり、社会から隔離され、神との交わりである礼拝から排除されてしまう、言わば、呪われた病でした。

律法は言います。「汚れたものに触れるものは汚れる。……罪に定められる」と（レビ記５：２～３）。

しかし、キリストは、敢えてこの人にさわられます。言葉だけで癒す権威を持ったキリストが、キリストの心を求めてやってきたこの人に触られました。この人と一つになるためです。「汚れた者」と一つになるためです。

捨て身の愛。汚れることを恐れず、罪に定められることを恐れず、一つとなる愛が発動した時、汚れた者を清める神の全能の力が現れました。

キリストは今も生きています。あなたと一つとなることを願っていらっしゃる方がいるのです。

この方の愛を信じて、私たちも思い切って祈って良いのだと思います。「あなたは、お心一つでわたしを清くすることがおできになります」と。


さて、ツァラアトに冒された人がイエスのみもとにお願いに来て、ひざまずいて言った。『お心一つで、私をきよくすることがおできになります。』イエスは深くあわれみ、手を伸ばして、彼にさわって言われた。『わたしの心だ。きよくなれ。』すると、そのツァラアトが消えて、その人はきよくなった。（マルコの福音書１：40～42）

27 信仰の自己実現

人が本当に納得し信じていることは、必ず、その行動として実現する。イエス・キリストは、「木は実によって知られる」と言われた。

キリストを信じるとは、その愛の関係の中に生きることである。頭でキリスト教の教義を受け入れることではない。

キリストは言われた。「わたしの愛の中に留まるとは、わたしの戒めを守ることだ。そして、わたしの戒めとは、あなたがたが互いに愛し合うことだ。」と。

信仰と愛の行いは一体のものだ。行いのない信仰は、自己愛でしかない。古代ローマの大神学者アウグスチヌスは言った。「人が『神を愛する』と言う時、『神を愛する』

と言っている自分を愛しているに過ぎない」と。

神への愛、信仰は、隣人に対する愛によって自己を表現し、自己を実現する。

キリストは言われた。「あなた自身のように、あなたの隣人を愛せよ」「わたしがあなたがたを愛したように、互いに愛し合え」と。

私にからし種一粒のような信仰があるだろうか。からし種一粒のような行いがあるだろうか。私が愛すべき人は誰か？　私がなすべきことは何か？

私の兄弟たち。だれかが自分には信仰があると言っても、その人に行ないがないなら、何の役に立ちましょう。そのような信仰がその人を救うことができるでしょうか。……信仰も、もし行ないがなかったなら、それだけでは、死んだものです。（ヤコブの手紙2：14〜17）

28　自分は小さいと思っていても

神の民イスラエルの王は神ご自身によって指名任命された王でした。ですから、王には神の御声に聴き従うことが何にも増して求められていました。そのことによってのみ、イスラエルは守られ、祝福されるからです。

しかし、初代イスラエル王のサウルは、神の命令のうち自分に都合の良いものだけに従い、自分の思いに反することについては従わず、自己正当化しようとしました。

預言者サムエルはサウル王を叱責します。「あなたは、自分の目には小さい者であっても、イスラエル諸部族のかしらではありませんか」（サムエル記第一15：17）。

私たちは、自分を見ると小さくてつまらない自分を意識します。自分一人が神の御声に聞き従わなくても、何かが変るわけではないと考えがちです。確かに、私たちは王のような権力も権限も持っていません。

しかし、私たちの周囲には、私たちが神の御声に聴き従うことによって生かされ、祝福を受けていく人たちがいるのです。私たちが神の御声に従うことを待っている人たちがいる。神の子、光の子としての尊厳をもって生きる私たちを待っている人たちがいるのです。

しかし、あなたがたは選ばれた種族、王である祭司、聖なる国民、神のものとされた民です。それは、あなたがたを闇の中から、ご自分の驚くべき光の中に召してくださった方の栄誉を、あなたがたが告げ知らせるためです。

（ペテロの手紙第一２：９）

29 再びあの愛に

イエス様に初めて出会ったとき、私たちは「自分」という殻が破れ、自分ではない自分が湧き上るように現れるのを経験します。

それまで自分のことしか考えていなかった者たちが、神様のために生きたいと思うようになる、人に親切にしたいと思うようになり、人を生かす行為が自分の内側から溢れ出すようになる。イエス様の愛が内側から満ち溢れ、私たちの自我という枠を打ち破るからです。

しかし、信仰生活が長くなると、その愛の行為が習慣となり、あるいは義務となり、自分の力でこのことを成し遂げなければならないと頑張るようになったりします。「自分」という殻が破れたから、愛せるようになったのに、今、「自分」という殻の中で愛そうとしている。

そんな私たちにイエス様は言われます。「はじめの愛に戻りなさい。わたしの愛に戻って来なさい」と。

私たちを根底から造り変えたイエス様のはじめの愛、それは、自分が自分であることを忘れるほど、私たちを満たし、湧き上るいのちでした。

イエス様は、私たちに仰っておられると思います。「わたしに帰って来い。わたしがお前を満たす。その愛で愛せよ。お前の頑張りで愛さなくて良い」と。

あなたは初めの愛から離れてしまった。それで、あなたは、どこから落ちたかを思い出し、悔い改めて（立ち帰って）、初めの行ないをしなさい。

（ヨハネの黙示録２：４〜５）

366日元気が出る
聖書のことば

3月

March

1　あなたの宝ものは何か？

この世の人生において、何を自分にとって価値あるものとして生きるか、頭で理解することと、自分が実際に行動することの間にはずいぶんな違いがあるようです。ハンガーゼロの近藤高史氏は「世界で一番遠い距離は、頭と手の間だ」と言っています。

金銭や物質、肉欲に執着してはいけないと分かっていても、気が付いたらそのことを考えている、そのように行動しているということはあります。私たちには自分の力では超えられない肉欲の壁があるのです。

そんな私たちに、イエス様は、何度も何度も語りかけ、心を導いてくださいます。弱っている人たち、苦しみの中にある人たちを自分の宝とするようにと。

そして、それだけでなく、イエス様は、ご自身の肉の欲求や体に対する執着、そして、ご自分のいのちさえ捨てて、滅んで行こうとしていた私たちにいのちを注いでくださったのです。

この方を仰ぎ見るとき、私たちの心は変えられる。自分が命の限り大切にしなければならない宝が何かがわかってくる。自分で溜め込む高価な物か？　それとも、飢えに苦しむ人、人生の痛みに喘《あえ》ぐ人か？

揺れることはあるでしょう。しかし、イエス様は何度も何度も語りかけてくださる。私たちは、何度も何度も、イエス様を見上げることが許されている。

今日も、明日も、イエス様の声を聞こう。イエス様を見上げよう。真に価値あるものを大切にする生涯へと私たちを導かれる方がいるのです。

あなたがたの宝のあるところ、そこにあなたがたの心もあるのです。（ルカの福音書12：34）

2　神が神であることを捨てて

イエス・キリストは「神の独り子」と呼ばれます。ここで「独り子」という言葉は、「自分自身」という言葉を比喩的に言い換えたものです。神ご自身が、人となってこの世にやって来られたのです。

ご自分を愛さない人間を愛するためでした。神の愛とは何かを行動をもって顕わすためでした。

全ての人に見捨てられ、殺され、否定されても、なお愛し続け、いのちを流し続ける愛、その愛によって、私たちの罪は覆い尽くされたのです。

私たちが神を愛したのではありませんでした。神が私たちを愛し、神であることを捨てて人となり、十字架にいのちを捨ててくださいました。そうしなければ私たちは救われないからです。

神が神であることを捨ててでも成し遂げようとなさった神の最優先事項、それはこの私に、あなたに、ご自身のいのちを与えることだったと言います。

私たちにはそれほどの価値があったのでしょうか。

キリストは、私たちにお語りになっています。「わたしのこの愛を受けよ。そして、あなたも愛するものとなれ」と。


神はそのひとり子を世に遣わし、その方によって私たちに、いのちを得させてくださいました。ここに、神の愛が私たちに示されたのです。私たちが神を愛したのではなく、神が私たちを愛し、私たちの罪のために、宥《なだ》めの供え物としての御子を遣わされました。ここに愛があるのです。愛する者たち。神がこれほどまでに私たちを愛してくださったのなら、私たちもまた互いに愛し合うべきです。（ヨハネの手紙第一4：9～11）

3　キリストは善悪を超える

人は自分の正しさを主張します。しかし、自分の正しさを主張する時、そこに必ず否定される人が存在することになります。自分の正しさの主張は、まさしく、愛の否定なのです。

サタンの策略は、人に自分の正しさを主張させるところにあります。

イエス・キリストは、十字架にかけられる前に議会で取り調べを受けますが、偽証に対して何の反論もなさいませんでした。イエス・キリストの戦いは、自分の正しさを明らかにする戦いではなく、サタンの策略を打ち破る戦いだったからです。

人は善悪を問題にします。しかし、イエス・キリストは善悪を問題となさいませんでした。イエス・キリストが命をかけて問題となさったことは、「神の聖」だったのです。

イエス・キリストは「神の聖」のために戦い、自ら十字架にかけられました。「神の聖」のための戦いがサタンを打ち倒したのです。

善悪を問題にする私たち。しかし、キリストは善悪を問題にしない。そして、悪い私たちを救うのです。

そこで大祭司が立ち上がり、イエスに言った。「何も答えないのか。この人たちがお前に不利な証言をしているのは、どういうことか。」しかし、イエスは黙っておられた。（マタイの福音書26：62～63）

4 頑張りでは解決できないもの

伝道者パウロは、若い時から律法に従い、それを守り抜いた人でした。しかし、律法に従わなければならない、と自分に言い聞かせていること自体が、自分の中に神様のお心に反する思いがあるということの証明だということに、パウロは気づきます。心が本当に神様を喜び、神様と一つになっているなら、律法を守らなければならないと思うことすらない筈だと。

自分の心と神様との間には大きな断絶がある。頑張ったり修行したりしていること自体が、自分の罪を明らかにしている。それらが人間の罪の中に行われる行為であるなら、人間は、絶対に自分自身を救うことはできない。パウロは、人間の罪の絶望を知りました。

しかし、そんな自分のところにやって来たイエス様がいました。罪の殻を打ち破るのは自分ではなかった。イエス様だった。イエス様がやって来て、罪を打ち砕いてくださった。この私の中に住んでくださった。

この方に出会った時、全てが新しくなりました。もう自分の罪を克服しようと頑張る必要はないのです。この方が勝ってくださったからです。この方が勝ってくださったことを、この方に告白するだけでいいのです。

私は、ほんとうにみじめな人間です。だれがこの死のからだから、私を救い出してくれるのでしょうか。
（ローマ人への手紙7：24）
今や、キリスト・イエスにある者が罪に定められることは決してありません。（ローマ人への手紙8：1）

5 御父の信頼を受けて

主イエスが御父の与えられた十字架の道を選択して行くということは、御父の助けがない状況の中、ただ一人で悪魔の全ての攻撃を身に受けるということを意味していました。

それまで御父との深い交わり、御父と一つである関係の中で力ある業を行い、多くの人を癒し、御父からの御言葉によって多くの人を生かしてこられました。しかし、何故、最後の最後、御父は主イエスを助けず、一人で悪魔と戦わせたのでしょうか。

それは、人であった主イエスに悪魔に対する勝利を勝ち取らせるためです。人間が勝たなければ、悪魔の策略を打ち砕くことはできないからです。

御父は主イエスを深く信頼しておられました。悪魔の全ての攻撃を受けてもなお、溢れる愛が弱まることはなく、御父に対する信頼を消すことはできない。悪魔は決して主イエスを屈服させることはできない。御父は、主イエスがこれを必ず成し遂げるのを見届けておられたのです。

ゲッセマネにおける主イエスの壮絶な祈り。一人で悪魔との戦いに赴かれる主イエスのお心、主イエスに対する御父の信頼に触れることができればと思います。これは、私たちに聖霊を注がれる御父の私たちに対する御思いでもあります。

そして、ペテロ、ヤコブ、ヨハネを一緒に連れて行かれた。イエスは深く悩み、もだえ始め、彼らに言われた。「わたしは悲しみのあまり死ぬほどです。」
（マルコの福音書14：33～34）

6 キリストと一つに

イエス・キリストを信じるとは、この御方と一つになることです。この御方の一部にされることです。

十字架に打ち抜かれたイエス・キリストの御手が、私たちの深い傷の上に置かれ、キリストの傷と私たちの傷が一つとなる。その傷からキリストの血が私たちの中に流れ込んでくる。キリストの血が私たちの血となるのです。

十字架にかかること、これは、決してキリストが望んだことではありませんでした。キリストは、祈られました。「アバ、父よ。あなたにおできにならないことはありません。どうぞ、この杯をわたしから取りのけてくださ い。」しかし、さらに祈られました。「しかし、わたしの願うことではなく、あなたの御心のままをなさってください」(マルコの福音書14:36)と。

キリストは、父なる神様の御心を全身全霊に受け、十字架にかけられ、私たちのために傷つき、血を流されました。キリストが血を流さなければ、キリストの命と私たちの命が一つとなることはなかったからです。

傷つけられ、倒れてうずくまる時、傷ついたキリストの御手があなたの上に置かれます。あなたはキリストと一つになるのです。あなたはキリストのものです。

キリストは自ら、私たちの罪を十字架の上で、その身に負ってくださいました。私たちが罪に死に、義に生きるためです。この方の打ち傷によって、あなたがたは癒されたのです。（ペトロの手紙一 2：24［聖書協会共同訳］）

7 わたしの神様

十字架の苦しみの中でイエス様が叫ばれたのは、詩篇22篇の冒頭部分でしたした。「エリ、エリ、レマ、サバクタニ」(わが神、わが神。どうしてわたしをお見捨てになったのですか)。

イエス様は、この詩篇をご自分の最後の信仰告白として叫ばれました。神に見捨てられる罪人の苦しみを身に受け、キリストも絶望したのだと言われることがありますが、私は、むしろ「エリ！　エリ！」という呼びかけの言葉の中にイエス様の神様に対する揺るぎない、深い信頼を感じます。

イエス様は、この詩篇の冒頭部分を叫ばれましたが、それは、この詩篇の全てを叫ばれたということです。それは、神様への賛美の言葉に溢れています。

「エリ」というのは、「私の神様」という意味です。他の誰かの神ではなく、「私の神様」。決して切れることのない、個人的な関係があるからこそ叫ぶことができる言葉です。イエス様の神様への信頼は、あの十字架の上でも揺らぐことはなかったのです。

私たちも、単に「神様」と言って祈るのではなく、「私の神様！」と呼びかけながら祈りましょう。あなたの神、キリストとのより深い人格的な関係が揺るがないものとなっていくでしょう。私たちは、十字架の上で「エリ！エリ！私の神様！私の神様！」と叫ばれたイエス様のお心に触れる者となるのです。


三時ごろ、イエスは大声で叫ばれた。「エリ、エリ、レマ、サバクタニ。」これは「わが神、わが神。どうしてわたしをお見捨てになったのですか」という意味である。

（マタイの福音書27：46）

8 永遠の帰属先を持つ

私たちは自己紹介する時、「〇〇の△△」ですと言います。自分がどこに属しているのかということが、自分自身が何ものであるかということを指し示すものとなっているからです。多くの場合、それは勤務先であったり、学校であったりします。クリスチャン同士の場合は「〇〇教会の△△」と言ったりします。

しかし、これらは自分の本質が属しているところとは言えないでしょう。仕事はいつか辞める時が来ます。学校も卒業します。教会も移らなければならないことがあります。私たち一人一人の本質が属するところはどこでしょうか。私たちが真に、「私は〇〇の△△です」と言えるのはどこなのでしょう。

聖書は言います。主イエスを信じる者たちは、この世から出て、主イエスに属する者となった。この世に私たちの本質を預けるところはなく、この世に私たちの基盤はないと。

主イエスが人の住む町の外で苦しみを受けられたように、私たちも「この世」の外に立とう。この方だけに私たちの永遠の基盤があります。私たちが帰るべき場所、私たちの永遠の帰属先があるのです。

今日、私は告白したいと思います。「私は、イエス・キリスト王家の岩本遠億です。」

あなたの永遠の帰属先はどこでしょうか。

しかし、私たちの国籍は天にあります。そこから主イエス・キリストが救い主として来られるのを、私たちは待ち望んでいます。（ピリピ人への手紙3：20）

9 神はあなたもあの人も立たせることができる

人が他人の噂話をしたり、悪口を言ったり、批判したりする時、その人のどのような部分に注目しているのでしょうか。

恐らく、外に見える部分、外見や家柄、言動、人間関係などについてではないでしょうか。その人の心の中のことまでは考えていないでしょう。まして、その人の背後に、その人のために命を捨てたイエス様がおられることを意識してはいないと思います。

外に見える部分についての批判は、その人の心の奥底に重傷を負わせてしまいます。人を裁く思いが湧き上がって来たとき、口に出す前に一瞬立ち止まることができたらと思います。一人一人の背後にイエス様がおられることを意識すると、私たちは人を裁かなくなるでしょう。そして、自分自身をも裁かなくなるのです。

忘れないでください。あなたの背後には、あなたを立たせてくださるイエス様がいることを。あの人の背後にもイエス様がおられることを。同じイエス様があなたの味方になり、あの人の味方になり、あなたを弁護し、あの人を弁護してくださるのです。全ての人の背後に、その人を愛し、祝福し、その人を立たせることができる神様がおられます。

あなたはいったいだれなので、他人のしもべをさばく

のですか。しもべが立つのも倒れるのも、その主人の心次第です。このしもべは立つのです。なぜなら、主には、彼を立たせることができるからです。
（ローマ人への手紙14：4）

10　神の言葉は自由に駆け巡る

クリスチャンは、自分の思い通りに事が進むと、神の御心が行なわれたと感じる傾向があります。それは、また、自分が正しいと思う道が開かれず、苦しみの中に閉ざされる時には、神は働いてくださらないと感じる事にもつながります。

しかし、パウロはテモテに書き送りました。「私は、牢獄の中に繋がれているけれども、神のことばは繋がれていないよ」と。

君を取り巻く状況は理想的とは言えず、むしろ閉塞感に囲まれるようなことがあるかもしれない。また、君自身も理想的な状態からは遠い状態かもしれない。しかし、私が牢の中にいても、神の言葉は力をもって働き続けておられるように、君が語る神の言葉も、外的状況、内的状況に拘らず、力をもって働き続けてくださる筈だ。

自分の思い通りにならないと、卑しめられたように感じたり、怒りに満たされてしまうような私たち。そんな時、私たちの目は、思い通りにならない状況や自分の思いに固定されてしまっています。

私たちの目をキリストに向けよう。キリストは、生きて働いておられる。

私は、福音のために、苦しみを受け、犯罪者のようにつながれています。しかし、神のことばは、つながれてはいません。（テモテへの手紙第二2：9）

11　人の真価が明らかにされる時

今年も東日本大震災の日がやってきました。被災地以外のところでは記憶が薄れていく中で、私たちは、今も痛みと苦しみの中にいる方々が大勢いらっしゃるという現実を、自分のこととして受け止めなければなりません。

自然の大災害は、神が創造の中に組み込まれたメカニズムの中で私たち人間の独善と高慢が明らかにされる時です。しかし、これは、神の御姿に似せて造られた人の真価が明らかにされる時でもあるのです。

震災直後、津波で甚大な被害にあった地に住む読者の方々から、ご連絡をいただいたり、お電話でお話しを伺ったりしました。答えのない苦しみの中から絞り出すように語られる言葉を聞き、私も何とお答えしたら良いか、言葉に窮しました。

しかし、そのような中でお一人お一人が立ち上がって行かれ、愛に生き、愛に生かされているということをお手紙でお知らせいただいたり、被災地を訪れた時、見せていただくことができました。

一方、人間の欲と利己主義が苦しみの中にある方々を分断し、踏みにじるという現実も私たちは見てきましたし、今も見ています。

人間の真価はどこにあるのか？ 私たちは、神が私たち一人一人をご自分の御姿に似せて造ってくださったということを忘れてはなりません。

聖書は言います。「あなたがたの神、主は、神の神、主の主、偉大で、力あり、恐ろしい神。かたよって愛することなく、わいろを取らず、みなしごや、やもめのためにさばきを行ない、在留異国人を愛してこれに食物と着物を与えられる」（申命記10：17～18）。

神は、私たちがこれらの尊い一人一人を無視することをお許しにならないとおっしゃっているのです。

今も勉学のための援助を必要としている震災遺児たちがいます。原発事故のために故郷を離れざるを得ず、差別を恐れて出身地を隠しながら困窮の生活を強いられている人たちがいます。私たち一人一人がなすべきことは何か？ 私たちの業によって生かされる人々がいるのです。

私は、震災で親を失った子供たちが大学を卒業するまで援助を続ける「みちのく未来基金」に震災直後から参加しています。記憶が薄れると寄付額も減っていきます。今からでも遅くありません。あなたも参加しませんか。

あなたがたの神、主は、神の神、主の主、偉大で、力あり、恐ろしい神。かたよって愛することなく、わいろを取らず、みなしごや、やもめのためにさばきを行ない、

在留異国人を愛してこれに食物と着物を与えられる。
（申命記10：17〜18）

12　神が人を求める基準

神に捧げ物をする場合、傷のない最上のものを捧げるようにと聖書は命じています。自分自身にとってあまり価値がないものを捧げるのは神に対する姿勢としては問題があります。

ですから、自分の内面の醜さや罪を知る誠実な信仰者は、「あなたの心を捧げなさい」と言われると、当惑してしまいます。自分自身が捨てたいと思う、この汚れた心を神に捧げるなど、とんでもないと思うからです。

しかし、どんなに捨てたいと思っても、それは心の一部、汚れた部分だけを切って捨て、清い部分だけを捧げることもできないのが私たちの心です。

幕屋の中で捧げられる香の調合について、神ご自身がモーセに指示を出しておられる箇所があります。それには、ナタフ、シェヘレテ、そして乳香という芳しい香だけでなく、ヘルベナという不快な臭いのするものも同量加えて調合しなければならないとあります。

神に捧げる香になぜ不快な臭いのするものも同じ量含めなければならないのか。ユダヤ注解によると、これはイスラエルの中で罪を犯した者たちを表すということです。芳しい香りのする人だけではなく、不快な臭いを放つ者も共に礼拝を捧げることを神は求めていらっしゃるのだと。

不快な臭いを放つ者、それは誰でしょうか。聖者たちの芳しい香りの中に、不快な臭いを放つ私のような者も含まれる。この汚れた心も含まれるというのです。それらが一つとなって捧げられることを、神は求めていらっしゃる。神は、それを分けられることのない一つのものとして受け取ってくださる、ご自分のものとしてくださるのだと。

清いもの、価値あるものだけを取り分けられるなら、それを捧げるべきです。しかし、一体となっているものも神は捧げよと仰っている。

神が人をお求めになる基準、それは、人の基準とは違うようです。私の基準とも違う。そのことに心を巡らせ、心を静め、祈りましょう。

主はモーセに仰せられた。「あなたは香料、すなわち、ナタフ香、シェヘレテ香、ヘルベナ香と純粋な乳香を取れ。これらは、それぞれ同じ量でなければならない。」（出エジプト記30：34）

13 生まれる前から

人は、自分で自分の宗教を選び取り、何を自分の神とするか決めることができると思っています。あたかも神は自分の選択の対象であるかのようです。

しかし、私たちを創造なさった神は、私たちが選び取った神ではありません。このお方が私たちのところにやって来て、出会ってくださった時、このお方が永遠に私たちの神であることを知るのです。

私を創造し、母の胎の中で組み立て、育ててくださったお方がいる。

何かを意識できるようになる前から、祈れるようになる前から、いいえ、この世に存在する前から、あなたは私の神でした。あなたは、私があなたを離れ、あなたに背を向けていた時も私の神でした。苦しみのため祈れなかった時、賛美することも感謝することもできなかった時、そんな時も私の神でした。あなたは、こんな私を見捨てずに握り続けてくださいました。

まことに、あなたは私を母の胎から取り出した方。母の乳房に拠り頼ませた方。生まれる前から、私はあなたにゆだねられました。母の胎内にいた時から、あなたは私の神です。（詩篇22：9〜10）

14 後戻りのない一直線の道

私たちは、人生の中で大きな失敗をしたり、過去の過ちが今の苦境を招いていると感じたりすると、もう一度人生をやり直したいと思ったりします。また、次生まれてきたら、と当てもない空想に慰みを得ようとしたりします。

しかし、これまで一度も理想の自分になることができなかった者が、もう一度人生をやり直すことができたとして、今度は自分の理想の道を歩むことができるでしょうか。はなはだ疑問です。

キリストは、言われました。「人は、新しく生まれなければ神の国を見ることはできない」と（ヨハネ3：3）。「新しく」というのは、「キリストの御霊によって」という意味です。自分の努力によっては変ることができなかった者、そのような者に、キリストの御霊による新しい実存を与えてくださる神がおられると言うのです。そして、そのことによってのみ、神との深い信頼関係を与えられ、神が備えてくださっている、大きな恵みの世界、祝福の世界に生きるようになるのだと。

私を新しく変える力は、私の中にあるのではなく、私たちを創造し、完成へと導いてくださるキリストの御霊の中にのみあるのです。私たちは人生をやり直すことも、もう一度生まれ変わることもできません。しかし、キリストの御霊が私たち一人一人のところに吹いて来る。

私たちは、キリストの御霊によって根底から変えられ、新しい人とされ、永遠へと続く、後戻りのない一直線の道を歩むのです。キリストが共におられます。振り向いてはなりません。

肉によって生まれた者は肉です。御霊によって生まれた者は霊です。……風（御霊）は思いのままに吹きます。その音を聞いても、それがどこから来てどこへ行くのか分かりません。御霊によって生まれた者もみな、それと同じです。（ヨハネの福音書3：6、8）

15 しかし、神は愛である

人生においては、不条理とも言うべき苦しみが降りかかることがあります。神が生きていて、神が愛なのなら、なぜ神はそのような不条理が起こることを許されるのか。人々は言うでしょう。神にはそのような不条理が起こらないように直接的に、あるいは間接的に介入する義務があると。それが神の愛なのではないのかと。

しかし、聖書が明らかにする神の愛は、そのような人間の責任転嫁的思いを満足させるようなものではありません。不条理の只中で、なお「神は愛である」と私たちに叫ばせる圧倒的ないのちを注ぐのがキリストの十字架の血なのです。

キリストと苦しみを共にする者、キリストの産みの苦しみを共に苦しむ者としての実存を私たちに与えるのがキリストの十字架の血です。

かつては、自分の罪のために苦しんでいた者たちが、キリストの十字架の血を受けると、キリストの苦しみを共に苦しむ者となる。苦しみは同じように見えても、その意味が全く違うものとなるのです。

御霊ご自身が、私たちの霊とともに、私たちが神の子どもであることを証ししてくださいます。子どもであるなら、相続人でもあります。私たちはキリストと、栄光をともに受けるために苦難をともにしているのですから、神の相続人であり、キリストとともに共同相続人なのです。（ローマ人への手紙8：16〜17）

16 神の愛は、この惨めさを覆い尽くす

私たちは皆、尊くありたい、義《ただ》しく立派な人間でありたい、清く愛に溢れた心の広い人間でありたいと願っています。しかし、そうでない自分、そうありたいと願っても、そうできない現実の前に立ち尽くしてしまうことがあります。

人前では立派に振舞っていても、皆自分の心の中のことは分かっています。罪の現実はごまかしようがありません。もし自分の心の中のことが全て人前で明らかにされるなら、惨めな、絶望的な気持ちにならない人など一人もいないでしょう。私もその一人です。神様の前ならなおさらです。

しかし、そんな惨めな私を救い出してくださる方がおられます。

この惨めな、絶望的な状態のまま、受け入れてくださる。イエス様の尊さ、義しさ、清さ、愛で私を覆ってくださり、私の惨めさを包み込んで、見えなくしてくださる。

その時、私は自分の惨めさを忘れます。イエス様が隠

してくださるからだと思います。

「恐がらなくて良い。」イエス様の声が聞こえるようです。

これを見たシモン・ペテロは、イエスの足もとにひれ伏して言った。「主よ、私から離れてください。私は罪深い人間ですから。」……イエスはシモンに言われた。「恐れることはない。今から後、あなたは人間を捕《と》るようになるのです。」（ルカの福音書5：8〜10）

17 キリストは喜びを満たす

神が私たちに与えよう、私たちの中に満たそうとしておられるのは、満ち溢れる喜びです。聖書の中には「喜び」という言葉が300回以上出てきます。天も地も、海の中に住むものまで、全てが神に向かって喜びの声を上げる。それが聖書が私たちに指し示す完成された姿です。

もちろん、私たちの内にも外にも痛みや悲しみがあります。その中で無理に喜べと言っているのではありません。私たちの痛み、悲しみ、苦しみの全てを知り、味わった上で、なお、「わたしの喜びをあなたがたに満たす」とおっしゃる方がいるのです。

主イエスは言われました。「あなたがたも、今は悲しんでいます。しかし、わたしは再びあなたがたに会います。そして、あなたがたの心は喜びに満たされます。その喜びをあなたがたから奪い去る者はありません。」「わたしがこれらのことをあなたがたに話したのは、わたしの喜びがあなたがたの内にあり、あなたがたの喜びが満ち溢れるためです」（ヨハネの福音書16：22、15：11）と。

私たちの肉の喜びは不完全なものでしょう。何か嫌なことがあったらすぐに吹き飛んでしまうようなものです。しかし、主イエスが私たちに満たすと約束なさった喜び、それは完全な、全うされた喜びでした。十字架を前にしても決して揺るぐことのなかった喜び。そんな喜びがあると聖書は言います。

主イエスは、それを私たちに満たすために、御言葉を語ってくださったのです。そして、十字架にかかり、復活してくださいました。希望を告白しよう。この喜びを私たちに満たしてくださる方がいるのです。

さあ主に向かって喜び歌おう。私たちの救いの岩に向かって喜び叫ぼう。（詩篇95：1）

18 信仰はキリストから来る

「信仰」という言葉を辞書で引くと、「経験や知識を越えた存在を信頼し、自分を委ねる自覚的な態度」（大辞林）という説明が出てきます。それが一般的な理解だと思います。超越的存在に対する人間の主体的な意識と態度が信仰であると。

しかし、人間の主体性に基盤がある信仰は、人の状態とともに揺れ動きます。信じているのか信じていないのか、自分でも分からなくなることがあるのではないでしょうか。

聖書は言います。「信仰」とはイエス・キリストご自身が造り、完成したものであると。すなわち、全人類の（私の、あなたの、そしてあの人の）罪を贖う十字架の苦しみによって造られ、復活によって完成したキリストの救いの業そのものを「信仰」と呼ぶのだと。

人が自分で信じていることを「信仰」と言うのではありません。私自身が自分の信仰を完成するのでもありません。もう既に、キリストが完成なさった「信仰」がある。私たちの状態がどのようなものであっても、私たちのために完成された「信仰」がある。ここに私たちの希望があります。

キリストが私たち一人一人に、この「信仰」を与えてくださる。信仰歴の長い短いは関係ありません。まだ教会に行ったことがなくても、聖書を読んだことがなくても、聖書の言葉が心に届き、キリストの心に触れられる時、この完成された信仰が与えられる。あなたは救われるのです。

自分の信仰について考えたり、思い悩むのを止め、キリストに目を向けよう。信仰はキリストから来る。

信仰の創始者であり、完成者であるイエスから目を離さないでいなさい。イエスは、ご自分の前に置かれた喜びのゆえに、はずかしめをものともせずに十字架を忍び、神の御座の右に着座されました。（ヘブル人への手紙12：2）

19

最も大きな愛

私たちはどのような関係、誰との関係を大切にしているでしょうか。また、誰との関係が最も強いと感じているでしょうか。

「血は水より濃い」という言葉があるように、親子の関係は切っても切れないものです。親子は、生物学的に繋がっているので、たとい戸籍上の関係が取り消されたとしても、親子である事実を取り消すことはできません。親が子どものために自分の命まで犠牲にしようとするのは、子どもは自分の一部だという強い一体感があるからです。自分のDNAを残したいという本能も働くと言います。

しかし、イエス様は友のために自分のいのちを捨てることが最も大きな愛なのだと言われました。友のために自分のいのちを捨てなければならない理由はないからです。友のためにいのちを捨てても自分のDNAは残りません。

しかし、だからこそ、友のためにいのちを捨てる愛こそが最大の愛だとイエス様は仰るのです。理由なしに愛する。ただ愛するが故に自分を捨てる。これが最も尊いのだ。これこそが真実の愛の力だと。

イエス様は、罪びとの私たちを友と呼び、友として愛してくださった。罪ある私たちにいのちを与えるため、十字架にかかって死んでくださったのです（ペテロの手紙第一2：24）。イエス様には私たちのために死ななければならない理由があったのでしょうか。私たちにはそれほどの価値があったのでしょうか。

しかし、イエス様が十字架に捨てられたいのちが、私たちの中に生きるようになった。イエス様は死に、私たちは生きたのです。

私たちも誰かの友となることができますように。

人が自分の友のためにいのちを捨てること、これよりも大きな愛はだれも持っていません。

（ヨハネの福音書15：13）

20 全てが生きる

私たちは生きて行く上でいろいろな問題や困難に遭遇します。そのような時、トラブルを起こしている人や自分に不利益を被らせている人に対し怒りや憤りを感じることがあります。

「あの人がいるから物事がうまく進まない。あの人がいなければ、みんなもっと幸せになれるのに。」私たちは、心の中でその人の存在を消し去ろうとしているのかもしれません。

イエス様は言われました。「兄弟に向かって怒《いか》る者は、だれでもさばきを受けなければなりません。兄弟に向かって『ばか者』と言う者は、最高法院でさばかれます。『愚か者』と言うような者は燃えるゲヘナに投げ込まれます」(マタイの福音書5：22)。

あの人が滅ぼされるのなら、私はもっと前に滅ぼされていたに違いない。あの人を生かしている神様がいるから、私も生かされているのではないのか。全てを生かす神様がいる。だから、私も、あなたも救われるのではないでしょうか。

全てを生かす神様の御心に自分の心の波長を合わせることができますように。私たち一人一人に対するこの方の愛、私たちを喜ぶこの方の喜びがこの冷たい心の中に流れ込んで来る。あの人に対する神様の愛が私にも流れ込んでくる。私たちの心は造り変えられるのです。

この川が流れて行くどこででも、そこに群がるあらゆる生物は生き、非常に多くの魚がいるようになる。この水がはいると、そこの水が良くなるからである。この川がはいる所では、すべてのものが生きる。

(エゼキエル書47：9)

21 あなたの涙は虚しく地に落ちることはない

イスラエルの第二代国王となるダビデは、まだ羊飼いだった少年の時、イスラエルを攻めて来たペリシテ人の代表戦士大巨人ゴリアテに天地を造られた神、主の御名によって立ち向かい、小石の一撃で打ち倒した英雄です。

しかし、嫉妬に狂うサウル王から殺害予告を受け、命からがら逃げ出し、恥辱とさすらいの日々を過ごさなければならなくなります。

彼は祈りました。「私の涙を覚えてください。どの一粒も忘れないでください。」主の御名を呼びながら流す涙。主の皮袋が一杯になるほどの涙を流したのがダビデでした。

主の前に出る時は、ありのままの心でいられる。主が共にいてくだされば、勇者として戦うこともできる。苦しい時は苦しいと言うこともできる。主の前で泣くこともできる。主が喜びを満たしてくださる時は、歓喜に包まれます。

自分の心を押し隠しながら生きている私たち。主は、「わたしの前に来なさい。わたしがあなたと共にいる。あなたの心はわたしが全て知っている。あなたが泣くとき、わたしも共に泣き、あなたが喜ぶ時、わたしも共に喜ぶ。そしてさらにわたしの喜びと力をあなたに注ぐ」と仰っているように思います。

主の臨在に触れる時、硬く固まった心がほぐれて行く。せき止められていた涙が溢れ出る。その涙を全て受け止めてくださっている主がいる。その一粒一粒の意味を知ってくださっている主、覚えてくださっている主がいるのです。

あなたは、私のさすらいを記しておられます。どうか私の涙を、あなたの皮袋に蓄えてください。（詩篇56：8）

22 勇敢であれ

パウロは、対立と混乱の中にあったコリント教会の人々に励ましの言葉を贈りました。罪の中にまどろむことがないように。信仰に基づく生活を送るように。勇敢で、強くあれと。

しかし、勇敢であること、強くあることとは一体何でしょうか。自分の思いを貫くことでしょうか。他をねじ伏せることでしょうか。

コリント教会が対立と混乱に陥ったのは、個々が自分の正しさを主張したからです。そこに悪魔がつけ込みました。

神様の御思い以外に自分の意思を持たないこと。神様と人に仕える僕に徹すること。まさに僕の謙遜にこそ、勇敢と強さの秘訣があるのです。それは、主イエスの生き方そのものでした。自分の思いを実現しようとせず、ただ父なる神様の御思いだけを求め、富も権力も求めず、名も命も惜しまず、苦しむ者たちにお仕えになりました。

この主イエスを止めることができるものは何もありませんでした。主イエスは、自ら十字架に架かって私たちの罪をその身に負われ、悪魔の力を打ち砕かれたのです。主イエスこそ勇敢なる君、王の王、主の主です。

この主イエスを見上げて生きる時に、私たちは自己憐憫から救われ、勇気をもって力強く生きる力が与えられるでしょう。

主イエスの声が聞こえるようです。「勇敢であれ！わたしはすでに世に勝った」（ヨハネの福音書16：33）、「わたしがお前たちと共にいるぞ！」（マタイの福音書28：20参照）と。

目を覚ましていなさい。堅く信仰に立ちなさい。雄々しく、強くありなさい。（コリント人への手紙第一16：13）

23 祈れない時

私たちは祈れなくなる時があります。感謝できない時があり、喜べない時があります。痛みと苦しみに心が塞がれることも、疲れ果てて、心が動かなくなることもあります。

「私の信仰はどこへ行ってしまったのだろう。喜ぶことも祈ることも感謝することもできず、信仰者として自分は駄目だ」と思うことがあるかもしれません。

しかし、イエス様の私たちに対する思いは少し違うようです。祈れない私たちのためにイエス様の御霊が祈ってくださっている。祈れない心の奥底にある思いを知ってくださり、深くうめき、私たちの最善を願い続けてくださっている。祈れない私たちを「聖徒」と呼んでくださっている。

私たちはイエス様のものです。祈れるからイエス様のものなのではありません。イエス様が十字架によって贖ってくださったからイエス様のものなのです。

イエス様のものはイエス様のものです。

同じように御霊も、弱い私たちを助けてくださいます。私たちは、何をどう祈ったらよいかわからないのですが、御霊ご自身が、ことばにならないうめきをもってとりなしてくださるのです。人間の心を探る方は、御霊の思いが何かを知っておられます。なぜなら、御霊は、神のみこころにしたがって、聖徒たちのためにとりなしをしてくださるからです。（ローマ人への手紙8：26〜27）

24 その時、救いが行われていた

子どもが学校で虐められていたり、苦しい状況に陥っている時、庇《かば》ってくれた先生、助けてくれた先生のことを、親は忘れるでしょうか。その先生にいつまでも感謝の心を持ち続けるのではないでしょうか。

イエス様の子どもとされた私たち、自分で自分をどうすることもできない苦しみに陥ることがあります。そんなとき、私たちに助けの手を差し伸ばしてくれた人、共に泣いてくれた人のことをイエス様は忘れるでしょうか。

イエス様は、十字架にかけられる前の最後の説教で、このように言われました。

それから王は右にいる者たちに言います。「さあ、わたしの父に祝福された人たち。世界の基が据えられたときから、あなたがたのために備えられていた御国を受け継ぎなさい。あなたがたはわたしが空腹であったときに食べ物を与え、渇いていたときに飲ませ、旅人であったときに宿を貸し、わたしが裸のときに服を着せ、病気をしたときに見舞い、牢にいたときに訪ねてくれたからです。」

すると、その正しい人たちは答えます。「主よ。いつ私たちはあなたが空腹なのを見て食べさせ、渇いているのを見て飲ませて差し上げたでしょうか。いつ、旅人であるのを見て宿を貸し、裸なのを見て着せて差し上げたでしょうか。いつ私たちは、あなたが病気をしたり牢におられたりするのを見て、お訪ねしたでしょうか。」

すると、王は彼らに答えます。「まことに、あなたがたに言います。あなたがたが、これらのわたしの兄弟たち、

それも最も小さい者たちの一人にしたことは、わたしにしたのです。」（マタイの福音書25：34〜40）

あなたが苦しみの中にあった時、イエス様の救いの御業は確実に行われていたのです。

25 「神はいない」の反対は？

私たちは、人が口に出して言うことが必ずしも、その人の本心でないことを知っています。心の中の思いは他の人には聞こえません。ですから、心の中の言葉こそ、その人の本当の思いなのかもしれません。

聖書は、心の中の思いについて、次のように厳しく真実を突きます。

「愚か者は心の中で『神はいない』と言う」（詩篇14：1）。

心の中で「神はいない」と言うとは、自分を基準とするということです。自分を基準として物事を判断し、他を裁く。自分という世界の中で自分が王様になることです。どんなに口で「神はいる」と宣言しても、自分を基準としている時、心の中では「神はいない」と言っているのと同じなのではないでしょうか。

「神はいない」の反対は、「神はいる」ではありません。「神様！」と呼びかけることです。「神様！」と叫ぶことです。「神様、あなたの御思いを教えてください。わたしは、どうしたら良いのでしょう」と聞くことです。

人は、神の臨在に触れて、この方の絶大さを知ります。自分を基準とすることがどれ程愚かなことで、それこそが神を否定する罪だということを知るのです。

こんなに罪深い者を求めて、出会おうとしてくださっている神がいる。導こう、生かそうとしてくださっている神がいる。関係を求めてくださっている神がいるのです。

私たちも、求めよう。呼びかけよう。「神様！　神様！」と。この方と出会う時に、全てが変わる。私たちは、日々変えられていくのです。

愚か者は心の中で「神はいない」と言う。（詩篇14：1）神よ。私を探り、私の心を知ってください。私を調べ、

私の思い煩いを知ってください。私のうちに傷のついた道があるかないかを見て、私をとこしえの道に導いてください。（詩篇139：23〜24）

26 怒りを手放す

人間にとって最も難しいことは、人を赦すことであり、また赦されることかも知れません。

自分に危害を加えたり、傷つけたり、損害を与えた人を赦すことは難しいことです。また、実質的な損害を受けなくても、プライドを傷つけられたり、自分の思いどおりにことが進まない場合も、同様に赦せなくなってしまいます。

そんな時、人に対する怒りで心だけでなく、体中が満たされ、夜も眠れなくなることが、私にもあります。

しかし、怒りとは人を罰したいという思いですから、それに満たされている時、「神様、私を赦してください」と言うこともできなくなっているのです。自分が赦されなければならない存在だということを忘れさせる思いが、怒りです。

今、私たちは赦して頂かなければなりません。怒りを手放さなければなりません。怒っていること自体が私たちの罪なのです。自分の思いを貫きたい、自分の思いどおりに人を裁きたい、そのような思いに満たされ、私たちは神様に背を向けているのです。

私たちは、何と惨めな人間でしょう。人を罰したいという思いによって、自分自身が滅んでしまうのです。

神様、私たちをお赦しください。私たちも、あの方を赦しました。いいえ、神様、私たちは、人を赦す資格がある人間ですらありませんでした。どうぞ、あの方をあなたが祝福してください。生かしてください。あの方と共に生きることができるように、私たちをお赦しください。

また、祈るために立ち上がるとき、だれかに対し恨んでいることがあるなら、赦しなさい。そうすれば、天におられるあなたがたの父も、あなたがたの過ちを赦してくださいます。（マルコの福音書11：25）

27

愛は自分を捨てて一つになる

愛とは、一つとなることを求めるいのちです。一人だと、私たちは満たされないのです。不完全であることを感じているのです。

しかし、一つとなるためには、私たちは「自分」を捨てなければなりません。私たちの中にある「自分」が他者と一つになることを阻んでいるのです。

「愛しているのなら、こうしてくれ。」「本当に愛しているのなら、行動で示してよ。」

私たちは、一つとなるために相手に自分を捨てさせようとします。それは、私たちの愛が罪によって捻じ曲がっているからです。

しかし、イエス様の愛は真実の愛でした。イエス様の愛は、自分を捨てることによって私たちと一つになる愛だったのです。ご自分を捨て、無になってくださった。そのようにして、イエス様は孤独な私たちの存在の中に入ってきてくださったのです。そして、溢れるように満たしてくださった。生かしてくださった。

イエス様のこの愛を受けて、私たちも自分を忘れて、愛する者と一つとなることができますように。一つとなる喜び、感激、感謝、希望を共に経験することができますように。これがあれば、共に苦労することも喜びとなります。

キリストは私たちのために、ご自分のいのちを捨ててくださいました。それによって私たちに愛が分かったのです。ですから、私たちも兄弟のために、いのちを捨てるべきです。（ヨハネの手紙第一 3：16）

28

光の芸術

オーストラリアに留学していた時のことです。帰国の日が近づいていた夏のある日、大学のカフェテリアで西悦子さんというクリスチャンの方と出会いました。

西さんは、キャンベラ美術学校の大学院でガラス芸術を専攻する芸術家でした。すでに銀座松屋などで個展を開く、独特の作風を持つ方でしたが、さらなる飛躍を求めて留学しておられたのでした。

修了展覧会のための作品を作っておられるとのこと。ぜひ来てくださいとのお言葉に誘われて、数日後、私は西さんをアトリエに訪ねました。

西さんは、硬くて冷たいガラスという素材を用いて、レース生地のような柔らかさと温かさ、そして繊細さを表現したいと研究を重ね、世界で唯一人という技術を開発しておられました。無色の試作品から、色とりどりの完成品に至るまでの軌跡を一つずつご説明くださいました。

私は、理屈は何となく分かり、技術は素晴らしいとも思うのですが、心にワクワクするものを感じることができず、複雑な気持ちでご説明を聞いていました。

そして数日後、修了展覧会が開かれ、私は息子を連れて見に行きました。しかし、そこに並べてあった西さんの作品の一つ一つは、いかにも嬉しそうに、喜びに満ちた光を放っていたのです。私はあまりの美しさに目を奪われ、言葉も出ませんでした。

何が違うのだろう？　答えはすぐに分かりました。光です。展覧会では、一つ一つの作品に、最も良い角度からスポットライトが当てられていたのです。アトリエの倉庫は薄暗い蛍光灯が点いているだけでした。

その時、「人も同じだ」との思いが湧き上がりました。どんなに素晴らしく造られている神様の作品であっても、光の当たらない暗がりの中では輝くことはできない。神様は、私たち一人一人にスポットライトを当てて、輝かせようとしておられる。神様は、どの角度からどのような光を当てると、私たちが最も輝くか知っておられるに違いない。神様が私たちをお造りになったのだから。

神様が展覧会のために、私たち一人一人を台の上に載せ、最も良い角度からスポットライトを当ててくださる日がやって来るでしょう。

あなたがたは、以前は闇でしたが、今は、主にあって、光となりました。（エペソ人への手紙5：8）

29 誇り高く生きよう

イエス・キリストとの出会いは、私たちの存在のあり方を根本から造り変えます。相対の世界に生きていた者を、絶対の世界に生きる者にするお方がイエス・キリストです。

私たちは自分を見、人を見て、比較の上に自分の価値と人の価値を測ろうとします。しかし、そこから得られるものは高慢と自己憐憫だけです。

私たちの王であるイエス・キリストが私たちを召し出し、「わたしのそばにいろ」とおっしゃってくださる。この方が、私たちの中に住んでくださると言うのです。

この方に私たちの思いが密着する時、私たちは相対の世界から自由にされる。この方が、私たちの全ての全てとなってくださるからです。

私たちは、腐ったミカンのような存在かもしれない。私はそうです。しかし、それを敢えて選び、御手に握ってくださる方がいる。癒し、清めてくださる。新たにしてくださる。この方の前では、全てのものの本質が明らかにされるからです。この方が言われます。

わたしの目にはあなたは高価で尊い。（イザヤ書43：4）

30 ただ一つの誇り

聖書が私たちに語りかける福音とは、イエス・キリストの十字架と復活が私たちの全てであって、私たちの行ないや決心、あるいは熱意が私たちの救いに関わることはないということです。

また、私たちの霊的な成長も、神の言葉として私たちの内に蒔かれた聖霊が結実して行く過程なのであって、私たちの行ないや決心、他の人からの指導や強制が関与するものではありません。

キリストの十字架が私の全てである。たといそれが伝道の成功であっても、捧げた多額の献金であっても、あるいは、身を粉にして行なった奉仕であっても、それが自分の誇りとなることはない。

なぜなら、これらがキリストと私の間に入ることはできないからです。キリストを見上げるとき、そんなものは、全部消えてなくなります。

「主の恵みは朝ごとに新しい」（哀歌3：23）という聖書の言葉があります。

日々、新しいキリストの十字架の恵みが私の全てとなる。私の行いも、熱心も全てが、私の罪とともに十字架の血によって洗い流されて行く。

キリストの十字架だけが私の全てとなる。ここに深い安心と喜びがあります。


しかし私には、私たちの主イエス・キリストの十字架以外に誇りとするものが決してあってはなりません。

（ガラテヤ人への手紙6：14）

31

さあ出ておいで

桜の季節がやってきました。冬の寒さを通り、春になって花咲くこの木を見ながら、私は神様の恵みを思います。


人が省みることもない冬枯れのときも、この中にいのちを注ぎ続けてくださる神様がおられました。今、暖かくなって、そのいのちの喜びが満ち溢れる。

時は同じように進むのではありません。人生の冬とも言うべき時があります。人に忘れられていると思うような時、神様は人の知らない方法で、その中にいのちを注ぎ、喜びの備えをしてくださっている。

そして、時が来ると、呼びかけてくださる。「我が愛する者、美しい人よ。さあ、立って、出ておいで」と。

神様が悲しみの時を終わらせ、喜びの時を作られるのです。共に喜ぶ時を待ってくださっている。

イエス様を地獄の死者の中から呼び起こされた方が、私たちをも呼んでくださる。「我が愛する者、美しい人よ。さあ、立って、出ておいで」と。


ほら、冬は過ぎ去り、大雨も通り過ぎていった。地には花が咲き乱れ、歌の季節がやって来た。山鳩の声が、私たちの国に聞こえる。いちじくの木は実をならせ、ぶどうの木は、花をつけてかおりを放つ。わが愛する者、美しい人よ。さあ、立って、出ておいで。（雅歌2：11〜13）

コラム１　自己中心の日本語

「日本語は主語の省略が多くて､曖昧な言語だ」という言説を聞くことがあります。主語を省略することができない英語や、動詞の形で主語の人称や数を明示するヨーロッパ諸語との比較から、日本語では行為の主体を明示しない、それ故、日本語を話す日本人は、自己意識が確立していないなどとの文化論を展開する人までいます。

しかし、日本語の文法構造を詳しく見ていくと、これらの言説が日本語を表面的に捉えた文化論だということが分かります。日本語は非常に自己中心的文法構造をしているのです。

日本語では、１人称しか主語になれない形容詞があります。

（１）a. ○私は寂しい　（１人称）
　　b. ×あなたは寂しい　（２人称）
　　c. ×京子さんは寂しい　（３人称）

（２）a. ○私は、明日には山本さんが帰って来ると思います。
　　b. ×あなたは、明日には山本さんが帰って来ると思います。
　　c. ×京子さんは、明日には山本さんが帰って来ると思います。

「寂しい」「嬉しい」のような感情形容詞、「思う」「感じる」のような思考・知覚動詞は、そのままでは１人称主語しか使えません。２人称や３人称で使えるようにするためには「寂しそうだ」とか「思っている」のように別の形にしなければならないのです。英語やヨーロッパ諸語では、このような制限はなく､どの人称でも同じ形が使えます。I am sad, You are sad, He is sad はどれも文法的ですし、I think ～ , You think ～ , He thinks ～にも何の違いはありません。

また､外国人が日本語を学ぶ時の最初の難関である「やる」「もらう」「くれる」の使い分けも､１人称（つまり「エゴ」）を中心とした人間関係を反映していることが分かっています。

最初に挙げた「主語の省略」ですが、日本語で省略されているのは主語だけではなく、文脈から復元可能なものは省略されます。日本語母語話者同士なら、解釈上のズレが生じることはほとんどありません。

日本語を話す日本人は、自己意識が発達していないなどと言うことは決してできないのです。むしろ、自己中心性の強い文法構造を無意識のうちに使いこなしていると言うべきでしょう。

誰も自己中心性から離れることはできません。神様は、そんな私たちを招いて１つとなろうとしてくださっています。

366日元気が出る
聖書のことば

4月

April

1　沈まない舟に乗って

新年度が始まりました。この日、学校や大学を卒業して新しく社会人となる人も多いことでしょう。また、会社や組織の中で新しい部署に移ったり、新しい役割を与えられた人もいらっしゃることと思います。

期待と不安、緊張感が入り混じった新しい朝、新しい船出をするお一人一人のことを心に覚え、私も祈ります。

嵐はやって来るでしょう。その中で私たちは必死に舟を漕ぎ続けなければなりません。波が舟に入り込んで来ることもあるでしょう。私たちは、自分でその水を掻き出さなければなりません。イエス様は一緒に舟を漕いだり、水を掻き出してはくださらないでしょう。

しかし、イエス様があなたの舟に乗っておられます。恐れる私たちを叱りつけてくださる。勇気を与えてくださる。叫び声を上げる私たちの声を聞き、立ち上がって波と風を鎮めてくださる方がいるのです。

忘れないでください。神様があなたに与えられた働きをあなたが成し遂げるまで、あなたの舟は決して沈むことがないことを。イエス様が乗っているあなたの舟は決して沈むことがないことを。

イエスは起き上がって風を叱りつけ、湖に「黙れ、静まれ」と言われた。すると風はやみ、すっかり凪《なぎ》になった。（マルコの福音書4：39）

2　光の季節

日本では桜と共に新しい年度がやって来ます。桜と共に新しい出発をし、桜と共に次のステージに切り替わる。季節は、私たちの心と生活に新しい風を吹き込んでくれます。

古いものに一度ピリオドを打ち、また新しく始められることは、神様が私たちに与えてくださった祝福です。そして、神様はそれを季節によって与えてくださるのです。

これまで暗く寒い闇路を歩いていても、明るい光の季節がやって来る。

明るい太陽の下、咲き誇る桜の下で、神様があなたのために立てておられる恵みの計画について思いを巡らせてみませんか。

冬、死んだ枯れ木のように立っていた桜の木にも花を咲かせる命が隠れていました。最も寒く冷え込んだ時に、開花のためのプログラムがスタートしました。

神様は、あなたのためにも、このように計画し、恵みを注ごうとしておられます。神様は、あなたの中に隠れている尊いものに目を注いでおられるのです。

あなたは月を造って季節を定められた。（詩篇104：19［口語訳］）

3　新しい道を歩み始める時

私たちは様々な人生の道を歩まなければなりません。自分にとって馴染みのある道を歩むことは比較的容易ですが、新たな道を歩むのには多くの困難が伴います。

また、人の無理解や悪意が待ち受けている道を歩かなければならないとき、私たちの心は不安におびえ、その道を歩んで行くことの困難は更に増します。

しかし、聖書は言います。そのような私たちの歩みの一歩一歩を見守っておられるお方がいる。私たちが眠るとき、十分な休みを得られるようその時を見守ってくださっている方がいると。

イエス様は、あなたが歩む道を知っておられます。あなたとその道を共に歩んでくださるイエス様がいるのです。イエス様があなたの手を取ってくださいます。歩けなくなるとき、イエス様が背負ってくださいます。

イエス様。この4月から新しい道を歩み始めた多くの方々をお守りください。

あなたは私の歩くのも伏すのも見守り、私の道のすべてを知り抜いておられます。（詩篇139：3）

4　桜

古来、桜は日本人が最も愛《め》でてきた花の一つで、桜を歌った和歌も数多くあります。咲いた花は満開になると、一気に散っていく。その様を人生の死になぞらえ、儚《はかな》いとも潔《いさぎよ》いとも感じてきたのが日本人です。ところが、私の知る限り、桜の季節に散る花を見ながら人生を語るような人はほとんどおらず、花見は単に酒宴の機会を提供するだけのものになってしまったようです。

私は、冬、年が明けた頃からしばしば桜の木を見に行きます。葉もすっかり落ちて、冬枯れの幹と枝を見て思います。この中に花を咲かせるいのちが流れていると。温かくなり、枝先に蕾ができ、少しずつ大きくなります。樹皮と同じ色だった蕾が緑色になり、やがて赤みを帯びて行きます。蕾はさらにふくらみ、一つ、二つと咲き始め、やがて満開になりますが、そこに桜のいのちの輝きを見るようです。冬から桜の咲くのを待ち続けてきた者にとって、その喜びは、また格別です。

そして花の陰から葉が出てくると、花は散って行きます。私は散り行く桜吹雪を見て、そのあまりの美しさに目を奪われること、しばしばです。

咲き始める時も、盛りの時も、そして散り行く時も、どの時も神様は桜を美しく装わせてくださっている。神様は桜を愛しておられるのだなと思います。そして、私たちにもその喜びを分け与えてくださる。

花の時が去り、青葉の季節がやって来ます。そして、実りの季節、紅葉に赤く燃える秋、枯れたような冬が巡って来るでしょう。

人は花が咲く時だけ桜を見に行きます。しかし神様はいつも見守り、いのちを与え続け、支えておられる。その時、その時に桜に対する神様の愛を見ることができます。私たちも、人から賞賛される時があり、忘れられる時もあるでしょう。枯れたようになる時もあるかもしれない。しかし、神様は私たちを忘れていません。その時、その時、私たちに注がれる愛といのちがあります。そして、時はまた巡り、いつかイエス様の姿という実を結ばせてくださるに違いありません。全ての時をその御手の中に握って祝福で満たす方がおられるのですから。

神のなさることは、すべて時にかなって美しい。（伝道者の書3：11）

5 キリストの激しい愛

イエス様は、十字架にかかるためにエルサレムに入城なさいましたが、それは真の礼拝を回復する王としての入城でありました。

小さなロバの子に乗って、平和な謙遜な王としてご入城でした。しかし、真の礼拝を回復しようとする意志は非常に激しいもので、神殿の境内で捧げ物を売っていた者たちを、怒りをもって追い払う「宮清め」を断行なさいます。形式的礼拝を支援する商売が、真の礼拝を阻害していたからです。

また、目の見えない人や足の不自由な人を神殿の中にお招きになり、彼らを癒されたとあります。彼らは、神様がご自分の民として招いておられるのに、人の勝手な取り決めによって、実に一千年間も礼拝から遠ざけられ、差別されていたのです(サムエル記第二5：6～8参照)。

イエス様は、彼らをお招きになりました。彼らをお癒しになりました。礼拝者としての尊厳を回復なさったのです。

私たちを真の礼拝から遠ざけているものがあります。罪があります。形骸化した信仰があります。勝手な取り決めや思い込みがあります。人の悪意があります。

しかし、イエス様は、それら全てを取り払うために、人を根底から癒し、神の子として真の礼拝を捧げることができる者にするために、エルサレムに入り、自ら十字架におかかりになるのです。

イエス様は、柔和な謙遜な王でした。しかし、愛する者たちが神様の祝福から疎外され、差別され、罪に縛られているのを見て、激しく行動なさる方でした。このイエス様の温かくも激しい愛が、イエス様を十字架に駆り立てたのです。私たちを癒し、私たちを救ったのです。

それから、イエスは宮にはいって、宮の中で売り買いしている者たちをみな追い出し、両替人の台や、鳩を売る者たちの腰掛けを倒された。そして彼らに言われた。『わたしの家は祈りの家と呼ばれる。』と書いてある。それなのに、あなたがたはそれを『強盗の巣』にしている。」また、宮の中で、目のみえない人たちや足の不自由な人たちがみもとに来たので、イエスは彼らを癒された。

(マタイの福音書21：12～14)

6 社会から捨てられた人を求めて

イエス様は十字架にかかるためにエルサレムに上られました。その数日間、昼間はエルサレムで活動なさいましたが、夜は近くのベタニヤという小さな村にあるハンセン病の患者であったシモンの客となり、そこにお泊りでした。

荒井英子さんは、『弱さを絆に――ハンセン病に学び、がんに生きて』（教文館2011年）において、ベタニヤはエルサレムと周辺地域のハンセン病患者の隔離村であったという考察をしておられます。

ハンセン病と言えば、誤解と偏見によって、日本でもごく最近まで患者の方々が社会的に差別され、全存在を否定されるような仕打ちをされてきました。当時のイスラエルでも、隔離と差別の対象となっていたのがハンセン病です。

イエス様はこのシモンを癒され、その客となられました。十字架を前にした苦しい、困難を極めた時、シモンの客となることがイエス様の慰めだったのです。

シモンは病気になって人から差別され、否定されました。しかし、イエス様はそんな彼を求め、彼の家の中に安らぎを得られたのでした。

人から否定され、孤独に泣く時、自分の弱さと汚れに泣く時、シモンの客となられたイエス様を思い出すことができますように。イエス様は私たちを求めてやって来られる。こんな汚れた、弱い心の中にご自身の休み場、安らぎの場を求めておられる方がいるのです。

7 あなたの王は何処に？

さて、イエスがベタニヤで、ツァラアトに冒された人シモンの家におられると、（マタイの福音書26：6）

イエス・キリストが捕らえられる前夜、ベタニヤという村のシモンという人の家で、一人の女性が非常に高価なナルドの香油の入った石膏の壺を割って、香油をすべて主イエスの頭に注ぎ掛けました。

ベタニヤは、エルサレム郊外にあった最も貧しい村、しかも、そこは当時ハンセン病の人たちの居住地だったと言われます。十字架にかかられる前の数日間、夜は貧しさと差別のどん底にある人々のところで休んでおられたのが主イエスでした。

しかし、その村で溢れるようにナルドの香油が主イエスの頭に注がれました。油注ぎとは、王と大祭司を任職する古代イスラエルの儀式です。神が、この女性を用いて、主イエスをイスラエルの王、全人類の王として、また永遠の大祭司として任職なさったのです。

主イエスの戴冠式は、この貧しい村、差別された人々、世に捨てられた人々の住む村で行われました。このことは、あなたにとって、どのような意味があるでしょうか。世界にとって、教会にとってどのような意味があるでしょうか。

あなたの王はどこにいるのでしょう。私の王はどこにいるのでしょうか。

さて、イエスがベタニヤで、ツァラアトに冒された人シモンの家におられると、ひとりの女がたいへん高価な香油のはいった石膏のつぼを持ってみもとに来て、食卓に着いておられたイエスの頭に香油を注いだ。

（マタイの福音書26：6～7）

8 躓《つまず》くことがあっても

人間が行う動作には、自分の意志で行うものと、自分の意志では行うことができないものがあります。「食べる」などは自分の意志で行いますが、「生まれる」などは自分の意志で行うことができません。

同様に、「つまずく」は自分の意志では制御できない動作で、どんなに気をつけていても、つまずく時はつまずきます。

イエス様は、十字架にかけられる前夜、弟子たちに「あなたがたは、つまずく」とおっしゃいました。「あなたがたは、自分の意志でわたしを見捨てるのではない。分からなくなるのだ」と。

ついて行きたい、信じたいと思っていても、分からなくなる時がある。分からなくなってしまったら、自分の意志で信仰を回復させることはできません。

そんな弟子たちにイエス様は、前もって言われました。

「わたしは、甦ってからあなたがたより先にガリラヤに行く」と。

ガリラヤとは、彼らがイエス様に出会った場所、イエス様を知らずに生きていたところです。

「あなたがたは、わたしのことが分からなくなって、わたしと出会う前の生活に戻るだろう。しかし、わたしは、そこであなたがたを待っている。」

つまずき倒れ、神のいない生活に戻ろうとする私たち。しかし、甦ったイエス様は、私たちより先にそこに行き、私たちを待ってくださっている。私たちを赦すためです。愛で満たすためです。


イエスは、弟子たちに言われた。「あなたがたはみな、つまずきます。『わたしは羊飼いを打つ。すると、羊は散らされる』と書いてあるからです。しかしわたしは、よみがえった後、あなたがたより先に、ガリラヤへ行きます。」（マルコの福音書14：27〜28）

9 汚れは洗っていただくしかない

イエス様を信じるとは、イエス様との個人的な関係を与えられることです。そして、その個人的な関係とは、自分のもっとも汚いところ、日々汚れるところを洗っていただくことだと聖書は言います。

心の中の悪い思い、自分を汚し、人を汚すものが人の中にはあります。私の中にあります。イエス様は、「それをわたしが洗う」とおっしゃっているのです。「さあ、その足を、その心を出しなさい」と。

ためらう思いがあります。私の主、私の王が膝をついて、私の足を洗ってくださることなど、とんでもないことです。

しかし、イエス様は言われました。「もし、わたしがあなたを洗わなければ、あなたはわたしと何の関係もなくなる」（ヨハネの福音書13：8）と。

イエス様は、弟子たちの足をきれいに洗い、手ぬぐいで丁寧に拭いてから十字架にかかって行かれました。

今日は、イエス様が弟子たちの足を洗われた木曜日。

私の主が、私の前に膝をついてくださっている。私の主が私の足を洗ってくださるお姿が目に浮かびます。心が震えます。私は、手で顔を覆い、泣くことしかできません。

主よ。あなたが洗ってくださるのですか。主よ。私はどうしたら良いのですか。主は言われました。「お前たちも、互いに同じようにせよ。」

御子イエスの血はすべての罪から私たちをきよめます。

（ヨハネの手紙第一 1：7）

10

人を真実に赦すとは

十字架に向かわれるイエス様のお姿は、毅然とした勇敢な王のお姿でありました。

決して反論せず、自己弁護なさいませんでした。ご自分を訴え、殺そうとしている者たちの罪さえご自分が覆い尽くすことを決めておられたからです。

イエス様は、十字架に釘付けにされる時、祈っておられました。「父よ。彼らをお赦しください。彼らは、何をしているのか自分でわからないのです」と。

人を真実に赦すとはどういうことなのでしょう。イエス様にとって人を赦すとは、いのちを捨てて愛することだったのです。自分を殺す者を愛し、彼らのために自分のいのちを捨てることだったのです。

人を赦さない私たち、自己愛の延長のような愛しか持っていない私たちを真実に愛し、赦してくださった方がいる。私たち一人一人のためにいのちを捨ててくださった方がいるのです。

この方が血を流し、私たちはそのいのちを与えられたのです。赦されたのです。神の子とされたのです。

この方のいのちが、愛が、私たちを根本的に変える。人に対する態度も、思いも。人を赦さない私たちが赦す者へと変えられて行くのです。

「どくろ」と呼ばれている所に来ると、そこで彼らは、イエスを十字架につけた。また犯罪人たちを、ひとりは右に、ひとりは左に十字架につけた。そのとき、イエスはこう言われた。「父よ。彼らをお赦しください。彼らは、

何をしているのか自分でわかっていないのです。」
（ルカの福音書23：33～34）

11　世界を導く真の王

イエス・キリストの死刑を執行したのは、ローマ人の百人隊長でした。彼は、ローマ総督の命令によってイエスを鞭打ちの拷問にかけ、十字架に磔《はりつけ》にしました。刑を執行され、地獄の苦しみを与えられるイエスを、最初からその死まで、全てを見たのがこの百人隊長だったのです。

彼は告白しました。「この方は、まことに神の子であった」と。

当時、ローマ帝国において「神の子」とは、ローマ皇帝の別称でした。ローマ皇帝を「神の子」と呼び、それを礼拝していたのが百人隊長だったのです。

ですから、百人隊長がイエスを「神の子」と認めるとは、このお方はローマ皇帝に勝る者であった。真の王、全世界の王であったと告白するということに他なりませんでした。

十字架のイエスを見上げ、その死を見た時、この方が永遠の王であることがわかった。イエスの王としての本質は、まさに、その死において現れた。光り輝いたというのです。十字架はイエスを卑しめることができなかった。死は、イエスを屈服させることはできなかったと。

神は、このイエスを甦らせなさいました。永遠の王、全世界の王としてのイエスの働きは、この時から始まりました。そして、人類の歴史が終わるまで続くでしょう。

単に人の気持ちや精神世界の王なのではありません。実際の社会制度もこの２０００年間、イエス・キリストを基準として発展して来ました。イエス・キリストは、現実的に人類を導く、王なのです。

明日は、私たちの王の復活の日。共に集まり、共に喜びましょう。

イエスの正面に立っていた百人隊長は、イエスがこのように息を引き取られたのを見て「この方は、まことに神の子であった」と言った。（マルコの福音書15：39）

12 キリストは生きている

使徒たちが非常に力強く証しし、いつも教えていたことは、イエスの復活でした。「十字架に殺されたイエスは、死を打ち破り甦った。今生きている。死はイエスを支配することはできなかった。今働いておられる。イエスに連なる者は、イエスと同じように甦る。死に支配されることはない」と証言して止まなかったのです。

イエスは死者の中から復活したと証しする時、生きているイエスの御霊が彼らの中に働いたと聖書は言います。イエスの復活は観念的なものではありません。死を打ち破って甦られた方は、今も、私たちと出会い、私たちを導き、ご自身の業を行われると言うのです。

イエスの復活を語る時、そこにイエスの恵みが臨み、そこにイエスがおられると言うならば、私たちは、もっとイエスの復活を語る者でありたいと思います。復活を告白するとき、イエスが自由に働いてくださることを体験したいのです。私たちは、もっと深い、生きたイエスとの関係を経験することができるようになりたいのです。

神は、イエスを死者の中から復活させたように、私たちをも復活させてくださる。イエスは言われました。「わたしが生き、あなたがたも生きる」（ヨハネの福音書14：19）と。

使徒たちは、主イエスの復活を大きな力をもって証し、大きな恵みが彼ら全員の者の上にあった。
（使徒の働き4：33）

あなたがたは、どうして生きている方を死人の中に探すのですか。ここにはおられません。よみがえられたのです。（ルカの福音書24：5～6）

13 愛は考え事を超える

愛は、計画的思考、論理的思考に優先する、人間の行為の最も尊い原動力です。人の目には愚かに見えても、愛こそが真に人の心を動かすのです。

マグダラのマリヤは、イエス様の遺体が墓の中にないのを見て、取り乱します。そして、甦ったイエス様を見ても、それがイエス様だとはわからず、墓の管理人だと思って言います。「私が、その方を引き取ります」と。引き取っても、どうすることもできないのです。自分でイエス様の遺体を動かすこともできないし、安置できる場所もないのです。

しかし、「私がその方を引き取ります」と言った彼女の言葉は真実でした。イエス様は、そのようなマグダラのマリヤを大切にされ、復活したご自身を最初に現されました。

マグダラのマリヤは以前、七つの悪霊をイエス様に追い出していただいた人です。イエス様なしには、自分の存在はない。それほど、イエス様にその存在が結びついていたのがマグダラのマリヤでした。

そこから出る真実の愛の思い、それは、計画性や論理性を超えていました。しかし、それがイエス様との関係の表れでもあったのです。

愛は、考え事を超える。イエス様に対する溢れる思い。隣人に対する捨て身の愛。人には愚かに見えるでしょう。しかし、イエス様はそれをしっかり受け止めてくださっています。

あなたが、あの方を運び去ったのでしたら、どこに置いたか教えてください。そうすれば、私が引き取ります。

（ヨハネの福音書20：15）

14 復活したキリストは悪魔の支配地に立つ

イスラエル北部にあるガリラヤ湖は、聖書の中ではキネレト湖、ゲノサレ湖、ティベリア湖とも呼ばれます。

福音書の記者は、復活したキリストが「ティベリアの湖畔に立った」と述べています。ガリラヤ湖でも、ゲノサレ湖でも、キネレト湖でもなく、敢えてティベリア湖の名をここで使っています。

ティベリアとは当時のローマ皇帝ティベリウスに因んで付けられた名です。キリストを十字架刑にしたのは、このローマ皇帝ティベリウスの臣下であったピラトです。

まさに、ティベリア湖とは、キリストを殺し、彼に従った者たちを徹底的に叩き潰したローマ皇帝の支配を表わす名だったのです。

しかし、復活したキリストは、このティベリアの湖畔に立ち、ご自分を現されます。キリストは復活によってローマ皇帝の力、悪魔の力を打ち破った王の王、主の主、死の力をも打ち破った全人類の王であることを明らかになさったのです。

復活したキリストは、悪魔の支配のただ中に現れ、悪魔の支配を打ち砕き、絶望した者たちに信仰をお与えになる。ご自身との愛の関係の中に招き入れてくださるのです。

あなたを取り巻く状況は厳しいかもしれません。悪魔に支配されていると感じるような苦しさの中にあるかもしれません。

しかし、復活したキリストは「ティベリアの湖畔に立たれた」。あなたのすぐそばに立たれるお方が今生きているのです。絶望してはなりません。


この後、イエスはティベリア湖畔で、再び弟子たちにご自分を現された。（ヨハネの福音書21：1）

15　鶏の声、イエスの声

ペテロは、どこまでもイエス様について行き、イエス様と一緒に死のうと思っていた人です。しかし、イエス様は捕らえられる直前にペテロに言われました。「あなたは、鶏が鳴く前にわたしを三度知らないと言うことになる」と。

イエス様が捕らえられると、ペテロは恐ろしさのあまり、三度もイエス様を否定してしまいます。そして鶏が鳴きました。イエス様の言葉のとおりでした。しかし、鶏の鳴き声はこの時で終わったわけではありません。鶏は、一番鶏が鳴くと、その後次の日の太陽が沈むまで一日中鳴き続けるのです。

鶏の声を聞くたびに、「あなたは、鶏が鳴く前にわたしを三度知らないと言う」と言われたイエス様の言葉が頭の中で鳴り響き、ペテロは自分がイエス様を否定したという事実に押しつぶされて行きました。

復活したイエス様がティベリア湖の岸辺に立たれた時も、鶏は鳴いていたはずです。鶏の声が鳴り響く中で、イエス様はペテロにお尋ねになります。
「ヨハネの子シモン、わたしを愛しているか。」
「主よ。あなたは、わたしがあなたを愛していること知っておいでになります。」
「わたしの羊（＝民）を牧せよ。」「わたしに従え。」

この後、鶏の声を聞くたびに、ペテロは「わたしを愛しているか」「わたしの羊を牧せよ」「わたしに従え」と言われたイエス様の言葉を思い起すようになるのです。

自分の全てを否定する声が鳴り響く中で、私たちに語りかけてくださるイエス様がいます。「わたしを愛しているか。わたしの羊を牧せよ。我に従え。」

このイエス様が、どんな声にも優って私たちを立ち上がらせ、生かしていくのです。この方に従う者へと私たちを導いてくださるのです。

彼らが食事を済ませたとき、イエスはシモン・ペテロに言われた。「ヨハネの子シモン。あなたは、この人たちが愛する以上に、わたしを愛していますか。」ペテロは答えた。「はい、主よ。私があなたを愛していることは、あなたがご存じです。」イエスは彼に言われた。「わたしの子羊を飼いなさい。」（ヨハネの福音書21：15）

16 本当の「自分探し」

「自分探し」という言葉があります。教育の場で、自分が「本当にやりたいこと」を見つけるという意味で語られることが多いですが、本来の言葉の意味からずれていると思いませんか。「やりたいこと」は「自分」ではありません。

「自分探し」とは、本当の自分とは何か、それを探すことです。なぜ私は存在しているのか、私の存在の意味は何か。その目的は何か。

この問いに対する答えは、私たち一人一人を創造した神様と出会うことなしに与えられるものではありません。神様は、私たち一人一人を、目的をもって創造なさったからです。「自分探し」とは「創造者である神様を捜すこと」なのです。

この方と出会う時、自分が何のために存在しているのかが分かる。誰のために存在しているのかが分かるのです。私は私のために存在しているのではない。

この方と出会う時、自分が為すべきことと、為してはならないことについての知恵と方向性が示される。生涯をかけて成し遂げなければならない使命が与えられるのです。

「あなたの若い日に、あなたの創造者を覚えよ」（伝道者の書12：1）。

人は誰でも、自分の創造者、自分の全てを握っておられる方と出会うことを求めているのではないでしょうか。あなたの心の奥底の願いを満たす方がいるのです。

自分自身が分からず、心が渇く時、呼びかけましょう。「私を造った神様、私と出会ってください」と。

あなたがたがわたしに呼びかけ、来て、わたしに祈るなら、わたしはあなたがたに耳を傾ける。あなたがたがわたしを探し求めるとき、心を尽くしてわたしを求めるなら、私を見つける。わたしはあなたがたに見出される――主のことば――。（エレミヤ書29：12～14）

17 決断を下す前に

自分の能力を超える仕事を任されることがあります。多くの人の利害と思惑が対立する状況で一つの答えを出すということには、非常な困難が伴います。

そのような中で慎まなければならないのは、独善でありましょう。多くの人の話しを聞く。その人たちが何故そのように考えるのか、その根拠を十分に理解する。丁寧な対話の作業を続けることによって、表面的には対立しているように思える意見の中に、一つの目的に向かう共通の思いを見出すことができるかもしれません。

物事を動かす権限を与えられた時、一人で全てを決める人もいます。また、多くの知恵を求めて、他の人の声に耳を傾ける人もいます。

権限を与えられている者はいつか決断しなければなりません。しかし、そこには謙遜のプロセスと謙遜における決断がなければなりません。

自分が誉められ、認められたいという思いを捨て、自分が低められることを前提として神様の御心を求めるなら、解決に向けた知恵が与えられるでしょう。

密議をこらさなければ、計画は破れ、多くの助言者によって、成功する。……主を恐れることは知恵の訓戒である。謙遜は栄誉に先立つ。（箴言15：22、33）

18 私たちの希望

私は、十年ほど前に土地を買い、家を建てました。庭にいろいろな木を植えましたが、その多くはやがて枯れていきました。土を少し掘り返すと、そこからはコンクリートの塊り、汚泥の塊りが次から次に出て来るような土地だったのです。

私は、ホームセンターから園芸用の土を買って来て、少しずつ土を入れ替え、入れ替えたところには薔薇や花の苗を植えました。今は季節ごとに奇麗な花を咲かせてくれています。

イエス様は、神の言葉は、あらゆる人々に語られるが、全ての人がそれを受け入れ、救いに入るわけではないと語られました。聞いたことも忘れてしまうほど、すぐに悪者によって御言葉が取り去られる人々、信仰の故に苦しみがやって来た時に、信仰を失ってしまう人々、欲望と世に対する心遣いのために信仰を全うできない人々がいる一方、御言葉を聞いて悟る人々には大きな祝福が与えられると。

しかし、良い土地が良い土地であるのは、農夫が開墾したからです。初めから良い土地であったところなどありません。岩ばかりの土地、いばらに覆われていた土地を農夫が必死になって開墾してくれたから良い土地ができたのです。そのことを忘れないようにしましょう。

イエス様は言われました。「わたしはまことの葡萄の木、わたしの父は農夫である」（ヨハネの福音書15：1）と。神様は今も開墾してくださっています。私の心の中の大きな岩を取りのけ、心を覆うしつこいいばらを抜いてくださっている。悪い土地が少しずつ良くされていく。ここに私たちの希望があります。

種を蒔く人が種蒔きに出かけた。蒔いているとき、道ばたに落ちた種があった。すると鳥が来て食べてしまった。また、別の種が土の薄い岩地に落ちた。土が深くなかったので、すぐに芽を出した。しかし、日が上ると、焼けて、根がないために枯れてしまった。また、別の種はいばらの中に落ちたが、いばらが伸びて、ふさいでしまった。別の種は良い地に落ちて、あるものは百倍、あるものは六十倍、あるものは三十倍の実を結んだ。耳のある者は聞きなさい。（マタイの福音書13：3〜9）

19 自分を耕す

罪を犯した人は、楽園を追放され、農夫となりました。土から造られた人が土を耕すものとなった。人は自分を耕すものとなったというのです。自分の罪とその帰結を知るだけではなく、その中で自分自身を耕し、種を蒔き、実りを得て行かなければならない。

しかし、罪の中で苦しむからこそ、人は創造の業に参与するようになったのです。そして、人は、そこに神様の御手の業を見るようになって行く。

土地を耕し、種を蒔いても、それを成長させてくださるのは神様である。豊かな実りを与えてくださるのは神様であることを、人は知るのです。

イエス様は言われました。「わたしはまことのぶどうの木、わたしの父は農夫である（ヨハネの福音書15：1）と。人は一人ではない。自分を耕さなければならない私と共に、この頑な心を耕してくださるお方がいる。自分一人では掘り起こすことが出来ない心の中の大きな石。これを一緒に取り除いてくださる御方がいる。今日も、この方の御手が私たち一人一人の中に伸ばされるのです。

人は自分がそこから取り出された土を耕すようになった。（創世記3：23）

20 ハナミズキ

ハイブリッド・ハナミズキという木があります。ハナミズキとヤマボウシを掛け合わせたもので、樹形が良く、薄いピンクの美しい花が咲く木です。

私は、写真で見た姿に一目惚れして、7年前に庭に植えました。しかし、1年目も2年目も3年目も花は咲かず、「お前は『花水木』ではなく『花見ず木』だ。花を咲かせなかったら抜くよ」と言うと、次の年（4年目）に1輪だけ花を咲かせました。5年目は3輪咲きましたが、昨年はまた1輪しか咲きませんでした。普通なら数百の花が咲くはずなのにです。

それで、昨年から木を他のものに入れ替えようと、業者と相談していたのですが、昨日5つ蕾が付いているのを見つけました。今年は5輪、来年はもっとたくさん花が咲くかもしれません。それを見たとき、抜こうという思いはなくなりました。

「花水木」ではなく「花見ず木」だったのは私です。神様の多くの恵みと期待を受けながら、花を咲かせなかった私。咲かせたとしてもほんの少ししか咲かせていないのは私ではないでしょうか。

しかし、4年目に1輪花が咲いた時、私は大喜びしていたのです。そのことを忘れていました。

きっと神様はこんな私が咲かせる1輪、2輪の花を喜んでくださっているに違いない。もっと多くの花を咲かせるのを楽しみにしてくださっているお方がいる。

この木を見ながら、神様の忍耐と憐れみ、そして期待と喜びを思います。

イエスはこのようなたとえを話された。「ある人が、ぶどう園にいちじくの木を植えておいた。そして、実を探しに来たが、見つからなかった。そこで、ぶどう園の番人に言った。『見なさい。3年間、このいちじくの木に実を探しに来ているが、見つからない。だから、切り倒してしまいなさい。何のために土地まで無駄にしているのか。』番人は答えた。『ご主人様、どうか、今年もう1年そのままにしておいてください。木の周りを掘って、肥料をやってみます。それで来年、実を結べばよいでしょう。それでもだめなら、切り倒してください。』」

（ルカの福音書13：6～9）

21 待つことの意味

私たちは、これが最善、神様の御心に違いないと思うことがすぐに実現しない時、どのように考えるでしょうか。やはり神様はいないのか。それとも、最善、神様の御心と思ったことが勘違いだったのか。

確かに、それが最善であり、神様の御心であっても、私たちはその実現のために待たなければならないことがあります。

しかし、なぜ神様は私たちを待たせるのか。最善ならばすぐに行ってくだされば良いのに。私たちは分からなくなります。

聖書は、神様が私たちを待っておられると言っています。私たちが待たされているようで、実は神様のほうが私たちを待ってくださっているのだと。

ひょっとしたら、待つという行為の中に、神様の最善を受け入れるための準備をさせて頂いているのかもしれません。最善が自分の方法ではなく、神様の方法で行われるのを喜ぶ謙遜な心が与えられる。

こんな私を待ってくださっている神様がおられます。御心にそって私の心が変えられていきますように。


それゆえ、主は、あなたがたを恵もうとして待っておられ、あなたがたをあわれもうと立ち上がられる。主は、正義の神であられるからだ。幸いなことよ。主を待ち望むすべての者は。(イザヤ書30:18)

22

私たちの願いを完成する方

私たちは、イエス様に出会った時、この方にどこまでもついて行きたいという願いを持つようになります。しかし、もう一方で、イエス様について行くことができないという現実に潰されるという経験をすることがあります。

自分の十字架を負ってイエス様について行こうと願った最初の人は、ペテロでした。しかし、イエス様は、彼に言われました。「あなたは今、わたしについて来ることはできない。しかし、後になったらついて来ることになる」と。ペテロは、この直後、イエス様を見捨てて逃げ、イエス様を完全否定してしまいます。

十字架と復活という、イエス様にしか歩むことができない道がありました。ペテロにはついて行くことができない道がありました。

しかし、どこまでもついて行きたいというペテロの願いを、イエス様は受け止めておられました。そして、復活したイエス様はペテロに言われるのです。「わたしについて来い」「他の人はどうであれ、お前は、わたしについて来い」と（ヨハネの福音書21章参照）。

今もう、自分では、どこまでもついて行きますとは言えなくなってしまった者です。しかし、そんな者にイエス様が「ついて来い」と命じてくださる。イエス様が「ついて来い」と言われる時、私たちは、ついて行く者となる。この方の言葉は必ず実現するからです。私たちの深いまことの願いを完成してくださる方がいるのです。

だれでもわたしについて来たいと思うなら、自分を捨て、自分の十字架を負い、そしてわたしについて来なさい。（マルコの福音書8：34）

23 喜び、祈り、感謝

人間の行為の中には、自分の意志でコントロールできるものと、できないものがあります。「走る」や「作る」などは、自分の意志で行うことができますが、「生まれる」や「つまずく」は、自分の意志で行うことはできません。

「喜ぶ」「祈る」「感謝する」はどうでしょうか。自分の意志でコントロールできるでしょうか。喜ぶためには、喜びの原因、つまり私たちを喜ばせるものの存在が必要です。それがない状態の場合、どんなに喜んでいるようでも、それは喜んでいるふりをしているのであって、喜んでいるわけではありません。

「祈る」はどうでしょうか。クリスチャンなら誰でも、祈りたくても祈れないという経験をしたことがあると思います。自分の心を見失っている時、私たちは祈ることができません。神様が心を開いてくださる時、私たちは自分の本当の願いを知り、それを神様に申し上げることができるのです。

「感謝する」も同様です。自分の意志で感謝しているふりをすることはできますが、心の中に真の喜びがなければ、感謝することはできません。

聖書の中に、「いつも喜んでいなさい。絶えず祈りなさい。全てのことについて感謝しなさい。これが、キリスト・イエスにあって神が望んでおられることです」という言葉があります。

神様は、私たちが自分の意志で喜んだり、祈ったり、感謝したりすることができないことをご存知です。神様が私たちをそのようにお造りになったからです。無理して、自分の心を隠して、これらを行えとおっしゃっているのではないのです。

キリストの喜びが私たちの中にあるとき、私たちはどんな状況の中にあっても喜ぶものとされる。「わたしの名によって祈れ」と言われたキリストの祈りが私たちの祈りとなる。男だけで5千人の人を前に2匹の魚と5つのパンを感謝なさったキリストの感謝が私たちの感謝となる。神様の御心が行われていく。

新型コロナウイルスのために、不安と不満、怒りと恐れが世界中の人たちの心を覆っている今、十字架を前にしてもビクともしなかったキリストの喜び、キリストの祈り、キリストの感謝を私たちの中に満たそうと願っていらっしゃる神様がいるのです。私たちも、神様のこの願いを私たちの願いとしたい。

神様、あなたの願いを私たちの願いとさせてください。互いを喜び、互いのために祈り、互いを感謝するキリストの心を私たちの中に満たしてください。御心が天で行われるように、地でも行なってください。そのために私たちのこの心と体を用いてください。イエス・キリストの御名によって。アーメン。

いつも喜んでいなさい。絶えず祈りなさい。すべてのことについて感謝しなさい。これが、キリスト・イエスにあって神が望んでおられることです。

（テサロニケ人への手紙 第一5：16〜18）

24 真実に生き、真実に死ぬ

真実に生きる、真実を語るということは、自分の存在を危うくすることなのだということを主イエスから学ぶ。私たちは、正しいことを言えば理解されるはず、あるいは、理解されなければならないと思う。

しかし、主イエスは、真実を語った。そして、真実を語ったがゆえに殺されたのだ。いや、真実のゆえに死んだのである。

私たちは、正しくもないのに自分の正しさにこだわる。しかし、主イエスが問題にしたのは真実だった。

私は、自分の正しさを捨てなければならない。それは悪意と共存する腐った正しさだ。これを捨てなければ、真実に生きることはできない。真実に満たされることはない。

主イエスが生きた真実、主イエスがそのために死んだ真実、それがこの腐った肉、この腐った思いを打ち砕く。

「わたしが喜びとするのは真実の愛。いけにえではない」とはどういう意味か、行って学びなさい。わたしが来たのは、正しい人を招くためではなく、罪人を招くためです。（マタイの福音書９：13）

25 私の主人のお客様

日曜日の午後6時から『ちびまるこちゃん』というアニメが放映されています。その中に、花輪君という富豪の少年に仕える、「ひで爺」という花輪家の執事が登場します。

ひで爺は、花輪君の友人のどの人にもとても丁寧で、あの自分勝手で、怠け者で、嘘つきで、どうしようもないまる子に対してさえ「さくら様」と呼びかけ、腰を低くして最大限のもてなしをするのです。

ひで爺は毎週登場するわけではありませんが、私はひで爺を見るたびに、自分の心を探られます。

教会に来てくださる方、メルマガを読んでくださっている方々は、イエス様がお招きになったイエス様の大切なお客様です。

お一人お一人は、私の主人の大切なお客様。私は、お一人お一人に対してどうあるべきか。日曜日の礼拝ごとに、そして礼拝後「ちびまるこちゃん」を見るたびに考えます。

まして、こんな者のために自らを低くして僕《しもべ》となって仕え、私を贖《あがな》うためにご自分のいのちをお捨てくださった私の主人、イエス様を思うときに、私の心はこの方の愛によって刺し通されます。

私の主人の愛が、私を変えて行く。そう思います。

人の子が来たのも、仕えられるためではなく、かえって仕えるためであり、また、多くの人のための贖《あがな》いの代

価として、自分のいのちを与えるためなのです。（マルコの福音書10：45）

26 絶望の時

聖書を読んでいると、神様を信じていても絶望することがあるという箇所に遭遇します。神様を信じていたら、どんな時にも希望が満ち溢れるという訳ではないのです。病に倒れることがあり、失敗や罪によって絶望することがあります。

詩篇の詩人は、そんな自分、絶望している自分を神様の前にさらけ出して歌いました。「わがたましいよ。なぜ、お前は絶望しているのか。御前で思い乱れているのか」と。絶望し、思い乱れている自分を神様の前に隠そうともしていません。

もし、どんな時でも「希望に満ち溢れています」と言うことがキリスト信仰を持つことなのなら、キリストを信じることは、自己を欺くことになってしまうかもしれません。絶望する時には絶望し、思い乱れる時には思い乱れます。それが弱い私たち一人一人の姿です。

しかし、そんな私たちを受け止めてくださっている方がおられます。今のこの時を支えながら、回復の時、希望の時を備えてくださる。

絶望し思い乱れる私たち。そんな私たちを見捨てずに握ってくださっている神様がおられるのです。

わがたましいよ。なぜ、お前は絶望しているのか。御前で思い乱れているのか。神を待ち望め。私はなおも神をほめたたえる。私の救い、私の神を。（詩篇42：11）

27 手を伸ばすだけで

イエス・キリストのいのち、それは、求める者に救いを与える神の力です。

人は、いろいろな条件を付けたがります。何をどのように信じているか、それをどのように表現するかと。

しかし、キリストの中に満ちていたいのちは、その御衣に一瞬触れただけで、長年病に苦しんだ女性に救いと癒しをもたらす絶大な力だったのです。

何をどのように表現したら良いか分からない時があります。教会指導者の前で、どう言ったら受け入れてもらえるのか分からず、戸惑うことがあります。

しかし、キリストは、その御衣に手を伸ばす私たちの思いを知っておられます。罪と汚れも、恐れる心も、戸惑う心も知ってくださっている。

「ただ、イエス様の御衣に触れるために、私はここに来ました。」それだけで良いのではないでしょうか。

キリストは言われました。「あなたの信仰があなたを救ったのです」と。


彼女はイエスのことを聞き、群衆とともにやって来て、うしろからイエスの衣に触れた。「あの方の衣にでも触れれば、私は救われる」と思っていたからである。すると、すぐに血の源が乾いて、病気が癒やされたことをからだに感じた。……イエスは彼女に言われた。「娘よ、あなたの信仰があなたを救ったのです。安心して行きなさい。苦しむことなく、健やかでいなさい。」

（マルコの福音書５：27〜29、34）

28 愛は気持ちを超える

多くの人は、愛を気持ちだと思っています。自分の気持ちを満たしてくれるものを私たちは愛し、自分の気持ちを踏みにじるものを憎む。

しかし、もし愛が気持ちなのなら、愛ほど頼りにならないものはありません。私たちの気持ちは日々揺れるからです。

中世に日本にキリスト教を伝えた宣教師たちは、「神の愛」「隣人愛」と訳されている言葉を「大切」と訳しました。「大切」とは「最優先に取り組むべき事柄」「最優先に価値を認めるべきもの」というのが当時使われていた意味です。

「大切」とは、気持ちを超える力であって、具体的行為をもって他を生かすいのちです。キリストは、ご自分のいのちを捨てて十字架にかかり、私たちの罪を覆ってくださいました。

罪深い私たちを、ご自身のいのちよりも価値ある、最優先事項として取り扱ってくださったのです。キリストの十字架によって、真実の愛とは何かが私たちに分かったのです。

こんな私を最優先事項としてくださったお方がいた。聖書は言います。あなたも、自分自身ではなく、あなたの隣人、あなたの兄弟をあなたの最優先事項としなさいと。感情を超えた豊かないのちがあなたの隣人とあなたを生かすようになると。

私たちが神を愛したのではなく、神が私たちを愛し、私たちの罪のために、宥《なだ》めのささげ物としての御子を遣わされました。ここに愛があるのです。愛する者たち。神がこれほどまでに私たちを愛してくださったのなら、私たちもまた、互いに愛し合うべきです。

（ヨハネの手紙 第一 4：10〜11）

29 私たちの本質を明らかにするもの

主イエスについて行くという出来事は、職業、家庭環境、生育歴や教育歴、性別や年齢、社会的地位や健康状態を超えて、私たち一人一人の人生に切り込んでくる。

主イエスの「我に従え」という声は、私たちのアイデンティティを構成するこれら全ての要因に優って私たちの存在の核となる。私たちは、主イエスのこの声を聞くとき、立ち上がり、歩き始める。誰にも相談せずに、主イエスについて行くものとされるのである。

日々生活していると、様々なものが私たちに絡みついてくる。怒りを覚えることも、落胆させられることも次々とやってくる。これらが私たちの心を縛ろうとする。

しかし、「我に従え」という主イエスの声は、今日も、これらから私たちを立ち上がらせる。

主イエスは、昨日も語ってくださった。今日も語ってくださる。

私たちの本質は、語ってくださる主イエスの声によって明らかにされる。

その後、イエスは出て行き、収税所に座っているレビという取税人に目を留められた。そして「わたしについて来なさい」と言われた。するとレビは、すべてを捨てて立ち上がり、イエスに従った。

（ルカの福音書5：27〜28）

30 立ち現れる神

神は、どこにでもおられます。しかし、神がどこにでもおられることを信じることが私たちの救いではありません。

人生の危機とも言うべき時に、私たちに近づき、私たちにご自身を現される神に出会うことが私たちの救いなのです。

先に進むことができない人生の壁がある。人生の大波に襲われ、自分の舟が転覆するのではないかと思う時がある。そんな私たちのところにやって来てくださる神がいるのです。

その出会いは、時として、私たちを恐怖に包み込むものでありましょう。自分のそれまでの在り方を根底から造り変えるのが神との出会いだからです。

しかし、存在の在り方が変わる。神との出会いによって造られる新しい自分がある。ここに救いがあります。

この方が、恐れおののく私たちに声をかけてくださる。

しっかりしなさい。わたしだ。恐れることはない。

（マルコの福音書6：50）

366日元気が出る
聖書のことば

5
月
May

1 能力を使い尽くして

現代の日本語では「すぐれている」とは、一般的に能力について語る言葉です。ですから、「互いを自分よりすぐれた者と思え」という聖書の言葉も、能力について語られていると誤解されることもあるようです。そのような場合、高い能力を持っていていても、「大したことありません」と言うことが美徳であるとの思い違いが生じます。

しかし、当時が身分社会であったことを考えると、聖書が「すぐれた者」と言う場合、それは、互いを自分よりも身分の高いものとして尊敬し、これに仕えるということを意味しているということが分かります。

身分社会ではない現在の日本に生きる私たちには、これを肌で感じることは難しいことのようにも思います。しかし、家臣として、あるいは、執事として主人に仕えるということは、自分の持っている能力を最大限に発揮するということでもあるのです。

二十数年前になりますが、天皇陛下ご成婚の折、陛下の幼少期の映像がテレビで紹介されました。その時、江藤俊哉というバイオリニストが幼稚園児の陛下にバイオリンを教えている様子が映し出されました。

江藤氏は当時バイオリニストとして日本の第一人者と言われた人です。この人が、「私のバイオリンなど大したことありません」と言ったら、それは偽りです。それこそ、後に天皇になる方に対して大変失礼なことです。しかし、この人が、幼い陛下の前で腰を低くして教えているのです。

自分の能力を最大限に用い、また、それに磨きをかけて、自分よりも身分の高い人に仕える姿を江藤氏に見ることができました。聖書は、私たちがお互いに対して、そのように仕え合うことを勧めているのです。

私は、私の主人であるキリストの息子、娘であるお一人お一人にどのように接すべきであろうか。自分が与えられた能力を最大限に生かし、どのようにお仕えすべきであろうか。主は、この言葉をとおして私に語りかけておられます。

兄弟愛をもって心から互いに愛し合い、尊敬をもって

互いに相手をすぐれた者として尊敬し合いなさい。
（ローマ人への手紙12：10）

2　思いどおりにならないからこそ

私の家の庭には色々な花があります。しかし、ガーデンセンターで咲いているのを買ってきた花と、自分で植えた球根から花が咲くチューリップ、アネモネ、1年間世話を続けるバラとでは、自分にとっての価値が全く異なります。自分が育てたものは、自分の思いどおりにはならないからです。

待ちに待ったチューリップが大雨と大風で倒れてしまう。蕾が膨らんできたバラが大風のため、葉がボロボロになってしまう。しかし、倒れたチューリップを何とか起こそうと頑張ったり、ボロボロになった葉が病気にならないように消毒してやったり、たとえ自分の思いどおりにならなくても、花を待つ思いが変わることはありません。

キリストは言われました。「わたしの父は農夫である」（ヨハネの福音書15：1）と。父なる神様も私たちが花咲き、実を結ばせるのを待たなければならないと言っているように私には聞こえます。

神様にとっても思いどおりにならない私たち、大風や大雨で倒れたり、ボロボロになってしまう私たちを心配しながら、見守っておられる神様がいる。倒れた私たちを起こし、清めてくださる神様がいる。

神様も、私たちと一緒に、私たちが花を咲かせ、実を結ばせるのを待ってくださっている。思いどおりにならないからこそ、愛が溢れる。ご自分の血潮を注いででも、実を結ばせようとしてくださる。花が咲いた時には一緒に大喜びしてくださる。

今、待たなければならない苦しい時、神様も共に苦しみながら待っておられる。ご自身の血を注ぎ、清め、立ち上がらせようと溢れる愛をこらえている神様がいる。

どうか、天から見下ろし、ご覧ください。あなたの聖なる輝かしい御住まいから。あなたの熱心と力あるわざは、どこにあるのでしょう。私へのたぎる思いとあわれみを、あなたは抑えておられるのですか。（イザヤ書63：15）

3　親を大切に

教会で捧げる献金と年老いた両親への仕送りのどちらを優先すべきか。社会の高齢化が進み、さらに経済の低迷がそれに追い打ちをかける現在、クリスチャンとして真面目に生きようとしている人にとっては、これは現実的な問題です。特に親が無年金であったり、自分が教会の財政を支えているという自覚がある人にとっては、なおさらです。

両方とも大切にしたいという思いを持ち、悩むことは健全なあり方だと思います。

しかし、もし教会が親よりも献金を優先せよと言うようになったら、それはイエス様のお心からは離れてしまっているということに私たちは心を留める必要があると思います。

言うまでもなく、私たちはできる限りの献金をして、牧師の家庭を満たし、伝道のために十分な資金を用意すべきです。それを疎かにして良いと言っているのではありません。

しかし、それを第一にすることによって年老いた親を犠牲にしてはならないのです。親に対する感謝を忘れてはならないのです。

自分が歩けなかった時に背負ってくれた親、自分で食べることができなかった時に食べさせてくれた親、汚い体を洗ってくれた親、同じ話を何度も何度も聞いてくれた親。

今、私たちは、親が愛してくれた愛と同じ愛で親を愛し、親が世話してくれたと同じ優しい手で親を世話することは、到底できないと思います。それほど親の愛、親の手は深く温かかったのです。

その何分の一でも、何十分の一でもできるなら、父と母を尊ぶことができるなら、と思います。

遠くで暮らす年老いた親は困っていないだろうか。食べるものは十分にあるだろうか。私たちが自分の親にできることは何でしょうか。

モーセは、「あなたの父と母を敬え。」また「父や母をののしる者は、死刑に処せられる。」と言っています。そ

れなのに、あなたがたは、もし人が父や母に向かって、私からあなたのために上げられる物は、コルバン（すなわち、ささげ物）です、と言えば、その人には、父や母のために、もはや何もしないようにさせています。このようにしてあなたがたは、自分たちが受け継いだ言い伝えによって、神のことばを無にしています。

（マルコの福音書7：10～13）

4 キリストの火に燃やされて

聖書の宗教において「火」は礼拝に欠かすことのできない重要なものでありました。毎日朝と夕、小羊が一頭、焼き尽くす捧げ物として捧げられましたが、その時が神と民との交わりの時、礼拝の時でありました（出エジプト記29：38～43）。

動物を火で焼くと、灰は地に残りますが、香りは天に昇って行きます。火は、地に残るものと天に昇る尊いものを分離する力です。

洗礼者ヨハネは、キリストを「聖霊と火によってバプテスマする」方と紹介しました。キリストの火によって私たちが焼き尽されるという意味です。地に残る罪の肉から天に昇って行く尊い神の子の実存を取り出すために、聖霊によって私たちを燃やしてくださるお方がキリストなのだと。

神が私たちの内に置いてくださった神の子の実存は、罪の肉の中に閉じ込められて呻いている。誰かが私たちの存在を神の火で燃やしてくれるのを待っているのではないでしょうか。

キリストは言われました。「わたしは火を地に投げ入れるために来た」（ルカの福音書12：49）。

キリストの火に燃やされるとき、滅ぶべき罪の心から離れることができる。自分自身の心から離れ、栄光のキリストに近づくことができる。太陽よりも力強く燃えるキリストと一つになり、キリストの御心を行なう者となって行く。

私たちの実存を燃やす真実の火があるのです。キリストは、そのために十字架にかかって苦しみ、復活なさったのです。私たちを燃やすためです。罪を焼き尽くす喜びの火に満たすためです。

私たちも、キリストの御思い、その御業に応えたい。私たちも求めて祈ろう。「この心を燃やしてください」と。必ず答えてくださいます。必ず燃え立たせてくださいます。

道々お話くださる間、私たちに聖書を解き明かしてくださる間、私たちの心は内で燃えていたではないか。

（ルカの福音書24：32）

5　ビフォーアフター

先日、久しぶりに「劇的ビフォー・アフター」というテレビ番組を観ました。住むのに適さない問題のある家を「匠」が劇的にリフォームし、住む人に合わせた住みやすい家に大改造するというものです。作り変えられた家に戻って来た人たちの驚きと感動、涙を見ると、本当に良かったなと拍手を送りたくなります。

聖書は言います。神は、私たちに人の手によらない御霊に属する体、すなわち、復活の体を与えてくださると。イエスの名によって与えられる聖霊がその保証だと。

私たちのこの体はビフォー。私たちはいつか必ず壊れるこの体の中で呻きながら生きていますが、それが全てではない。アフターがあるのだ、死をものみ込むいのちに満ちた復活の体が与えられるのだと。

パウロは、この復活の体を求め続けた人でした。それを求め続けることが、希望をもってこの地上を生き抜く力であり、罪から離れて生きる秘訣でもあったのです。このビフォーを大切に生きることが、アフターに繋がるからです。

苦しみの中にあっても自暴自棄にならず、イエスの名によって与えられる聖霊を求め続け、この体を大切にしながら生きることができますように。

死者の復活もこれと同じです。朽ちるもので蒔かれ、朽ちないものによみがえらされ、卑しいもので蒔かれ、栄光あるものによみがえらされ、弱いもので蒔かれ、力あるものによみがえらされ、血肉のからだで蒔かれ、御霊に属するからだによみがえらされるのです。血肉のからだがあるのですから、御霊のからだもあるのです。

（コリント人への手紙第一15：42～44）

6 キリストの世界は秩序の世界

キリストの世界、それは権威と秩序の世界です。キリストが語られることは必ず実現する。それは、キリストが絶対的主権者として全てを治めておられるからです。病も汚れも罪も壊れた関係も、この方の命令に従うというのです。

今、私たちの中には病があります。心の汚れがあります。罪や高慢、苛立ち、そして壊れた関係があります。この混沌の中で、私たちは求めることを恐れます。キリストの世界は秩序の世界だと聞いても、自分の世界とは遠いところにあると感じてしまうのです。

そんな時、声に出してお願いしよう。「主よ。お言葉をください。あなたのお言葉どおりになります。」

遠いと思っていたキリストの世界が、すぐそばにやって来る。遠くにいると思っていたキリストが、この中に生き始める。この混沌とした心の中にキリストの秩序がやってくる。

「『光、あれ！』と神は言われた。すると、光があった」(創世記1：3)。

全てを統べ治める方が、私たちのことを心配し、深く憐れんでくださっているのです。私たちが求めるのを待ってくださっているのです。主は、私たちに問いかけておられます。「わたしに何をしてもらいたいのか？」と(マタイの福音書20：32)。

「ただ、おことばを下さい。そうすれば、私のしもべは癒されます。と申しますのは、私も権威の下にある者だからです。私の下にも兵士たちがいて、その一人に『行け』と言えば行きますし、別の者に『来い』と言えば来ます。」……イエスは百人隊長に言われた。「行きなさい。あなたの信じたとおりになるように。」すると、ちょうどそのとき、そのしもべは癒された。

(マタイの福音書8：8～9、13)

7
眠りは祝福

近年の睡眠研究によって、私たちは眠っている間に、日中起きた事柄を整理し、必要なことを長期記憶に保存したり、辻褄《つじつま》の合わないことに一定の解決を与えようと、脳が働いているということが分かってきています。苦しい時こそ、十分な睡眠が必要なのかもしれません。

しかし、「眠る」ということは、私たちが自分の意志でコントロールできることではありません。心配事があったり、極度に緊張すると、眠りたくても眠れない状態になります。また、自分の意志で目覚めることもできません。

詩篇の作者は、自分に眠りを与え、目覚めを与えるのは、神だと告白しました。彼は、この時、命を狙われる逃亡生活の中にありました。安心して眠れること、生きて目をさますことができることを神に感謝しているのです。

私たちが眠っている間にしか行われない神の御業があります。神は、私たちが眠っている間、私たちに御手を置いてくださっているのです。

「主は、その愛する者には、眠っている間に、このように備えてくださる」（詩篇127：2）。

私たちは、眠ることのできない心配事や緊張に陥ることがあります。心身のバランスを崩して眠れなくなることもあります。

そんな時、神が私たちの瞼《まぶた》に御手を置いてくださいますように。希望の目覚めを与えてくださいますように。

8
神の呼びかけ

私は身を横たえて、眠る。私はまた目をさます。主が支えてくださるから。（詩篇3：5）

人は、神の呼びかけを求めて生きています。虚しさの中にある自分、罪の中にある自分が本当の自分ではないことを、心の奥底では知っているからです。

仕事や趣味、富や社会的名声、あるいは人との関係を追求することによっては、満たされない心の隙間があります。これらは、人の本質的な虚しさを満たすことはできません。なぜなら、人は、これらのものよりも尊い存在だからです。

この尊い器は、さらに尊いものによってしか満たすことはできないのです。

キリストは言われました。「わたしについて来なさい」と。キリストの声は、私たちの本質を満たします。この方の声を聞く時、私たちは自分の尊さを知り、この方と共に歩む真実の人生を歩き始めるのです。

誰にも相談せず、歩き始める。この方だけが、私たちを本当に知り、私たちの存在の奥底まで、光を照らしてくださるからです。

私たちの心の奥底に語りかけてくださる方がいます。私たちを本当に満たしてくださる方がいるのです。

「私を呼んでください。私を満たしてください」と祈りましょう。必ず答えてくださいます。


イエスは出て行き、収税所に座っているレビという取税人に目を留められた。そして「わたしについて来なさい」と言われた。するとレビは、全てを捨てて立ち上がり、イエスに従った。（ルカの福音書5：27～28）

9 キリストは本質を見る

イエス・キリストは、人の本質を知る方でした。罪びとと呼ばれ、汚れた者と呼ばれる人がいても、それがその人の本質ではないということを深く知るのがイエス・キリストでした。

あなたは、神の姿に似せて造られた義なる尊い存在である。それが分からない時、あなたは病気にかかっているのだよ、罪や病気は、あなたの本質ではないのだよ、とキリストは語りかけておられます。

人は罪の大きさを基準にして、他の人を値踏みします。それは、罪を信じているのと同じではないでしょうか。キリストは、罪を基準に人を見たりなさいませんでした。差別されていた人たち、罪びとと呼ばれる人たちを見ると、その内側から熱い神の愛が湧き上がり、神の救いが発動する、それがキリストだったのです。そして、失われた一人一人の尊厳を回復していかれました。

キリストが私たちを見てくださる時も、私たちの罪を見るのではなく、このなかで呻いている神の子の姿を見てくださっているのです。そして、こんな者と共にいること、共に楽しむことを喜びとしてくださる。

私たちも、キリストの愛によって癒され、満たされ、同じ愛に生きる者でありますように。

10 新しい世界に

これを聞いて、イエスは彼らにこう言われた。「医者を必要とするのは丈夫な人ではなく、病人です。わたしが来たのは正しい人を招くためではなく、罪人を招くためです。」（マルコの福音書2：17）

1970年代までの発達心理学においては、赤ちゃんは知識を何も持たない白紙の状態で生まれ、獲得できる知識の質や量は生後の発達段階によって規定されると考えられていました。しかし、1980年代にアメリカを中心に始まった実証研究によって、今では、乳幼児は豊かな生得的知識構造を持って生まれてきていることが分かっています。

乳幼児は、世界を観察したり、大人の目には無意味とも思えるような繰り返し遊びの中で実験を行い、無意識のうちに統計解析を行い、数理モデルによって仮説を立てて、実験を繰り返し、それを検証することによって世界についての知識を急速に獲得しているのです。

それを可能とするのは、柔軟な脳と未発達な前頭前皮質であると言われます。前頭前皮質は、無意味な行動、無計画で危険な行動を抑制する働きがあります。子供時代は前頭前皮質が未発達なため、大人の目には愚かに見える行動を繰り返すのですが、脳内の自由な探索が可能なため、新奇な発見、天才的な発想が生まれたりするのです。

一般的に、前頭前皮質の発達は20代半ばに完成すると言われ、その後は、すでに出来上がった脳内配線を用いて、経験に基づく効率的思考、計画的判断などが行えるようになると言われます。一方、思考がパターン化されているため、新奇なアイデアや革新的思考に対する拒否感などが生じたりもします。

主イエスは、「新しい酒（発酵中のワイン）は新しい皮袋に」と言われましたが、経験に基づくパターン化された思考の中には、新しいキリストのいのちを入れることはできないということを意味していると理解できるでしょう。

しかし、一方、主イエスは、聖霊によって人は新しく生まれるともおっしゃっています。聖霊が私たちのパターン化された固い思考空間の中に、新たな自由な空間を作ってくださる。今まで思いもしなかった神の業を聖霊がしてくださることを期待する思考空間です。私たちは、これまでの経験に縛られた思考から自由にされて、聖霊が主導する新しい思考の世界に踏み出すことができる。それが私たちの外に広がっていく。

聖霊が私たちの中に新しい皮袋を作ってくださる。私たちを縛る過去から自由にしてくださるのです。期待したいと思います。

その後、わたしはすべての人にわたしの霊を注ぐ。あなたがたの息子や娘は預言し、老人は夢を見、青年は幻を見る。（ヨエル書2：28）

11 キリストに帰依する

日本語で「信じる」という言葉は、自分に言い聞かせるというような意味を持つ言葉です。「夫を信じる」「子どもを信じる」「これまでの自分の努力を信じる」、どれも不安を自分で打ち消そうとしていることの表明です。

ですから、「神を信じる」「キリストを信じる」という表現にも、どこか無理しているというマイナスの意味合いがあるように感じます。

日本語には仏教用語で「帰依する」という言葉があります。これは、夫や子ども、これまでの自分の努力について用いることができない言葉で、深い安心感を表す言葉です。

日本語で「悔い改める」と訳されている言葉も、原語では「帰る」というのが本来の意味ですから、ますます日本人にはこれがしっくり来るように思います。

「私は、キリストに帰依している。」

自分自身を離れて、キリストに帰り、この方に依り頼む、お任せする。

ご自分のところに帰って来ようとする者たちのところに走り寄ってきて、抱きしめて放さない神がいるのです。

ヨハネが捕えられて後、イエスはガリラヤに行き、神の福音を宣べて言われた。「時が満ち、神の国が近づいた。悔い改めて福音を信じなさい（＝福音に帰依しなさい）。」

（マルコの福音書１：14～15）

12　神の真実とそれに応える人の真実

「信じる」とは、自分を説得することではありません。信じようと頑張ることでも、何かを正しいと仮定することでもありません。「信じる」とは、相手の真実に触れるときに、自分の真実がそれに応えることを言うのです。

神の真実に触れるとき、自分の中で死んで隠れていた真実が甦り、立ち上がる。神を信じている自分を発見する。

主イエスは「信じて祈れ」とお教えになりましたが、信じて祈るとは、この真実の関係の中で、神の御心を求めることなのです。神の御心が自分の願いとなる。それが確信となっていく。

十字架を前にして、主イエスは祈られました。「父よ。あなたにはできないことはありません。この杯（十字架）をわたしから取りのけてください」と。主イエスは、父なる神にそれができると信じておられました。

しかし、さらに深く父なる神の御心を求め祈られたのです。「しかし、わたしの思いではなく、あなたの御心が行われますように」と。

神の真実とそれに応える人の真実、それが一つとなり、神の業が行われて行く。

神の真実に私たち一人一人、私も、あなたも触れられ、それに応える者となっていきますように。真実の祈りを捧げる者となっていきますように。

「御心が天で行われるように、地でも行われますように」（「主の祈り」より）。

イエスは答えて言われた。「神を信じなさい。まことに、あなたがたに告げます。だれでも、この山に向かって、『動いて、海に入れ』と言って、心の中で疑わず、ただ、自分

の言ったとおりになると信じるなら、そのとおりになります。だから、あなたがたに言うのです。祈って求めるものは何でも、すでに受けたと信じなさい。そうすれば、そのとおりになります。」（マルコの福音書11：22～24）

13 私たちを永遠に生かす声

人は、決して揺らぐことのない基盤の上に自分の存在を確認したいと願っています。しかし、この大地も、経済も、自分の健康も、信頼していた人も確実な基盤ではありません。私たちは、それを人生の中で幾度となく経験し、知って行くことになるのです。

そんな中で、全ては移ろい行く、確実な基盤はないと達観することが私たちにとっての解決なのでしょうか。それとも、ただ一つの決して揺るぐことがない基盤を見いだすことが私たちにとっての解決なのでしょうか。

イエス・キリストは言われました。「この天地は滅びる。しかし、わたしのことばは決して滅びることがない」（マルコの福音書13：31）と。

言葉とは、相手に向かって発せられるものです。イエス・キリストは、私たち一人一人に向かって言葉を発せられたのです。それは、決して滅びることがないと。

イエス・キリストが、私たち一人一人の魂の奥底に永遠に語り続けてくださるというのです。たといこの肉体は滅んでも、私たちはこのお方の声を聞き続ける存在になるのだと。

イエス・キリストは言われました。

死人が神の子の声を聞く時が来る。今がその時だ。聞く者は生きる。（ヨハネの福音書5：25）

14 心の欠けを知る時

イエス・キリストの正式の教えは、山上の説教としてまとめられていますが、その最初の言葉にキリストの教えの全てが凝縮されていると言って良いでしょう。

「幸いなるかな。霊の貧しい者。天の国は彼らのものだからだ。」

キリストは、霊的に富んだ者として、上から目線で霊的貧者に祝福を与えたのではありません。自ら、霊の貧しい者として、父なる神に霊の満たしを乞い続けたのがキリストの生涯だったのです。

徹底的に霊の貧しい者として生き抜かれた。そこに神の支配、神の国が現れたのです。

キリストは言われます。霊の貧しい者によって神の国がこの地に満たされていくのだと。神の国の祝福は彼らのものなのだと。

自分の心の欠けを知る者、自分で自分を満たすことができない者、自分の罪を知る者、ただ、赦してください、憐れんでください、清めてください、癒してください、満たしてくださいと乞い願うことしかできない者たちに、神の国はやって来る。そのような者たちによって神の国がこの地に満たされていくのだと。


心（霊）の貧しい者は幸いです。天の御国はその人たちのものだからです。（マタイの福音書5：3）

15

激しい愛

イエス様の癒しの力は、愛の力でした。

汚れた霊によって引き倒され、口も耳もきけなくなる発作で小さい時から苦しめられてきた少年がいました。父親はその子をイエス様のところに連れてきて願います。「もしできるなら」と。しかし、イエス様は一喝なさいます。「もしできるならと言うのか。信じる者にはどんなことでもできる」と。

信じる力、それは愛する力です。イエス様は、汚れた霊に小さい時から苦しめられてきたこの少年を深く憐れみ、強く愛されました。

二度と、この子が苦しめられることをお許しにならない強い愛でした。この愛が汚れた霊を追い出し、二度と入ってくることを許さず、この子を完全に癒したのです。

「もしできることなら」と言う私たち、そんな私たちをイエス様は叱りつけてくださる。

イエス様の激しい愛が、私たちを信じる者に変える。苦しむ者を癒す。

私たちも、イエス様の激しい愛に触れる者でありたい。

激しい愛に生きる者でありたい。

するとイエスは言われた。「できるものなら、と言うのか。信じる者には、どんなことでもできるのです。」するとすぐに、その子の父は叫んで言った。「信じます。不信仰な私をお助けください。」イエスは、群衆が駆けつけるのをご覧になると、汚れた霊をしかって言われた。「口を聞けなくし、耳を聞こえなくする霊。わたしが、おまえに命じる。この子から出て行け。二度と、この子に入るな。」（マルコの福音書9：23〜25）

16　知性と神秘

健康なキリスト信仰は、知性で神の御心を知り、それに従って行くことと、知性では把握できない神秘の世界を経験することを両輪とします。

前者がなければ、信仰は客観的判断基準を失い、霊的体験を正しく評価することもできなくなります。一方、後者がなければ、信仰は単なる考え事に陥り、湧き上がる喜びや、私たちの存在を燃え立たせるキリストの火を経験することもありません。

しかし、知性と神秘、それは互いに乖離したものではありません。私たちの存在を接点として、繋がっているのです。知性において私たちは世界と繋がり、神秘において神と繋がる。神は、両者に生きる者として私たちを創造してくださった。

私たちは知性で祈り、霊で祈ろう。私たちの言葉も、言葉にならない思いも聞いてくださっているお方がいる。

それゆえ、私の兄弟たち。預言することを熱心に求めなさい。異言で語ることを禁じてはなりません。ただ、すべてのことを適切に、秩序正しく行いなさい。

（コリント人への手紙第一14：39〜40）

17　キリストだけが与える権威

イエス・キリストは、汚れた霊に苦しめられている者たちを救うためにこの世に来られました。これが、キリストがこの地にもたらされた神の国だったのです。

キリストは、この働きをこの地に満たすために、弟子たちに汚れた霊を追い出す権威をお与えになり、彼らを伝道に遣わされます（マルコの福音書6：7〜13）。

ある人たちは金がなければ伝道できないと言います。ある人たちは知識がなければ伝道できないと言います。また、ある人たちは音楽がなければ、あるいは、立派な建物がなければ伝道できないと言います。

しかし、キリストが弟子たちにお与えになったのは、汚れた霊を追い出す権威だけだったのです。これだけは、キリストだけにしか与えることができない権威だったからです。

キリスト伝道者は、伝道のためにキリストに何を求めるのか？　金か？　知識か？　音楽か？　建物か？

キリストは、私たち伝道者に何を与え、何をさせようとしておられるのか？　私たちが求めるべきものは何か？　キリストの業を継承するとは何か？

キリストにしか与えることができないもの。これによらずに、キリストの業を継承することはできない。

キリストは、私たちに何をお与えになるのか？　何をさせようとしておられるのか？

それから、イエスは弟子たちに言われた。「わたしがあなたがたを、財布も袋も履き物も持たせずに遣わしたとき、何か足りない物がありましたか。」彼らは、「いいえ、何もありませんでした」と答えた。（ルカの福音書22：35）

18　神さまとの秘め事

男女の秘め事は、決して他の人の介在を許さないもの、二人だけの秘密です。隠されているからこそ、本当に深い関係を結ぶことができる。一つになることの喜びがあります。

私たちと神様との関係も同様です。神様と二人だけの関係。誰にも見られない、誰にも聞かれないところで語りかけ、祈るからこそ、神様と一つになる深い関係が与えられます

私も、自分が一人で祈っているところを誰にも見られたくないし、聞かれたくもありません。神様だけにしか

見せられないもの、神様だけにしか聞かせられないものがあるからです。神様は、それを受け止め、こんな者を満たしてくださる。

神様と私たち一人一人の関係は秘密の関係です。決して他の人が間に入ることはできません。その関係について口を挟むことは許されないのです。

そこに神秘な関係がある。喜びの関係がある。神様は、そのような関係を私たち一人一人と結びたいと願っていらっしゃいます。キリストは言われました。


祈るときは、家の奥の自分の部屋に入りなさい。そして、戸を閉めて、隠れた所におられるあなたの父に祈りなさい。そうすれば、隠れた所で見ておられるあなたの父が、あなたに報いてくださいます。

（マタイの福音書6：6）

19 伴侶を裏切るな

古代ユダヤでは、夫は簡単に妻を離縁できたと言います。若くなくなった妻を捨てる。そんなことが当たり前のように行なわれていたようです。しかも、男性中心の社会の中で生産手段を持たない女性は、夫に捨てられ、どのように生きて行けば良いのでしょう。他の男を頼るしかありません。

神は、そのような身勝手な男たちに厳しい警告を発せられます。「あなたが若い時に結ばれた妻を裏切ってはならない。」

主イエスも言われました。「不品行以外の理由で妻を離縁する者は、姦淫を行なわせるのである。その妻をめとる者も姦淫を行なうのである」（マタイの福音書5：31）と。

婚外性交渉に対する心理的抵抗がどんどん下がって行く今の日本。婚前性交渉を当たり前のように行なう者は、結婚後も簡単に伴侶を裏切るでしょう。神から頂いた霊を失ったら、人はただの獣になってしまう。その先はどこに続くのでしょうか。私たちの社会はどこに向かって進んでいるのでしょうか。

夫婦の間でしか築き上げることができない深い愛の信頼関係があります。神は、その深い信頼関係を私たちに経験させようとしておられます。

神は私たちにご自身の尊い霊を与えてくださった。愛する者のために自己を捨てる愛です。夫は妻のために、妻は夫のために自己を捨てる。そこに深い愛の喜びがあります。

20

神は人を一体に造られたのではないか。彼には、霊の残りがある。その一体の人は何を求めるのか。神の子孫ではないか。あなたがたは、あなたがたの霊に注意せよ。あなたの若い時の妻を裏切ってはならない。

（マラキ書2：15）

神の前に取り返しがつかないことはない

取り返しのつかない過ちを犯してしまった時、人が取りうる謝罪の形は、次の二つのどちらかになります。

一つは、自分がそこからいなくなったり、存在しなくなるということを前提とした謝罪で、「死んでお詫びする」というのがその究極の形です。もう一つは、「赦してください」と、恥も外聞もなくひれ伏し、懇願することです。自分がそこに居続けること、存在し続けることを前提とした謝罪です。

神は、自分の罪を認め、「赦してください」と懇願する者を、大いなる憐れみをもって赦してくださいます。それは、私たちが生きること、存在し続けることを第一に望んでおられるからです。

人との関係においては、取り返しのつかない失敗、過ちということがあることは否定できません。しかし、神との関係において、取り返しのつかない罪というものは存在しないのです。神は、弟を殺したカインをも、また、忠実な部下の妻を奪い、その部下を殺したダビデをも、彼らが罪を認めた時に、お赦しになりました。

神は関係の継続、さらに、関係の創造をまず望んでおられます。それが罪の赦しの根本にあるのです。

私たちも、謝罪するときも、謝罪されるときも、関係の継続ということを、まず第一に考えることができたらと思います。神がそのように私たちを赦してくださったのですから。

神よ。御恵によって、私に情けをかけ、あなたの豊かなあわれみによって、私のそむきの罪をぬぐい去ってください。（詩篇51：1）

21　自由な存在として

神は、私たち人間を自由な存在として創造してくださいました。自由とは、自分の好き勝手なことができるという意味ではありません。

痛みや苦しみの中で、なお、人を祝福することができる自由、痛みや悲しみの中で、人の癒しを祈ることができる自由、誘惑の中で清く正しく生きる自由、そのような自由な存在として、神は、私たちを創造してくださったのです。

勿論、私たちはこれらのことを自分の力で行うことはできないでしょう。このような状況の中では、心が縛られてしまい、人を祝福することも祈ることも、清く正しく生きることも難しくなってしまいます。

しかし、聖書は言います。「主の御霊がいらっしゃるところには自由がある。」

私たちにはできない。しかし、キリストの御霊が私たちに臨み、私たちの中に満ちてくださる時、私たちは自由にされるのだと。

私たちは状況の奴隷になるために創造されたのではありません。誘惑の奴隷になるために創造されたのでもありません。どのような状況の中にあっても神の子の尊厳に生きるために創造されたのです。そして、そのためにキリストの御霊が私たちの内に住んでくださる。

難しい状況はあるでしょう。しかし、今日もキリストが共にいてくださる。内にいてくださる。悪魔の囁きを打ち消してくださる。周囲の人を祝福し、痛んだ人のために祈り、誘惑の中から立ち上がる御霊を満たしてくださるのです。いつか、キリストのお姿に似た者とされるために。

主は御霊です。そして、主の御霊のあるところには自由があります。私たちはみな、顔のおおいを取りのけられて、鏡のように主の栄光を反映させながら、栄光から

栄光へと、主と同じかたちに姿を変えられて行きます。これはまさに、御霊なる主の働きによるのです。

（コリント人への手紙第二3：17〜18）

22 愛は自分の正しさに死ぬ

キリスト教は、愛の宗教と呼ばれます。しかし、初代教会時代から現代に至るまで、クリスチャン同士の対立、争いがなかった時代はありません。

なぜ人は自分が正しいと言い張るのでしょうか。なぜクリスチャンとなってからも自分の正しさを主張し、他を否定するのでしょうか。

主イエスは、私のために死んでくださいました。しかし、あの人のためにも死なれたのです。この人のためにも死なれました。

そして、私のために甦られただけではなく、あの人のため、この人のために甦られたのです。

愛は自分の正しさから離れさせるいのちです。自分の正しさから離れる時、主イエスの十字架の血、甦りのいのちが私たちの中に満ち溢れる。その時、私たちは自分の正しさから離れることができる。私たちは、愛とは何かを知るのです。

そもそも、互いに訴え合うことが、すでにあなたがたの敗北です。なぜ、むしろ不正をも甘んじて受けないのですか。なぜ、むしろだまされていないのですか。

（コリント人への手紙第一6：7）

23 私たちを支える方は生きている

信仰とは、自分で神を信じることと理解されることが多いようですが、決して自分の思い通りにならないものが信仰です。どんなに信じようと頑張っても、信じるということを自分でコントロールすることはできません。

頑張っているという時点で、既に信じていないということが明らかなのです。夫を信じようと頑張っている妻が、夫を信じていないことが明らかなのと同じです。信じているとは、頑張っていない状態なのです。

パウロの伝道は、聖霊と御力の現れだったと言います。否定することができない聖霊の臨在と神の力ある業によって信じる者が起こされたと言うのです。そして、同じ聖霊と神の力が信仰を支えると。

理屈やつじつまを合わせようと、頭の中でこねくり回したり、無理に自分を納得させようと頑張る必要はありません。分からないことは分からないままで良いのです。神の力が、疑問だらけの信仰を支え、導いてくださるからです。

自分で解決できない問題に直面する時、「聖霊を満たしてください」と祈ろう。「あなたの力を現してください」と祈ろう。

私たちは自分の理解を超えた聖霊の働きを見、イエス・キリストが今も生きておられることを知るでしょう。この方が与えてくださる平安と喜びの中に、頭の中の整理も行われていきます。

私たちを生かし、私たちを祝福する方は、今も生きておられます。

そして、私のことばと私の宣教とは、説得力のある知恵のことばによって行なわれたものではなく、御霊と御力の現われによるものでした。それは、あなたがたの信仰が、人間の知恵によらず、神の力によるものとなるためだったのです。（コリント人への手紙第一２：４～５）

24 心が動かない時

私たちは、自分の心は自分のものだと思っていますが、自分の心ほど、自分の思い通りにならないものはありません。

周囲の状況によって、揺れ動くのが私たちの心です。心が力を失った時、私たちは自分をどうすることもできず、倒れ、うずくまってしまいます。

しかし、私たちを創造なさった方は、私たちの体だけでなく、私たちの心も創造なさった方。このお方は、私たちの心を、私たち自身よりも良く、深く知ってくださっているに違いありません。

心が衰え果て、力尽きた時、私たちの呻きを聞いておられる方がいるのです。地の果てにいる私たちのそばで私たちの声にならない声に耳を傾けてくださっている方がいる。

心が動かなくなっても、あなたはイエス・キリストのものです。このお方の愛と真実は、私たちの心の状態によって変わることはないのです。

私の心が衰え果てるとき、私は地の果てから、あなたに呼ばわります。どうか、私の及びがたいほどの高い岩の上に、私を導いてください。（詩篇61：2）

25 祝福を受け継ぐ者たち

聖書を読み続けていると、神が「あなたを祝福する」とおっしゃる時、それは、私たちが何の苦労もない薔薇色の人生を歩くことではなく、むしろ責任ある主体として立ち、神の姿を映すものとしてこの地に満ちて行くということを意味していることが分かってきます。

神のお心を与えて頂く。他の人に与えて止まない者になって行く。他の人に与えることができるように、愛を満たしてくださり、物質的な豊かさも与えてくださるのです。

そして、他の人を祝福する時に最も求められるものは、低い心、清い心です。人の上に立ちたいと思う心、見返りを求める心で、どうして神の祝福を分かち合うことができるでしょう。

主イエスは言われました。「あなたの敵を愛し、あなたを迫害する者のために祈れ」と。ご自分を十字架に付けた者たちのために祈られたのが主イエスでした。

「祝福を受け継ぐ者」、それは、主イエスのお心を与えられる者たち、主イエスのお姿に似た者とされて行く者たちのことです。

私は祝福を受け継ぐ者となれるでしょうか。主イエスのお姿に似た者となることができるでしょうか。

悪をもって悪に報いず、侮辱をもって侮辱に報いず、かえって祝福を与えなさい。あなたがたは祝福を受け継ぐために召されたのだからです。（ペテロの手紙第一3：9）

26 無条件の信頼

私たちは、神の祝福を受けるために、自分自身を整えなければならないと思う傾向があります。神のための働きをしている人は特にその傾向が強いと思います。私もそうです。

思うように事が運ばない。理想とかけ離れた自分がここにいる。そう感じる時、私たちは、神の祝福に自分なりの条件を付けているのです。神の祝福を阻害するものが自分の中にあると。

聖書は、神が私たちを無条件で愛してくださっていると語りかけます。私たちも無条件で神を信頼せよと。

愚かでわきまえもなく、自分勝手な方向に迷い出てしまう私たち。しかし、そんな私たちを、探し出し、命を賭けて守ってくださる方がいる。

キリストは言われました。「わたしは、良い牧者である。良い牧者は羊のために命を捨てる」（ヨハネの福音書10：11）と。

自分で自分に条件をつけず、神の祝福に条件をつけず、子どものように信頼できますように。私たちが良くても悪くても、神は私たちに手を伸ばしてくださっている。このお方と手を繋いで歩いて行こう。

主は、わたしの牧者であって、わたしには乏しいことがない。（詩篇23：1［口語訳］）

27 手のひらに刻む

母親が乳飲み子を胸に抱いて見つめ合っている姿、そこには他の者には決して入り込むことができない一体としての関係があります。また、母親が胎の子を慈しみ、話しかけるのを聞く時、そこに二つでありながら一つのいのちがあることを私たちは見ます。

神と神の民イスラエルとは二つでありながら一つの関係だと聖書は言います。そして、その関係は、イスラエルに止まらず、その慈しみが届く全ての人に与えられると。

孤独を感じる時があるでしょう。この世に自分の居場所がないと感じる時があるかもしれません。しかし、主は、語っておられるのです。「わたしとあなたは、二つでありながら一つである」と。「わたしは、あなたをこの手のひらに刻んだ。あなたは私の体の一部だ」と。

十字架に打ち抜かれたイエス・キリストの手。そこには永遠に消えない傷が残りました。キリストは、十字架によって私たちをその手のひらに刻んでくださった。永遠にキリストの一部とされたのだと。


女が自分の乳飲み子を忘れようか。自分の胎の子をあわれまないだろうか。たとい、女たちが忘れても、このわたしはあなたを忘れない。見よ。わたしは手のひらにあなたを刻んだ。（イザヤ書49：15～16）

28 キリストは良し悪しを問題にしない

イエス・キリストは、救いを求めてご自分に近づいてきた人たちについて、その良し悪しを問題になさったことは一度もありませんでした。ただ、「清くなれ」「完全であれ」と癒しと祝福だけを与えられたのです。


人は、他の人の良し悪しを問題にします。そして、それを判断するのは、多くの場合、自分の好みと自分の都合です。

しかし、キリストにとって、私たちの良し悪しは問題とならないというのです。ただ、頼って来る者に対して、癒しと救いをお与えになる。祝福をお与えになる。

だから、全ての人が救われるのです。私も、あなたも救われるのです。あの人も救われるのです。

私たちは、良し悪しを超越するイエス・キリストに出会いたい。この方のいのちの中に私たちは生きたいのです。そして、私たちも他の人の良し悪しを問題にしない者となって行きたい。ただ、癒しと祝福を祈る者となることができますように。

「あなたがたの天の父が完全であられるように、完全でありなさい。」（マタイの福音書5：48）
「お心一つで清めてくださることができます。」……「わたしの心だ。清くなれ。」（マルコの福音書1：41）

29 私たちの信仰を拠点として

イエス様が圧倒的な神の国の恵みの力によって多くの病人を癒し、福音の言葉を語っておられる時、一人の中風の人が友人4人に担がれて来ました。しかし、イエス様が家の中で語っておられ、あまりにも多くの人が詰め掛けていたため、近寄ることができません。

すると友人たちは屋上に上り、イエス様がおられるあたりの屋根を外して穴をあけ、その中風の友人を床にのせたままイエス様の前に吊り下ろしたというのです。

泥は落ち、埃は舞い、中は騒然となったことでしょう。しかし、イエス様は、この友人たちの信仰を見て喜び、中風の人に救いを宣言されるのです。「あなたの罪は赦された」と。

彼は、自分で歩くことも話すこともできませんでした。重い病に倒れるほど深い罪の中にあった彼には、イエス様を求める心もなかったかもしれません。

しかし、イエス様は彼を愛する友人の信仰の故に、彼をお救いになりました。このようにして救われた人は、この人にとどまりません。多くの人たちが自分の愛する者たちを背負い、担いでイエス様のところに連れて来たのです。イエス様は、彼らをお救いになりました。

イエス様の救いが及ぶ範囲は、個々人の信仰告白による救いを拠点に、さらにそれよりも広い範囲にまで及んだことを福音書の記事に見ることができます。

イエス様に対する信仰を告白していない人について、「あの人は救われていない」とクリスチャンが言うのを聞くことがあります。しかし、それはイエス様のお心でしょうか。

イエス様は、私たちが彼らを愛すること、彼らのために祈ることを求めておられるのではないでしょうか。私たちの愛と信仰を拠点に、多くの人を救おうとしておられるのではないでしょうか。

イエス様は、愛と信仰がこの世に満ちることを願っておられます。イエス様の救いが及ぶ範囲は広いのです。

日が沈むと、様々な病で弱っている者をかかえている人たちがみな、病人たちをみもとに連れて来た。イエスは一人ひとりに手を置いて癒やされた。

（ルカの福音書4：40）

30 心の鍵を持つお方

キリスト教会では、心の戸を開いてキリストを迎え入れるようにと勧められることが多いです。そうやって心を開いてキリストと出会うことができたら本当に素晴らしいと思います。

しかし、自分の心の鍵を失ってしまうということがあります。一度キリストに従うと誓っていながら、その後キリストを否定してしまったり、人から深い心の傷を負わされたり、人との苦しく悲しい別れを経験しなければならなかったりすると、自分の心の鍵がどこにあるのか分からなくなってしまうのです。心の戸を開けたくても、どうしたら開くのかが分からない。

また、心を開くことによって、また傷つくのではないか、また悲しい思いをするのではないかと思うと、自分で自分の心をどうすることもできません。

そんな私たちの心に優しく触れてくださる方がいます。それが復活なさったイエス・キリストです。私たちが失ってしまった心の鍵をこの方は持っていらっしゃる。私たちが失ってしまった心の中にこのお方は入ってきてくださる。

誰にも開けることができなかった私たちの心がこの方の愛の中でとかされていく。その時、私たちはこのお方が確かに甦り、今も生きておられることを知るのです。

その日、すなわち週の初めの日の夕方、弟子たちがいたところでは、ユダヤ人を恐れて戸に鍵がかけられていた。すると、イエスが来て彼らの真ん中に立ち、こう言われた。「平安があなたがたにあるように。」

（ヨハネの福音書20：19）

31 死ぬべき者なのに

私たちの体は、いつか必ず死にます。決して思うようにならない自分の体。私たちは、自分を見て落胆してしまいます。なぜ自分が自分の思い描く自分でないのかと。

しかし、聖書は私たちに語りかけます。私たちのこの

もしイエスを死者の中からよみがえらせた方の御霊があなたがたのうちに住んでおられるなら、キリスト・イエスを死者の中からよみがえらせた方は、あなたがたのうちに住んでおられる御霊によって、あなたがたの死ぬべきからだをも生かしてくださるのです。

（ローマ人への手紙8：11）

死ぬべき体を、私たちが愛する以上に愛してくださっている方がいると。

神様は、私たちを見て、落胆することはない。神様は、私たちのこの死ぬべきからだを生かすことがおできになるのだと。イエスを死者の中から甦えらせた方が、この体の中に、イエスに注いだのと同じ御霊を注いでくださるというのです。

こんな者を生かしてくださる。神様の御心を行うために、用いてくださると。そして、いつか、イエスの姿に似たものへと造り変えて行ってくださるのだと。

私のこの弱く、汚れた体に、そんな価値があるのでしょうか。私には、神様の判断の基準がよく分かりません。それほどまで愛する価値が私にあるとは思えません。

しかし、私が決して知ることができない創造の神秘の中に、神様だけが握っている私の本質があるのかもしれない。

神様、何故ですか。何故こんなに愛してくださるのですか。私にはその理由は分かりません。ただ、こんな者に注いでくださるあなたの愛に、全てをお任せしていくことができますように。

コラム２　「語用論」を使って考える

言語学の中に「語用論」という分野があります。これは発話が持つ文字通りの意味と、話者がその発話によって行なっている行為との関係を扱う研究分野です。例えば、冷房の効いた部屋でコントローラーのそばにいる人に向かって「ちょっと寒いね」と言ったとします。すると、コントローラーのそばにいる人はエアコンの設定温度を上げたり、スイッチを切ったりします。

「ちょっと寒いね」の字義的な意味は「話者がちょっと寒いと思うことについて、聞き手に同意を求める」ですが、ここでは、「室温を上げることを求める」という行為が行われていると解釈され、聞き手は話し手の行為に応じた対応をしたということになります。

このように、発話の字義的な意味は、文脈に埋め込まれ、どのような行為が行われているか解釈されることになるのです。注意しなければなりませんが、発話の字義的な意味は、社会文化規範によって特定の行為と解釈されるのですが、それは言語によって異なります。字義的な意味は同じでも、ある社会文化規範では行為 A と理解されることが、別の社会文化規範では行為 B と解釈されてしまうことがあります。

次のような事例が報告されています。日本国内で犯罪を犯したスペイン人の公判で、その人が最後にスペイン語で「Perdoname, por favor」と言ったのですが、それを通訳者は文字通り「どうぞお赦しください」と訳しました。この言葉はスペイン語では最上級の謝罪を表すそうですが、日本語訳を聞いた裁判官は、「自分勝手な逃げ口上」と理解し、被告に不利な判決を下してしまいました。発話の意味をどのような行為と捉えるかは、それぞれの社会文化規範によって異なるのです（吉田理加（2009）「法廷通訳における異文化の壁」『月刊言語』39 巻９月号 30 ～ 35 ページ）。

日本語にもこれに類することは数多くあります。日本人の大学生が留学生と友達になり、「今度うちに遊びにおいでよ」とか「今度一緒に食事に行こうよ」とよく言いますが、留学生が帰国する半年、あるいは１年後になってもその「今度」は訪れず、いつ誘ってくれるかと待ち続けた留学生たちは「日本人は嘘つきだ」という印象を持って帰国することになるのです。

自分が外国に住む場合も、日本に在住する外国人と交流を持つ場合も、語用論を用いて、相手の言葉による行為が何を意味するのかを理解できるようになれればと思います。聖書を読む場合も、同じことが当てはまるでしょう。

6月

June

1　神とは心で繋がる

キリスト信仰の確信とは、イエス・キリストと出会った時に包み込まれた温かな安心と、この方に対する深い信頼を意味します。イエス・キリストの心に触れられた時に、私たちの心の最も深いところ、私たち自身も開くことができなかった心の扉が開くのです。

聖書は、この心と心の関係を大切にするように、そこから離れないように勧めます。

私たちの人生の道のりは、決して楽ではないでしょう。「日毎の糧を今日与え給え」と祈りながら進まなければならない時もあるでしょう。痛みと苦しみに耐えながら進まなければならない時もあります。

しかし、この方と出会った時の喜び、この方を深く信頼したあの時の安心を思いおこす時、あの時開いた心のドアから命が流れ込んでくる。

命の日の限り、このお方が共にいてくださる。導いてくださる。私たちもこの方について歩いていくのです。

もてなしにあずかった時のように、わたしの魂はみちたり、唇は喜び歌い、口はあなたをたたえます。わたしは床《とこ》の上であなたを思い、夜もすがら、あなたのことを思い巡らします。（詩篇63：6〜7〔フランシスコ会〕）

2　新しい翼

私の家ではインコを4羽飼っていますが、その中の1羽はオカメインコです。体は真っ白で目だけが赤いので、名前をルビーと言います。ルビーは、とても甘えん坊で、私たちの肩や腕のところに飛んできては、首筋を掻いてもらったり、撫でてもらうのが大好きな子です。

半年ほど前の明け方、地震がありました。ルビーはパニックを起こして、鳥籠の中で思い切り羽ばたいてしまったようです。中を見ると、血だらけになっています。左の翼の風切り羽が全部折れてしまっているのです。

ルビーは、しばらく籠の中でうずくまったままでした。

「神様、どうぞルビーに新しい翼を与え、もう一度自由に飛ぶことができるよう、ルビーを癒してください」と私は祈りました。

しばらくして、痛みが小さくなったのでしょう。籠から出すと、飛ぼうとします。しかし、風切り羽のない翼では飛べません。墜落してしまいます。そんなことを繰り返す内に、ルビーは飛ぼうとしなくなりました。「飛ぶことを忘れた鳥になってしまうのではないか。」私は心配しました。

しかし、折れた羽の付け根から、小さな羽根の芽が出て来ています。そして、毎日ほんの少しずつ大きくなっていくのです。飛べないルビーを見ると可哀相ですが、私は、毎日何度も何度もルビーの羽を見て、「もう少しだよ。また飛べるようになるからね」と話しかけていました。まだ飛べなくても、少しずつ伸びる羽によって希望を与えられていたのです。

そして、風切り羽を失ってから2ヶ月ほどたったある日、ルビーは飛びました。ほんの短い距離でしたが、堕ちずに飛んだのです。嬉しくて仕方がありませんでした。今は、飛べなかった時があったとは信じられないほど、自由に飛び回っています。神様が癒し、新しい翼を与えてくださったのです。

翼を失い、一度飛べなくなると、飛べない現実の中で神様の癒しを信じることができなくなることがあるかもしれません。しかし、飛べない時も、神様は新しい翼を造り続けてくださっています。神様の癒しの御手は、いつも私たちの上にあるのです。いつか、もう一度飛ぶ日がやって来るのです。


主を待ち望む者は新しく力を得、鷲のように翼をかって上ることができる。（イザヤ書40：31）

3　人を生かす言葉を

人は、言葉によって生き、言葉によって倒れる。

イエス・キリストは、「人は、パンのみによって生くるにあらず、神の口より出ずる全てのことばによって生く」という聖書の言葉によって悪魔の試みを退けられた。

神は、私たち人間を、神の言葉を聞くもの、神の言葉によって生きるものとして創造された。神の言葉を聞く時、人は生き、神の言葉に耳を閉ざす時、人は命を失う。

疲れ果てた私たちに、イエス・キリストが語りかけてくださる。「全て重荷を負う者、疲れた者、わたしのところに来なさい。わたしが、あなたがたを休ませる」（マタイの福音書11：28）と。

いのちと希望を失った私たちに、イエス・キリストが語りかけてくださる。「死人が神の子の声を聞く時が来る。今がその時だ。そして、聞く者は生きる」（ヨハネの福音書5：25）と。

聖書の中に神の言葉を聞くとき、私たちの霊が神の霊によって息づき始める。罪に死んだ霊が甦る。

神の言葉によって生きる者、神の言葉によって人を支える者、人を生かす者、神様はそのような人々によってこの世が満ちることを願っておられる。

今日も耳を傾けよう。魂の奥底に語ってくださるに違いない。語ってくださった言葉を人に伝える者となることができますように。


神である主は、私に弟子の舌を与え、疲れた者をことばで励ますことを教え、朝ごとに私を呼び覚まし、私の耳を呼び覚まして、私が弟子として聞くようにされる。

（イザヤ書50：4）

4 自分が自分のものではないことを知ると

私たちは、自分を自分のものだと思って生きていると き、自分の弱さに落胆したり、失望したりします。また、高慢な思いを捨てるのは難しいです。

しかし、聖書は言います。キリストに出会ったとき、私たちは自分のものではなく、キリストのものになったのだと。

この弱さも、罪深い心さえキリストのものだというのです。病気で苦しむ体もキリストのものだと。良いところも悪いところも、強いところも弱いところも全てがキリストのものになったのだと。

自分自身でも捨ててしまいたかった自分の弱さ、罪深い心、それらさえ慈しんでくださっている方がいる。キリストがそんな私たちの弱さの中にも住み、それをご自分の住処《すみか》としてくださっている。キリストが私たちをとおして成し遂げようとしておられることがあります。私たちの弱さを超えてキリストが働こうとしていらっしゃる。

弱さと痛み、不安を感じるとき、告白しましょう。「イエス様。私はあなたのものです。あなたは何をしようとしていらっしゃるのですか。」

そして、私が他のキリスト者について、その人の問題、その人の弱さと思っているものも、キリストのものである。私が生きているのではない。あの人が生きているのではない。キリストが生きているのだ。そのことが分かるとき、世界が全く違ったものに見えてくる。

生きるにしても、死ぬにしても、私たちは主のものです。（ローマ人への手紙14：8）

5　人生の目的を知る

人の人生には、それぞれ目的があります。神様は、一人一人を、目的をもって創造なさったからです。

しかし人は、自分の思いを遂げることが人生の目的だと思い違いしてしまいました。そのため、自分の思いが実現すると高慢になり、その道が閉ざされると自己憐憫に陥ってしまうのです。

しかし、神様の計画と自分の思いとは違うかもしれないということに気づく時、私たちは祈り始めます。祈りは、自分の思いを離れ、神様の御思いを求めることです。祈りつつ、十字架のイエス・キリストに心を向ける時、このお方の血が、この罪深い身に注ぎ込んで来る。自分が自分のものではなく、このお方のものだということがわかってくる。十字架のキリストがこんな者と一つになってくださった。私は、このお方と共に十字架にかけられたのだ。このイエス・キリストが私の中で生きてくださっている。

その時、私たちは高慢にも自己憐憫にも陥らず、神の子の尊厳に満たされ生きるようになります。神様が与えてくださる目的に生きるようになるのです。

私は、神に生きるために、律法によって律法に死にました。私はキリストとともに十字架につけられました。もはや私が生きているのではなく、キリストが私のうちに生きておられるのです。（ガラテヤ人への手紙2：19～20）

6　幸いの源

人は、神様と自分との間に、自分の行為を置こうとする傾向がある。「良い行いをした。」「人に親切にした。」「悪い行いから遠ざかった。」だから、神様は私に幸いをくださるだろうと。

しかし、その思いが神様と私を遠ざけている。私の目は、神様にではなく、自分の行為に向いている。

神様は、ただ一方的に愛してくださった。ただ一方的に幸いをくださった。行く道の分からない者に道を示してくださった。こんな者と共に歩いてくださった。

自分の不足と劣等感を感じる時、神様は語りかけてくださった。「このわたしは、お前に十分ではないのか」と（コリント人への手紙第二12：9参照）。

溢れるように満たしてくださる神様。今日も訪れてくださる。この方の中に全てがある。

あなたこそ、私の主。私の幸いは、あなたのほかにありません。（詩篇16：2）

7　心を返す

私たちが持っているもので最も尊いものは「心」です。私たちは心で喜びを感じ、愛を受け取ります。また、愛の関係は心を通して結ばれます。

一方、心はとても繊細で傷つきやすく、一度傷ついた心は、癒されるのに長い年月を要します。尊いから時間がかかるのです。

私たちの心は、今、喜びと愛を感じているかもしれません。あるいは、傷つけられたり、自分を受け入れられず苦しんでいるかもしれません。

私たちが自分の心を持て余すのは、自分の心の扱い方を知らないからです。この一つしかない尊い心は、自分のものではないのです。

私たちの体を造られたお方は、私たちの心をも造られた方。そして、このお方は、私たちの心の尊さを、私たち以上に知っておられるに違いありません。

一つしかない尊い心、この一つしかないものをわたしに与えよ、と神様はおっしゃっています。

喜びと愛に満ちている心だけを差し出すのではありません。苦しく悲しい心も、汚れた卑しい心もわたしに渡しなさいと神様はおっしゃっているのです。あなたの目をあなたの心から離し、わたしの道に目を注げと。

自分のものだと思っていたこの心、神様にお返しすることができますように。神様のものは、神様がお守りになる。


わが子よ。あなたの心をわたしに与え、あなたの目をわたしの道に注げ。（箴言23：26［口語訳］）

8　二人だけの道

人生に疲れ果て、多くの重荷を背負っていると、私たちの口からは愚痴や棘のある言葉が出て来たりします。そんな言葉を聞いていたいと思う人はいないと思います。しかしキリストは、そんな私たち一人ひとりを招き、呼びかけてくださっています。「わたしと一つの軛《くびき》を負って歩かないか」と。

軛とは、二頭の牛の首を固定し、荷車や農具を引かせる道具です。一頭では重すぎる荷も、二頭なら楽に引くことができます。私の愚痴や棘のある言葉を聞きながら、私の重荷を共に引いてくださるというのです。私たちの苛立ちも、汚れも全て知った上で、呼びかけてくださっている。

誰にも打ち明けることができなかったこの心の中の思い、この方にならば打ち明けることができるかもしれない。この方と共に歩いていると、この方が背負っておられるものが何かが分かってくる。この方の嘆きと悲しみが伝わってくる。しかし、このお方の喜び、希望も伝わってくる。

その胸の内をこんな私に打ち明けてくださるお方がいる。

すべて疲れた人、重荷を負っている人はわたしのもとに来なさい。わたしがあなたがたを休ませてあげます。わたしは心が柔和でへりくだっているから、あなたがたもわたしのくびきを負って、わたしから学びなさい。そうすれば、たましいに安らぎを得ます。わたしのくびきは負いやすく、わたしの荷は軽いからです。

（マタイの福音書11：28～31）

9 神は人生の時を握っておられる

私たちは、人生の苦難の中で物事が自分の願うように動かず圧迫感と孤独感にさいなまれることがあります。また逆に好機と思える時、心の平静を失い、急いで失敗することもあります。

いずれの場合にも、神が全てのことを働かせて最善をなさるのに「時」があるということを忘れてはなりません。自分の思いを実現することだけに心を用いている時、私たちは、「神の時」を見誤ります。

ダビデは、サウル王の追跡を受けて恐れ、苦しみ、英雄としての尊厳もずたずたに引き裂かれるような経験をしました。また一方で、サウルを殺すことができる千載《せんざい》一遇《いちぐう》とも言うべきチャンスに二度も巡り合います。

しかし、ダビデは苦難の時も絶望せず、チャンスの時も自らの手でサウルの命を取ることをしませんでした。全ての時は神の御手の中にあり、神が自分の生涯と存在を握ってくださっていることを知っていたからです。

「あなたは私の神です。私の時は、あなたの御手の中にあります。」

このように告白しながら生きる時、私たちは困難の中にも絶望せず、チャンスの時にも高慢にならず、落とし穴に陥らない、安全な道を歩くことができるでしょう。

私は私のために存在しているのではなく、神のために存在している。そのことを知るとき、神が全ての時を握ってくださっていることに深い信頼を置くことができるでしょう。

全ての時は、神の御手の中にあります。

しかし、主よ。私は、あなたに信頼しています。私は告白します。「あなたこそ私の神です。」私の時は、御手の中にあります。（詩篇31：14～15）

10 神の恵みの真ん中に立つ

教会の礼拝に出席していても、疎外感を感じることがあるかもしれません。自分だけ他の人と違う。自分の問題を他の人が話題にしている。あるいは、人に知られたくない問題を自分は抱えている。そんなことを感じる時、私たちは怯《おび》え、自分の居場所を失ってしまいます。

しかし、イエス様は、そんな私たちに声をかけてくださる。「さあ、立って、真ん中に出てきなさい」と。

これは、「あなたは、わたしの目の前にいなさい。」「あなたは、神の恵み、神の祝福の真ん中に立つに相応しい者なのだよ」という意味です。

人の目、人の声を恐れていた。自分も自分自身を受け入れることができないでいた。しかし、イエス様が見つめてくださる。恐れる私に声をかけてくださる。

さあ、立って、真ん中に出てきなさい。人の目ではなく、わたしの目を見なさい。怖がらなくて良い。大丈夫だと。

私たちは神の恵みの真ん中に立つ者とされるのです。イエス様が命じてくださる。「手を伸ばせ」と。その時、私たちは手を伸ばす者とされる。萎えた心も、弱った体も、イエス様の命令に従うのです。

イエスは手のなえたその人に、「立って真ん中に出なさい。」と言われた。〔……〕その人に「手を伸ばしなさい」と言われた。彼は手を伸ばした。するとその手は元どおりになった。（マルコの福音書3：3～5）

11 贖いの愛は贖いの愛を呼び起こす

神様が私たちに求めておられることは、神様の贖《あがな》いの業に、私たち人間も参画するということです。

旧約聖書の時代にホセアという預言者がいました。妻のゴメルは、ホセアに愛されていながら、恋人たちの後を追い、姦淫を重ねては捨てられ、全てを失い、ついに、奴隷となり、神殿娼婦として売られました。

　神様はホセアに言われます。再び行って、ゴメルを愛せよと。するとホセアは、身受けの金額を支払い、再び彼女を妻として愛し共に生きるのです。

　ゴメルは、ホセアに見受けをしてもらって、救われました。変わらぬ愛とは何かを知ったのです。ホセアも、罪に汚れ奴隷となったゴメルを買い取り、再び自分の妻とし、共に生きることによって、贖いの業とは何かを知りました。

　キリストの贖いの歴史、それは、イエス・キリストの十字架の血を注がれて、罪から清められ、救われた者たちが、愛する人の贖いのために自分の持っているものを、さらには自分自身を差し出すことによって綴られてきたのです。

　贖いの愛は贖いの愛を呼び起こす。キリストの十字架の血によって清められる時、私たちもキリストの贖いの業に参画する者と変えられて行くのです。

主は私に仰せられた。「再び行って、夫に愛されていながら姦通している女を愛せよ。ちょうど、ほかの神々に向かい、干しぶどうの菓子を愛しているイスラエルの人々を主が愛しておられるように。」そこで、私は銀十五シェケルと大麦一ホメル半で彼女を買い取った。

（ホセア書3：1〜2）

キリストは、私たちのために命を捨ててくださいました。これによって私たちに愛がわかったのです。ですから、私たちも兄弟のために命を捨てるべきです。

（ヨハネの手紙第一3：16）

12 キリストの御思いを受け止めて

パウロが知っていたキリストは、自分の中に住んでくださっているキリストでした。自分の罪深さ、自分の肉の弱さ、自分の思いとは別に、キリストが自分の中に住んでくださっていて、内側から光を照らし、清め、導いてくださる。

たとい外的な状況がどのようなものであっても、たといこの自分の内側にどんな問題があるとしても、自分の中に住んでくださっているキリストは変わらない。このキリストが益々私の中で大きくなり、私の心を治め、教え、満たし、キリストの姿に似た者にしてくださる。キリストの満ち満ちた身丈にまで造り上げてくださる。

パウロはそれを求め続けました。それこそが、イエス・キリストのパウロに対する御思いであったからです。パウロは、自分の主であり、神であるイエス・キリストの御思いをそのまま受け止めたのです。

パウロは、自分の手紙を読む者たちも、パウロが経験していたのと同じキリストを内的に経験することができるようにと祈ります。この祈りは、イエス・キリストの私たちに対する御思いです。

外的な状況、私たち自身の内的な状態がどのようであっても、私たちの中に住んでくださっているイエス・キリストは決して変わることはない。いなくなることはないのです。このお方が、私たちの内で大きく、強くなってくださいますように。

この罪深い者たちのためにご自身の血を注ぎ、罪から贖ってくださったお方が、こんな私たちをご自分の身丈に達するまで、ご自分に似た者としようとしてくださっている。この慈しみ深いお方の御思いを、私たちもそのまま受け止めることができますように。

私たちはみな、神の御子に対する信仰と知識において一つとなり、一人の成熟した大人となって、キリストの満ち満ちた身丈にまで達するのです。

（エペソ人への手紙4：13）

13 「キリスト」で上書きされる

キリスト教を、「キリスト道」と呼ぶ人たちがいます。キリストを信じるとは、キリストが指し示す道を「歩むこと」だからです。聖書の中に「この道」と書かれているところもあります。

私たちが歩むべき道とは何でしょうか。聖書は言います。それは「キリストの愛のうちである」と。

「キリストの愛」のうちを歩む。私の愛のうちではない。

私の親切でもない。私の思いを伝えることでも、自分の愛の思いを貫くことでもない。

「自分」ではなく、「キリスト」。

私たちが「私」「自分」と言っているところ、思っているところを「キリスト」で置き換えてみる。自分が何をしなければならないか、何をしてはいけないかが分かって来る。

そして、それ以上に、キリストがこんな自分をどれ程愛してくださっているのか、赦してくださっているのかが分かってくる。溢れるように愛を注ぎ、満たしてくださる。

キリストが溢れるように満たしてくださるから、この愛の中を歩むことができる。

「自分」が「キリスト」で上書きされる。隣人、友人を尊んで生きる者へと造り変えられて行くだろう。いつかキリストを映す者に変えられて行くだろう。


愛とは、御父の命令に従って歩むことであり、命令とは、あなたがたが初めから聞いているとおり、愛のうちを歩むことです。（ヨハネの手紙第二6節）

14 信じるとは？

「信じる」と一言に言いますが、その内容や実態は、信じる者と信じられる者との関係性によって大きく変わります。

親が子供を信じるという時、それは、子供が将来成功すると自分に言い聞かせることや、子供が悪いことをしていないと自分に言い聞かせることを意味します。夫を信じるとか、自分を信じるというのも同様です。自分で自分を説得しようとする心理がそこにあります。

ところが、子供が親を信じるというのは、そのような自己説得の心理の働かない心的な状態なのです。泣いた時には抱きかかえてくれ、可愛いと言っては抱きしめてくれた。お腹が空いたら食べさせてくれ、汚い体を洗ってくれた。手をつないで歩き、疲れた時には背負ってくれた。そのような否定できない温かい体験をとおして形作られた親に対する思い、親の真実への応答が「親を信じる」ということなのです。一般に子供は、自分が親を信じていると意識することすらありません。

「信じる者は救われる」と聖書は言いますが、そこにおける「信じる」とは、自己説得の心理が働くものではなく、否定できない温かい関係に基づくものなのです。

イスラエルの父祖アブラムは、「あなたを祝福する」という神様の声を聞いて、住み慣れた土地と家族を離れ、神様の示す地にやって来ました。しかし、彼は子どもが生まれないまま、老人になってしまいます。神様は、「あなたとあなたの子孫にこの地を与える」と約束なさいますが、アブラムにはそれも虚しく聞こえるだけです。

自己説得が限界に達したとき、神様は、アブラムを訪れ、天幕の外に連れ出し、満天の夜空をお見せになります。そして言われました。「あなたの子孫はあのようになる」と。神様の温かいお心に触れ、アブラムは神様の言葉を否定することができなくなりました。

聖書は言います。「アブラムは主を信じた。主は、それを彼の義と認められた」（創世記15：6）と。それまで主を信じていなかったアブラムが、この時、初めて主を信じたのだと。

自己説得では平安も確信も得られない私たち。そんな私たちのところを訪れ、心に触れてくださる神様がいる。否定できない温かな臨在で包んでくださる方がいる。この方を待ちたいと思います。

胎内にいた時から担がれ、生まれる前から運ばれた者よ。あなたが年をとっても、わたしは同じようにする。あなたが白髪になっても、わたしは背負う。わたしはそうしてきたのだ。わたしは運ぶ。背負って救い出す。

（イザヤ書46：3〜4）

15 キリストの名代

「名代《みょうだい》」という言葉があります。自分よりも上位の人の代理を務めることです。しかし、これは本人に代わって意見を述べるだけではなく、本人がそこにいるのと同じ権威と職能を持つことを意味します。「父の名代で来ました」と言うと、その人は父と同じように遇され、その発言は父の発言として受け止められるのです。

名代は自分を遣わした者の意志が行われるよう、その名誉を汚さないよう、自分の最善を尽くします。また、名代は遣わした者の権威を帯びているが故に、その行為の中に自分の思いが入り込まないように細心の注意を払わねばなりません。

キリストは、父なる神様の名代として、この地に来られ、ご自身の生涯を献げ尽くされました。ご自分の栄光を求めず、ご自分の力の全てを、弱っている人、貧しい人、病んでいる人たちのために注ぎ尽くし、そして、ついに、苦しみと恥辱の極みであった十字架にかけられ、贖《あがな》いの血を流してくださったのです。名代であるキリストが成し遂げられた業、それは、父なる神様ご自身の業でした。

キリストの権威は、父なる神様の名代として生き抜く権威でありました。キリストは、私たちも同じ権威の中に生きる者であるよう招いてくださっています。キリストは、「わたしの名によって祈れ」とお命じになりました。「キリストの名による祈り」とは、「キリストの名代としての祈り」を意味します。「わたしの名代として祈れ」と命じておられるのです。「それはかなえられる」と。

キリストの名代、キリストの名誉が汚されない生き方。とても自分の力でできることではありません。しかし、キリストの名代として祈る者でありたいという願いを持つことは大切です。キリストはその願いを受け止めてくださっている。思い切って祈ったら良い。失敗も全てご承知の上で、「わたしの名代であれ」と招いてくださっているのですから。

自分から語る者は、自分の栄誉を求めます。しかし、自分を遣わした方の栄誉を求める者は真実で、その人には不正がありません。（ヨハネの福音書7：18）

16 踏み止まらせてくださる神

他の人を断罪したいという思い、それは、私たちが持つ最も根深い問題の一つです。なぜなら、私たち自身に罪があるからです。自分に罪がありながら人を断罪する、ここに人の罪の本質が明らかな形で現れているのです。

しかし、そんな私たちにイエス様は語り続けてくださっている。「あなたがたのうちで罪のない者が、最初に彼女に石を投げつけなさい」と。

この言葉によって救われたのは、姦淫の現場を押さえられて、石打ちで死刑にされそうになった女性だけではありませんでした。自分自身も罪がありながら彼女を殺そうとしていた人たちも救われたのです。

人を断罪できるのは、罪のないお方だけです。しかし、そのお方が私たちの罪を覆い尽くすために十字架にかかられたのです。そのお方が「赦す」とおっしゃってくださっている。「赦す」とおっしゃっておられるお方が、他人を断罪せずにいられない思いに駆られる私たちを導いてくださる。

「あなたがたのうちで罪のない者が、最初に彼女に石を投げつけなさい」と。

踏み止まらせてくださるお方がいる。こんな私たちがさらなる罪へ陥らないよう救ってくださるお方がいるのです。


イエスは、身を起こして言われた。「あなたがたのうちで罪のない者が、最初に彼女に石を投げなさい。」……彼らはそれを聞くと、年長者から始まり、一人、また一人と去って行き、真ん中にいた女とともにイエスだけが残された。（ヨハネの福音書8：7〜9）

17 愛は必ず目覚める

キリスト信仰は、人の存在の根源に関わることですから、真剣なことです。いい加減な気持ちでイエス様を信じることはできません。

しかし、誰かから一生懸命信仰生活に励むように言われても、そうできない時があります。祈りたくても祈れない苦しみに陥ることがあります。心に深い傷を負ったとき、心が疲れ果ててしまったとき、神様のところに帰りたい、神様と共にいたいと思っても、心が動かないのです。

眠ってしまった神様に対する私たちの愛。しかし、愛がなくなったわけではありません。愛が死んでしまったわけでもないのです。

今は、揺すぶらないでください。無理に起こそうとしないでください。愛が目覚めたいと思う時が来る。その時まで、そっとしておいてください。愛は必ず目覚めるから。

愛を目覚めさせるのは、人の叱責や激励、指導ではありません。神様ご自身がやって来て、語りかけてくださるときに、この愛が目覚めるのです。愛が歌い始める。愛の喜びに生きるようになる。

神様はその時を握ってくださっている。

エルサレムの娘たち。私は、かもしかや野の雌鹿をさして、あなたがたに誓っていただきます。揺り起こしたり、かき立てたりしないでください。愛が目ざめたいと思うときまでは。（雅歌2：7）

18

人間の愛の限界を超える愛

人は、愛を勝ち取ろうとして、多くの努力をしたり、犠牲を払ったりします。プレゼント攻勢をかけたり、体を提供することもあります。また、親の愛を得るために、良い子であろうと頑張ったり、必死で勉強する子どももいます。


しかし、もし、愛が対価によって得られるものであるのなら、愛は自己の力と思いが尽き果てる時に死にます（雅歌8：7参照）。そのような愛は、自己を超えることが出来ないからです。

聖書は言います。真実の愛、愛という実存は、人間を超える存在だと。私たちの力と思いが尽き果てるとき、なお、私たちに注がれ、私たちを握って放さない圧倒的な愛があるのだと。

神の愛は、私たちが聖書を読むから注がれるのではありません。祈るから注がれるのではありません。教会で奉仕をしたり、人を助けるから注がれるのでもありません。

私たちが聖書を知らなかったとき、祈りを知らなかったとき、何も出来なかったとき、イエス様が私たちのところにやって来て、十字架の血を注ぎ、命を与えてくださった。私たちの行動や状況にかかわりなく、一方的に注がれる愛、この愛を受けて、私たちは変えられたのです。

私たちは、また聖書を読めなくなる時や祈れなくなるときが来るかもしれません。クリスチャンだった私の祖母も、最期、認知症になりました。しかし、そのことで神の愛が変わることはなかったのです。

一度私たちを握った愛は、私たちを取り巻く状況がどのようになろうとも、私たちの状態がどのように変わろうとも、決して変わることはない。キリスト・イエスにある神の愛から、私たちを引き離すことができるものは、この世にもあの世にも存在しないのです。


私はこう確信しています。死も、いのちも、御使いたちも、支配者たちも、今あるものも、後に来るものも、力あるものも、高いところにあるものも、深いところにあるものも、そのほかのどんな被造物も、私たちの主キリスト・イエスにある神の愛から、私たちを引き離すことはできません。（ローマ人への手紙8：38〜39）

19 一つであることを求めて

愛は、一つであることを求める命です。人は、一つであることを求めるものによってその存在のあり方が決定づけられます。


私たちは、何と一つであることを求めるのか。金と一つであることを求める生き方があり、一時的な快楽と一つであることを求める生き方があります。家族や友達と一つであることを求め、また、知識や芸術、あるいは仕事や働きと一つであることを求める生き方があります。

しかし、これらのものと一つであることを求めても、私たちの存在の底にある渇きを満たすことができないことを、皆、感じている。それは、何故でしょうか。

人は、神と共にある存在として創造されたからです。このお方だけが私たちの存在を満たすことができるからです。

神から離れ、自分が何と一つであることを求めたら良いかわからなくなってしまった私たち。しかし、神は、そんな私たちを探し求めてくださっています。「人よ。あなたはどこにいるのか」（創世記3：9）と。

私たちも、このお方と一つであることを求めて生きることができますように。キリストは、罪に汚れた私たちに十字架の血を注ぎ、招いてくださっている。「わたしと一つであれ」と。

父よ。あなたがわたしのうちにおられ、わたしがあなたのうちにいるように、すべての人を一つにしてください。また、彼らもわたしたちのうちにいるようにしてください。（ヨハネの福音書17：21）

20 痛みが一つとなる時

人に捨てられた経験がある人、人と苦しい別れを経験しなければならなかった人は、誰か別の人と新しい関係を持つことに二の足を踏みます。痛みと悲しみの記憶が蘇り、また深い関係を持つことに恐れを感じるのです。

そんな私たちの心、誰にも知られたくないし、分かってもらえない私たちの心をイエス様は深く知ってくださっています。イエス様ご自身が、人に捨てられたからです。

そのイエス様が、呼びかけてくださっている。「わたしのところに来なさい。そのまま、来なさい」と。

あなたの悲しみとイエス様の悲しみ、あなたの痛みとイエス様の痛みが一つとなる。十字架の血が、あなたの中に注がれるのです。

無理に変わろうとする必要もない。ただ、そのままのあなたと一つになりたいとイエス様は願っていらっしゃるのですから。

主のもとに来なさい。主は、人には捨てられたが、神の目には、選ばれた、尊い、生ける石です。」（ペテロの手紙第一2：4）

21 神を待つ

困難や苦しみがやって来たり、攻撃を受ける時、私たちの心は千々に乱れ、何が本質的に最も重要なことなのかが分からなくなってしまいます。心の中で色々な声が大声で叫び声を上げるからです。

そんな時、必要なことは、自分の心が一つになることです。分裂した心のままでは、何が大切か分からないからです。そのためには、声を上げず、心の声を静める時を持つことが大切です。

しかし、私たちの分裂した心が一つになるのは、瞑想や黙想の結果ではありません。ただ一人の神が私たちの存在に寄り添い、向き合ってくださる時、私たちは自分の中の一つの尊い自分を知るようになります。そして、この尊い自分を中心に、乱れた心が一つにまとまっていくのです。

黙って神を待つ時、あなたは一人ではありません。あなたと向き合おうとしてあなたを待っておられる神が共におられるからです。

大変な状況で時間を取ることが難しいと思われる時、少し時間をとって、このお方を待ってみませんか。あなたを待っておられるお方と出会うことができますように。

私のたましいは黙って、ただ神を待ち望む。私の救いは神から来る。（詩篇62：1）

22 真の希望はここから

パウロは、多くの患難を経験した人です。同胞のユダヤ人から命を狙われ、逃亡を続けながら伝道しなければならない時がありました。また、健康上の問題を抱えていました。神学者の中には、精神的な病気だったのではないかと推測する人もいます。

決して楽ではない生涯。しかし、パウロは、その苦しみは希望につながる苦しみだと告白しました。

なぜなら、イエス・キリストがこの苦しみの中に入って来てくださり、苦しみを共にしてくださるからです。私たちにもキリストの忍耐が与えられ、キリストの人格が形作られて行く。そして、キリストの中に満ちていた希望が、私たちの中にも満ち溢れて行く。キリストが甦られたように私たちも甦る。

患難は、人を卑しめることはできません。なぜなら、患難の中で私たちは、この内面に働くキリストの力を経験することができるからです。

患難に陥った時、希望を失うこともあるでしょう。今まで見えていたと思っていたキリストが見えなくなることもあるかもしれません。

しかし、キリストは私たちの中で必ず復活なさいます。死んだ者を生かす力が私たちの中で生き始めるのです。

それればかりではなく、患難さえも喜んでいます。それは、患難が忍耐を生み出し、忍耐が練られた品性を生み出し、練られた品性が希望を生み出すことを知っているからです。この希望は失望に終わることがありません。なぜなら、私たちに与えられた聖霊によって、神の愛が私たちの心に注がれているからです。

（ローマ人への手紙5：3～5）

23 人間の基準を超える基準で

イエス・キリストは、人間の基準、人間の評価を超えさせる創造の御霊です。

私たちは、これまで人が作った基準によって評価され、ある時は高慢になり、またある時は卑屈になるということを繰り返してきました。そして、自分の価値が人の評価によって決まるという思いに囚われてしまっているのです。

しかし、イエス・キリストは人の基準と評価を超える新たな価値を私たちの中に造るお方です。

十字架刑という究極の苦しみと恥辱を打ち破って復活なさったイエス様は、どのような状況の中で苦しむ人たちにも復活の命を注ぎ、新たなものとして立ち上がらせてくださる。

たといこれまでどのように卑しめられていたとしても、あなたを「わたしの子」と呼んでくださるお方がいるのです。あなたに神の子の栄光と尊厳を着せてくださるお方がいるのです。

だれでもキリストのうちにあるなら、その人は新しく造られた者です。古いものは過ぎ去って、見よ、すべてが新しくなりました。（コリント人への手紙第二5：17）

24 自己偏愛の壁を打ち破るもの

私たちは自分の周りに壁を作り、その壁の中で自分の価値を確認しようとします。しかし、その壁は、自分を善、他を悪、あるいは、自分を上、他を下とする心理的な働きをする自己偏愛の壁です。

自己卑下したり、自己憐憫に陥ったりするのも、この自己偏愛という堅い壁があるからです。

そんな私たちに聖書は語りかけます。「すべてのものの父である神はお一人である」と。すべてのものは、このお方の子どもなのだと。

この言葉に心を巡らせましょう。時間をとって、この言葉が私たちの内奥に語りかける声に耳を傾けましょう。

自分の尊さを真に知るとは、他の尊さも真に知るということです。

キリストは、神の子としての尊い自分を知った時、他の人も神の子として尊く生きることができるように、自分自身をお捨てになりました。

すべてのものの父である神の愛に生きる。それが自己偏愛の壁を打ち破るのです。

すべてのものの上にあり、すべてのものを貫き、すべてのもののうちにおられる、すべてのものの父なる神はただひとりです。（エペソ人への手紙4：6）

25 一人一人の愛の戦い

もし、主イエスが弟子たちに自分と一緒に死ぬことをお求めになり、一緒に死ぬことが新しいイスラエルの未来を開くことになると教えておられたなら、ペテロをはじめとする弟子たちは剣をもって戦い、最後には全員主イエスと共に殺されたであろう。

革命的、あるいは、宗教的ロマンチシズムと言えば聞こえは良いかもしれないが、そこにあるのは自らと他を滅ぼす狂気である。

弟子たちは、主イエス逮捕の時が近づいている危機感から、この狂気に走ろうとしていた。そのような弟子たちを見て、主イエスは、彼らが逃げていくこと、主イエスを否定することは神のご計画だとお語りになり、彼らがこの狂気に陥らないよう彼らを押し止められた。

宗教的狂気に陥って自分と他者を破壊することと、愛する者のために自らの命を捨てること、そこには天地を隔てるほどの違いがある。

主イエスは、深い愛の洞察によって自らを十字架に献げ、悪魔との戦いに勝利してくださった。しかし、それは主イエスだけがなし得る、主イエスお一人の戦いであったのである。

弟子たちにも、私たち一人一人にも、それぞれが戦わなければならない愛の戦いがある。それは、愛する者のために自らを捨てる生涯を歩む戦いだ。主イエスは、私たち一人一人がこの愛に生きることを求めておられる。盲信的に生きることでも、狂信的に生きることでもない。


キリストは私たちのために、ご自分のいのちを捨ててくださいました。それによって私たちに愛が分かったのです。ですから、私たちも兄弟のためにいのちを捨てるべきです。（ヨハネの手紙第一3：16）

26

精神的な自立を勝ち取る人生

主イエスに出会う人生、主イエスに従う人生は、私たち一人一人が精神的な自立を勝ち取る人生です。人を求め、人に依存し、あるいは、そのために人を支配する人生から、一人で立ち上がる人生です。

主イエスは言われました。「あなたは、わたしに従え」と。

主イエスの声を聞き、この方に従う人生を歩み始める時、私たちは真の自立を知るようになります。主イエスが、この心の虚しさを満たすからです。人が決して満たすことができない心の隙間に主イエスが満ちてくださるからです。

その時、私たちは、誰にも相談せず、一人で主イエスに従う人生を歩み始める。自由な存在に変えられる。

しかし、真に自立するからこそ、真に人と共に生きることができるのです。隣人を愛することができる。人のために生きることができる。健康的な人間関係の中に生きることができるのです。

「あなたは、わたしに従え。」

この言葉の意味を深く黙想しよう。耳を澄まし、主イエスの声に耳を傾けよう。主イエスは、私たち一人一人をどのように導かれるのか。

イエスはペテロに言われた。「わたしが来るときまで彼が生きながらえているのをわたしが望んだとしても、それがあなたに何の関わりがありますか。あなたは、わたしに従いなさい。」（ヨハネの福音書21：22）

27

虹を見るとき

虹を見るとき、私たちは希望と喜びを感じます。虹には、うつむき、暗い気持ちでいる私たちの目を空に向けさせる美しさがあります。

先日、大学の仕事で福島県の天栄村に行きましたが、帰りのバスの中から虹が見えました。するとバスに乗っていた人全員が顔を上げ、感嘆の声を上げました。

大空に架けられた神様の光の芸術は、私たちを二度と洪水によって滅ぼすことはないという神様の契約の印だと聖書は言います。私たちが虹を見て希望と喜びを感じるのは、そこに神様の愛の約束があるからなのでしょう。

神様が私たちと交わす約束と契約は、いつも一方的な恵みです。洪水の後、神様が与えられた契約にも、人間の側の義務と責任は含まれていません。一方的に約束してくださっているのです。

神様は、悪い思いを持つ私たちをそのまま受け入れることにしてくださったのだと聖書は言います。

難しいことは分からなくても良いかもしれません。ただ、虹を見て、「神様！」と呼びかけることができたらと思います。神様の温かい御思いに満たされますように。

わたしは、雲の中にわたしの虹を立てる。それがわたしと地との間に立てる契約のしるしである。わたしが地の上に雲を起こすとき、虹が雲の中に現われる。そのときわたしは、わたしとあなたがたとの間、すべての肉なる生き物との間の、わたしの契約を思い起こす。

（創世記9：13〜15）

28 主のものとして生きる

私たちは、自分が何のために存在し、何を大切にして生きるのかということを常に確認しながら生活できると良いと思います。神様との関係において、自分のあり方をチェックすることによって、私たちは故意の罪を犯さなくなるからです。

神様はイスラエルの民に、このことを覚えているために、着物の四隅に房を縫い付け、それに青い紐を付けるようにと命じられました。それを見るたびに、自分が神様に属するものであることを思い出すためです。主イエスも着物にこの房をつけておられました。

パスカルは、神との燃えるような出会いの経験を告白し記録したものを、上着の襟の中に縫い付けていたと言います。また、ある人は、毎日手に「主のもの」と記して生活していたと言います（イザヤ書44：5参照）。

人に見える必要はありません。ただ、神様との愛の契約を確認できるものを自分の身に付けておくことは良いことです。私たちが、故意の罪から守られるからです。神様は、喜んでくださいます。

神様は言われます。「わたしは、あなたの神、主である」と。私たちも告白しましょう。「わたしは、あなたのものです」と。

代々にわたって、衣服の四隅に房を縫い付け、その房に青いひもを付けさせなさい。それはあなたたちの房となり、あなたたちがそれを見るとき、主のすべての命令を思い起こして守り、あなたたちが自分の心と目の欲に従って、みだらな行いをしないためである。

（民数記15：38〜39［新共同訳］）

29 子どものように

イエス様は、「子どもたちのようにならなければ、決して天の御国にはいることはできない」とか「天の御国はこのような（子どものような）者たちの国なのです」と言われました。

「子ども」は、自分では食べ物を手に入れることができません。自分では自分の体の汚れを洗うこともできません。世話をしてもらわなければ生きて行くことができません。働くことができず、自分の必要を自分で満たすことができないのが「子どもたち」なのです。

　このような小さな子どもたちは、価値のない者とみなされていました。

　しかし、イエス様は、このような子どもたちを深く愛されました。そして、子どもたちのように、自分で自分の必要を満たすことができない、低められた者たち、貧しい者たち、病んだ者たちを愛し抜かれたのです。

　自分の心を自分で変えられない私たち。心の貧しい私たち。イエス様は招いてくださっています。

　わたしのそばに来なさい。あなたは、わたしのそばにいなさい。

　イエス様が御手を置いて、祝福してくださる。ご自分の命を注いでくださるのです。

しかし、イエスは言われた。「子どもたちを来させなさい。わたしのところに来るのを邪魔をしてはいけません。天の御国はこのような者たちのものなのです。」そして、手を子どもたちの上に置いてから、そこを去って行かれた。（マタイの福音書19：14～15）

30　全ての人に

キリストの御霊、聖霊が注がれる人とはどのような人なのでしょう。修行や努力を重ねて人から聖人と仰がれるような人たちでしょうか。

　聖書は言います。神様は、全ての人に聖霊を注がれると。こんな私にも、そして、あなたにもキリストの御霊は注がれると言うのです。

　私は、クリスチャンの家庭で育ちましたが、大学生の時クリスチャンであることが重荷となり、私は信仰を捨てて生きることにしました。自分の欲望を肯定して愛を否定し、自分を大切にしてくれている人々を傷つけることを自分の生き方としたのです。

　しかし、それから私は毎晩のように悪夢に苦しみ、遂に心身ともに病み、絶望の淵に落ちて行きました。

そんな時、私をキリストのところに引き戻してくれる人がいました。絶望の中、体調も悪い中、私は、ある大きな集会に参加しました。何かを期待していたわけではありません。ただ、やりたいこともなく、時間を持て余していたから行っただけだったのです。

しかし、キリストは、そんな私に、その集会で溢れるように聖霊を注いでくださいました。死んだような私の心と体、その中にキリストの御霊が満ち溢れました。病はすっかり癒され、いのちと力、喜び、希望に満たされ、私は立ち上がったのです。

主は言われます。「全ての人にわたしの霊を注ぐ」と。私のような者にも注いでくださった。このキリストの御霊は、全ての人に注がれる。あなたにも注がれるのです。


その後、わたしは、わたしの霊をすべての人に注ぐ。あなたがたの息子や娘は預言し、老人は夢を見、青年は幻を見る。その日わたしは、男奴隷にも、女奴隷にも、わたしの霊を注ぐ。（ヨエル書2：28～29）

366日元気が出る
聖書のことば

7月

July

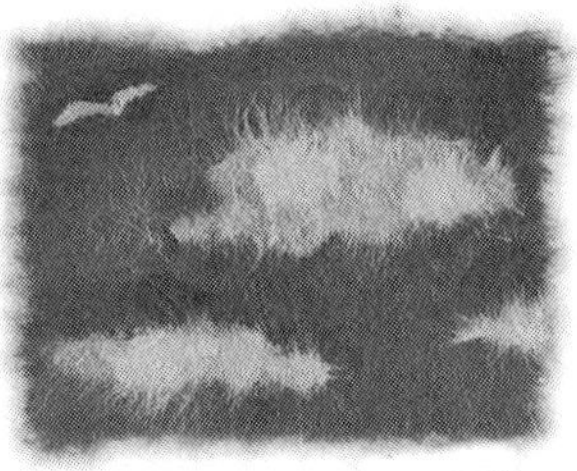

1 神こそ答え

ＮＨＫの番組でアメリカではＡＩ（人工知能）が心臓移植を受ける人の優先順位を決定していると報じていました。担当医も、ＡＩはブラックボックスで、なぜＡＩがそのように判断したかは分からないと言いつつ、移植を待つ男性に優先順位の低いことを告げていました。

私たちの存在そのものを左右する重大な判断をＡＩに任せようとする時代がすでにやって来ています。しかし、そのＡＩは、その理由も目的も知らないのです。単に大量データの表面的な解析によって可能性を導き出すだけだからです。

その男性は言いました。「I don't trust AI totally. I trust in God. God knows the answer. 私は、ＡＩが言うことを全面的に信頼はしない。私は神に信頼する。神が答えを知っているからだ。」

私たちは何を信じるのか。誰を信じるのか。理由も告げずに人を選別するブラックボックスか。それとも、私たち一人一人を無から造り出し、私たち一人一人の存在の理由とその目的を知っておられるお方か。

聖書は言います。このお方だけが、私たち一人一人の答えだと。この方は、私たち一人一人、私、そしてあなたの全てを知ってくださっていると。

主よ。あなたは私を探り、知っておられます。あなたは、私の座るのも立つのもの知っておられ、遠くから私の思いを読み取られます。あなたは私が歩くのも伏すのも見守り、私の道のすべてを知り抜いておられます。

（詩篇139：1〜3）

2 今日の一歩を

私たちは、仕事や勉学が思うように進み、健康にも問題がないとき、将来に向かう道を順調に歩いているように感じます。

しかし、思わぬ壁にぶつかる時があり、健康をそこなう時があります。また、家庭の事情などで、自分の思う道を進めないと感じることもあるでしょう。酷く傷つけられた時などは、今日の一歩を踏み出すこともできない、そのような恐れに襲われることもあります。

しかし、今日という日は誰にとっても例外なくやってきます。私たちは今日という日を歩かなければなりません。

聖書は言います。そんな私たちと共に歩いてくださる神様がおられると。私たちの手を引いて歩いてくださるお方がいる。私たちが歩けないとき、背負って歩いてくださる方がいると。イエス様は、「インマヌエル（神が私たちと共におられる）」と呼ばれました。私たちを決して見捨てない神がいるのです。


わたしに聞け、ヤコブの家と、イスラエルの家のすべての残りの者よ。胎内にいる時からになわれており、生まれる前から運ばれた者よ。あなたがたが年をとっても、わたしは同じようにする。あなたがたがしらがになっても、わたしは背負う。わたしはそうしてきたのだ。なお、わたしは運ぼう。わたしは背負って、救い出そう。

（イザヤ書46：3～4）


私の霊が私のうちで衰え果てたとき、あなたこそ、私の道を知っておられる方です。（詩篇142：3）

3 自分から自由になる

キリストが私たちに与えてくださる自由、それは、自分自身からの解放です。

私たちは、自分が作り上げてきた自分という枠に基づき生きていますが、その枠が自分自身を縛ることにもなります。

希望を持ちたいと思っても希望を持つことができない。喜んで生きて行きたいのに、喜ぶことができない。清く生きたいのに、汚れから離れることができない。自分の心は自分のものだ、自分で自由にできるはずだと思っても、私たちは自分の心を自分で持て余してしまっているのではないでしょうか。

そんな時、聖書の言葉に耳を傾けてみてはどうでしょう。聖書の言葉がこの心に留まる時、分裂した心が一つにされていく。不自由だった心が自由にされる。自分自身から解放されていくのです。

もう自分の罪深い性質を嘆くこともなく、それに囚われることもなく、安心してキリストを見上げることができる。その言葉に耳を傾けることができる。

やがて私たちはキリストの姿を映す者と変えられていくでしょう。主の御霊のあるところに自由があるからです。


もしあなたがたが、わたしの言葉にとどまるなら、あなたがたは本当にわたしの弟子です。そして、あなたがたは真理を知り、真理はあなたがたを自由にします。

(ヨハネの福音書8：31〜32)

4　占いに心を売るな

日本人は占いが好きです。テレビやインターネット、雑誌で「占いコーナー」を見ない日はありません。

占いの吉凶に一喜一憂することは愚かだと頭では分かっていても、心をくすぐるような吉の言葉を見ると、何となくそれを信じてしまう。また、霊能者、占い師と呼ばれる人々が人の心を操っているのを見て、それに感服して信じてしまう。

占いや霊能者と呼ばれる者たちの偽善と拝金主義がどんなに暴かれても、それらが社会からなくならないのは何故でしょう。

それは、占い好きの人自身が拝金主義者であり、目先の成功、目先の幸せを求めているからです。そこに悪魔がつけいるのです。悪魔は目先の成功と幸せを与えることによって人の心を操ることができます。しかし、悪魔に心を許した者の行く手には滅びが待っていることを忘れてはなりません。

毎日太陽を昇らせ、雨を降らせ、季節ごとの実りを与えるのは誰なのか。私たちの人生を本当に祝福し、私たちを導き、永遠のいのちを与えようと、計画してくださっているのは、一体誰なのか。

私たちは、私たちを創造し、育て、導き、祝福してくださるただ一人の神、天地を作られた主に立ち帰らなければなりません。

主は、待ってくださっています。この方は私たちを操ろうとする悪魔を滅ぼされるのです。

後の雨のときに、主に雨を求めよ。主はいなびかりを造り、大雨を人々に与え、野の草をすべての人にくださる。テラフィムはつまらないことをしゃべり、占い師は偽りを見、夢見る者はむなしいことを語り、むなしい慰めを与えた。それゆえ、人々は羊のようにさまよい、羊飼いがいないので悩む。（ゼカリヤ書10：1〜2）

5 神に向かって叫ぶ

人は、神を頭で考えようとします。「もし神がいるなら〜」「神が愛なのなら〜」「神は〜だから、〜のはずだ」と。

しかし、聖書の登場人物たちは、誰も神を考え事にはしませんでした。生ける神に向かって叫び、生ける神の助けと救いを求めたのです。そして、神は、その叫びに答えられました。

彼らは、生ける神を体験してその真実に触れ、「アーメン！」（まことにそうである！）と語りつつ生きたのです。神は、人間の考え事をはるかに超えて、私たちの人生に直接働きかけ、私たちを救い、生かすお方です。

パウロは言いました。「私のことばと宣教は、説得力のある知恵の言葉によるものではなく、御霊と御力の現れによるものだった」（コリント人への手紙第一2：4）と。

私たちの心の奥底の深い嘆きを知るお方、このお方に向かって叫び声を上げよう。真実をもって答えてくださる。私たちはこのお方の真実に触れ、その真実に生きる者となるのです。

苦しみの中から、私は主に向かって叫びました。すると主は、私に答えてくださいました。よみの腹から私が叫び求めると、あなたは私の声を聞いてくださいました。……私のたましいが私のうちで衰え果てたとき、私は主を思い出しました。私の祈りは、あなたに、あなたの聖なる宮に届きました。（ヨナ書2：2、7）

6 愛は罪を覆う

私たちは、自分の周囲にいる人が罪や過ちを犯してしまった時、どのようにするでしょうか。

その人の罪や過ちを指摘し、自己批判することを迫るでしょうか。それとも、その罪や過ちが他の人に見えないように覆い隠し、自分もそれを知らない者として振舞うでしょうか。

罪を指摘するのは簡単です。しかし、指摘された人の心は固く閉ざされ、死んでしまいます。

愛は正しさを主張しない。愛は、人の罪を覆い、自らは死んで行くのです。

このような愛を人は知りませんでした。人は誰でも自分の正しさにしがみ付くからです。しかし、自らの正しさを主張しない愛が現れました。

人としてやって来られた神の子イエス・キリストの愛です。キリストは、罪を犯さなかったのに、自らの正しさを主張せず、自ら十字架にかかって、私たちの罪をその身に負われたのです。全てを覆い尽くしてくださったのです。

私たちもこの方の愛を受け、互いに愛し合いましょう。私が、自分の正しさを超える愛に生きる時、私の隣人が生かされて行くでしょう。そこにキリストの愛が満ち溢れるからです。

何よりもまず、互いに熱心に愛し合いなさい。愛は多くの罪をおおうからです。（ペテロの手紙第一４：８）

7 不思議な二日間

パプア・ニューギニアという国があります。オーストラリアのすぐ北、赤道直下にあるニューギニア島の東半分がパプア・ニューギニアです。

私は、宣教と言語調査のためにそこを三度単身で訪れました。ジャングルの中で狩猟採集をしながら生活をしている人たちの中で数ヶ月間を過ごしたのですが、不思議と危険から守られるという経験をしました。

第一回目の訪問は１９８８年でした。10月10日を出発予定にしていましたが、出発直前になって急に二日間出発を遅らせることにしました。領事館の担当官が理由もなくビザを出し渋ったためです。しかし、その二日間は非常に重大な意味を持つ二日間だったのです。

まず、その二日間の間に、聖書翻訳を行う言語学者の組織ＳＩＬのアジア地区のディレクターであったブルース博士から手紙が届きました。彼は、私が訪問したアランブラック地方に住み着いて聖書翻訳のための基礎的な仕事をしていた人ですが、健康上の理由でニューギニアを離れなくてはならなくなっていました。

私は、その年の2月に彼に手紙を書き、現地の様子について尋ねていたのですが、8ヵ月間返事はなく、すでに諦めていました。彼の手紙には、返事が遅れたことの理由と謝罪、そして滞在すべき村や援助を受けることのできる人の名前が書かれていました。また、マラリアに対する予防のことなどについての助言も書かれてあり、私は、ブルース博士の手紙に励まされて出発することができたのです。

10月21日に現地入りしましたが、最初の二日間はアメリカ人が経営する、現地でただ一つのホテルに宿泊することにしていました。二日目の朝レストランで朝食をとっていると、警察がヘリコプターでやって来ました。何事かと尋ねると、その二日前に強盗集団がホテルを襲撃し、支配人と客の金品を強奪し、乱暴を働いたことの捜査に来たというのです。

出発を二日遅らせなければ、私は間違いなく強盗集団に襲われ、金と調査に必要な器材の全てを奪われていたことでしょう。怪我を負わされていたかもしれません。何れにせよ、現地調査を諦めて、キャンベラに帰らなくてはならなくなっていたことは確実でした。

出発を延期した二日間は、決定的な二日間だったのです。領事館の担当官の心の中に何があったか私には分かりません。しかし、このことを通して神様は私を守り、宣教への道を開いてくださったのです。

神を愛する人々、すなわち、神のご計画に従って召された人々のためには、神がすべてのことを働かせて益としてくださることを、私たちは知っています。

（ローマ人への手紙8：28）

8 あの暗闇の時さえ

私たちには、思い出したくない記憶や消してしまいたい過去があります。それがなければ、現在の自分はもっと輝いていただろう、今の苦しみはなかっただろうと思うからです。

確かに、私たちは例外なく、悪魔に踏みにじられる暗闇の時を通りました。そんな時はないほうが良かったと思うのは当然です。

主イエスも極限まで悪魔に踏みにじられ、死の底に突き落とされた時がありました。十字架の苦しみを受けられた時です。しかし、その時こそ、主イエスが悪魔に勝利なさった時でした。十字架の苦しみの中でもその中にあった愛は、ビクともしなかったのです。十字架こそ主イエスの栄光でした。

この主イエスの愛の光が、私たちの過去の暗闇、あのないほうが良かったと思ってきた暗黒の時を照らしてくださる。その時、あの暗闇を支配していた悪魔が打ち倒されるのです。私たちは知ります。私たちは悪魔のものではなく、イエス様のものであることを。

あの暗闇の苦しみの時、すでに、神様は私たちを主イエスと同じ姿にしようと決めておられたと言います。見捨てられていたのではなかったのです。神様の御手は私たちの下に差し伸べられていた。握ってくださっていたのです。

神は、世界の基が据えられる前から、この方にあって私たちを選び、御前に聖なる、傷のない者にしようとされたのです。神は、みこころの良しとするところにしたがって、私たちをイエス・キリストによってご自分の子にしようと、愛をもってあらかじめ定めておられました。
（エペソ人への手紙1：4〜5）

9 手を握る神

小さな子どものとき、私たちは親に手を繋いでもらって外を歩きました。親が握ってくれていると、子どもは躓いても、転ぶことはありません。手を繋ぐとき、子どもは安心して歩くことができます。

また、手を握るとは、愛と信頼の関係を表します。単に挨拶のための握手ではなく、手を握り続ける時、私たちは、自分の全てで相手に関わっているのです。手を握ると、他のことはできなくなるからです。

聖書は、神様が私たちの手を握ってくださっている、と言います。私たちは躓くことがあり、倒れそうになることがあります。しかし、神様が手を握ってくださっていれば、倒れてしまうことはありません。

神様が私たちの手を握り続け、ご自身の全てで私たち一人一人に関わってくださっている。

私たちの手は弱くなることがあるでしょう。しかし、神様の手は、決して弱ることなく、永遠に私たちを握り続けてくださるのです。

わたし、主は、義をもってあなたを召し、あなたの手を握る。あなたを見守り、あなたを民の契約として、国々の光とする。（イザヤ書42：6）

10 子とされているからこそ

聖書の中に「神は愛である」という言葉があります。この言葉に反発を感じる方もおられます。社会には多くの問題があり、人生には解決しない苦しみが依然として存在しているからです。

私も、神が苦しみも悲しみも全くなくしてくれたら良いのに、楽しいことだけ経験させてくれたら良いのにと思います。しかし、そこには、愛と甘えを混同する、自己責任放棄の考えがあるようです。

神は、私たちが責任ある存在として、気高い人格を形成していくことを願っておられます。問題を解決する力、苦しみの中になお希望を持ち続け、他者を祝福する信仰を堅く立てようとしておられるのです。

苦難そのものは、神が私たちに与えておられるのではありませんが、そのような状況の中で神は、私たちをご自分の子として訓練し、イエス・キリストのような人格を作り上げることを考えておられるのです。

苦しい時、神が自分をご自分の子としておられることを覚えましょう。希望を捨ててはなりません。

あなたは、人がその子を訓練するように、あなたの神、主があなたを訓練されることを、知らなければならない。（申命記8：5）

11 豊かさの理由

オーストラリアに住んでいた時、マーケットに行くと、山積みにされたぶどうやサクランボなどを手で摘んで食べても咎《とが》められることなく、自由に味見することができました。小さな子どもたちは、あちらこちらのお店でちょっとずつ摘み、それこそお腹一杯食べたりもしていました。勿論、籠に入れて帰ってはいけませんでしたが。しかし、最初にそれを見たときに、日本にはない豊かさを実感しました。

聖書は、貧しい人たち、飢えた人たちが自分の畑に入って、飢えを満たせるようにせよと命じていますが、それを笑顔で迎え入れることができるためには、そのような豊かさが必要です。

ぶどう畑や麦畑に溢れるような収穫を満たされるのは誰でしょうか。誰が太陽の光を注ぎ、雨を降らせるのでしょうか。自分の畑の収穫をもって、貧しい人の飢えを満たすようにと命じられる神様は、私たちの畑に豊かな実りをもたらしてくださる方です。

溢れる神様の恵み、私たちの働きの実に顕される神様の祝福。神様は、弱った方々や困窮の中にある方々を支える分も含めて、私たちにそれを与えてくださっているのです。

自分の働きの実は、自分の独占物ではなく、神様から管理を委ねられているものです。正しく用いることができますように。互いに愛をもって支え合うことができますように。

隣人のぶどう畑に入ったとき、あなたは思う存分、満ち足りるまでぶどうを食べてもよいが、あなたのかごに入れてはならない。隣人の麦畑に入ったとき、あなたは穂を手で摘んでもよい。しかし、隣人の麦畑で鎌を使ってはならない。（申命記23：25〜26）

12 神から出て神に帰るために

今日、私の大切な友人のお母様の葬儀があり、私も参列します。お亡くなりになった日、私もご訪問して祈り、お話を伺いました。

友人の近くに住むクリスチャンの方（この方も私の大切な友人）が、お母様にイエス様を伝えて、お母様はイエス様の御名によって祈ってから天に召されたとのこと。ご葬儀は、私が以前お世話になった教会の牧師が執り行います。

親を送る思いは、人によってすべて違います。全ての親子関係は違うからです。私が決して知ることができない、友人の中にあるお母様に対する思いをイエス様が握ってくださっている。天に召されたお母様の霊をイエス様が握ってくださっている。

この地上で繋ぐことができなかったものを、永遠の中で完全に繋ぐことができるお方が、握ってくださっている。イエス様が全てを一つとしてくださる時が来る。全てが分かる時が来るのだと（エペソ人への手紙第1章参照）。

イエス様は言われました。「悲しむ者は幸いである。彼らは慰められる。」深い悲しみの中に入って来てくださるお方がいる。そばにいてくださるお方がいる。

私も神様の御前にひれ伏し祈ります。

土のちりは元あったように土に帰り、霊はこれを与えた神に帰る。（伝道者の書12：7）

13 存在の半身をもぎ取られた時

私たちは、誰でも、幸せになるために結婚します。離婚することを前提に結婚する人はいません。イエス様も、「神が結び合わされたものを、人が引き離してはならない」（マタイの福音書19：6）とおっしゃり、安易に離婚することを戒めておられます。

しかし、もう一方で、幸せを願って結婚したのに、別れざるを得ないという人生の苦しみがあることをイエス様は深く理解しておられます。

一人の夫との継続的な愛に生きることができず、次々に5人の男と生活を共にした女性がいました。イエス様は、その人の心に寄り添い、その頑なな心をほぐしながら、その人を神様との関係に生きる礼拝者としてお招きになりました。「父なる神様は、あなたを求めておられます」と（ヨハネの福音書4章参照）。

存在の半身がもぎ取られた悲しみと苦しみをイエス様はご存知です。神様と結びつき、この方と共に生きる以外に癒されない痛みがあることを知っておられるのです。

その方が招いておられます。「わたしが与える水（聖霊）を飲みなさい」と。この方がいのちの水を与えてくださる。この水が存在の渇きを癒す泉となり、腹の底から湧き上がって来るようになると。人との祝福された関係の構築、それは、ここから再び始まるのです。

イエスは答えられた。「この水を飲む人はみな、また渇きます。しかし、わたしが与える水を飲む人は、いつまでも決して渇くことがありません。わたしが与える水は、その人の内で泉となり、永遠のいのちへの水が湧き出ます。」（ヨハネの福音書4：13～14）

14 働きながら伝道する

パウロは、天幕作りを職業とし、働きながら福音を伝えました。自分が福音を伝えた人たちに経済的負担をかけないためでした。しかし、そのことがパウロを批判する人たちの攻撃材料となったと言います。

パウロは、本当は使徒ではないから、献金によって生活することができないのだと言うのです。また、伝道に専念していないという批判もあったでしょう。

自分が命がけで福音を伝えた人たちからこのように中傷され、パウロは奮い立ちました。

「私は金をもらうために伝道しているのではない。そんなことなら死んだ方がましだ」と。

パウロは、語らずにいられないから語っていたのです。喜びを伝えずにいられないから、主イエスを伝えていたのです。パウロの中に主イエスが生きていたからです。主が内側からお語りになるからです。

今も、多くの牧師や伝道者たちが、生活のために働きながら伝道しています。お一人お一人の中に生きている主が、いよいよ大きな働きをなさるよう、お一人お一人を奮い立たせてくださるよう、語らずにいられない喜びを満たしてくださいますよう、私も共に祈りたいと思います。

同じように、主も、福音を宣べ伝える者が、福音の働きから生活のささえを得るように定めておられます。しかし、私はこれらの権利を一つも用いませんでした。また、私は自分がそうされたくてこのように書いているのでもありません。私は自分の誇りをだれかに奪われるよりは、死んだほうがましだからです。というのは、私が福音を宣べ伝えても、それは私の誇りにはなりません。そのことは、私がどうしても、しなければならないことだからです。もし福音を宣べ伝えなかったなら、私はわざわいだ。（コリント人への手紙第一9：14～16）

（注）パウロが作っていた天幕とは、キャンプで使うようなテントではありません。古代地中海世界の円形劇場では、観客席の上に大きな天幕が張られていました。それは、山羊の毛や麻、丈夫な革、留め具、太く長い柱などで作られていました。材料を集め、それを製作販売するためのシンジケートが地中海世界にあったと考える人たちもいます。パウロが自由に地中海世界を渡り歩くことができたのは、そのような職業人としての経験と、人脈を用いることができたからであろうと思います。決して細々とやっていたわけではないのです。伝道に専念していないという批判もこのようなところから出て来たのではないかと思います。

15 偽りのない愛

偽りのない愛、それは神から来ます。神だけが偽りのない真実の愛だからです。

聖書は言います。「愛は、神から出る。愛のある者はみな神から生まれ、神を知っている」（ヨハネの手紙第一4：7）。「愛には偽りがあってはなりません」（ローマ人への手紙12：9）。

愛のない私。愛すると言っても、自己愛の延長でしか愛することができないこんな私を、そのまま受け入れ、赦し、清め、包み込んでくださる神様がいました。

真実の愛は、自分を捨てて、友を生かす愛です。自分をかえりみない愛です。そのような愛は、私の中にはないし、私の中からは絶対に出て来ないものです。

ただ、このお方、私の主、私の王であるイエス・キリストだけが持っておられた愛。このお方の愛が私の中に流れ込んできたとき、私は愛を知りました。

この愛が私の中に注がれるとき、私ではなく、このお方の愛が、私の隣人を生かすようになるに違いない。

愛のある人になど決してなれない私。自分を清めることも、変えることもできない私です。ただ、キリストに接ぎ木されること、キリストの愛がこんな私に流れ込んでくることだけを、私は乞い求めます。

主様、あなたは言われました。

わたしはまことのぶどうの木。あなた方は枝です。……人がわたしにとどまり、わたしもその人にとどまっているなら、その人は多くの実を結びます。……わたしの愛の中に留まりなさい。（ヨハネの福音書15章）

16 アウトサイダーとして生きる

イエス・キリストに出会い、キリストと共に生きるようになるとは、天地を造られた神様との正しい関係の中に生かされることだ、と聖書は言います。

このお方との親しい関係を与えられ、導かれ、心満たされ、心と行いを正されて行くことは、この世に生きる私たちに与えられる絶大な祝福です。

しかし、この祝福は、私たちの存在をこの世に属する者から、天に属する者、神から出て神に帰るものへと転換するものであるのです。

そのため、キリストに属する者たちは、この世から異質な者と見做され、信教の自由が保証されていない社会においては、これが迫害という形で先鋭化します。

そんな苦しみに晒《さら》される者たちに、イエス様はお語りになりました。「あなたがたは、預言者と同じなのだよ」と。

預言者とは、神様の御思いを社会や人々に伝えるために、神様が何をしようとしておられるのかを個人的に教えられる人、神様のお心を知る者とされ、それを語る人です。そのために、社会から圧迫され、攻撃されることもあります。しかし、イエス様は、そのような人は、ご自分の友だとおっしゃいました。

今も、信教の自由が保証されず、暴力によって苦しめられているイエス様の友、私たちがまだ会っていない友が世界中にいます。

私たちは、彼らのために祈りたいと思います。そして、人の心から自由を奪い、信教の自由を奪う悪の勢力に対してNO！と声を上げたいと思います。

義のために迫害されている者は幸いです。天の御国はその人たちのものだからです。わたしのために人々があなたがたをののしり、迫害し、ありもしないことで悪口を浴びせるとき、あなたがたは幸いです。喜びなさい。大いに喜びなさい。天においてあなたがたの報いは大きいのですから。あなたがたより前にいた預言者たちを、人々は同じように迫害したのです。

（マタイの福音書5：10～12）

17 隠された宝物を見つけると

イエス・キリストは、神の国とは「畑の中に隠された埋蔵金」「高価な真珠を見つけた商人」のようなものだと言われました。銀行などがない時代、貯まった硬貨は壺に入れて地中に埋め、盗まれないようにしていました。古代イスラエルでは、埋蔵金は土地の所有者のものとされたので、小作人が耕作中に埋蔵金を見つけると、全財産を売り払ってでも、その土地を買わないだろうかと言うのです。また、養殖の技術がない時代において、真珠は非常に高価なもので、良い真珠は莫大な富をもたらしました。

キリストは言われるのです。神の国、つまり、神による支配と言うのは、「畑の中に隠された埋蔵金」「高価な真珠を見つけた商人」のようなものだと。

これには、2つの意味があります。キリストを見出した人が自分の全てを投げ出してキリストについていくという意味と、私たち一人一人をご自分の宝物として見出し、それを買い取るためにご自分の全てを十字架に捧げ、血を流して贖ってくださったキリストという意味です。

しかし、これらは別々のことではありません。キリストに出会う時に、キリストがこんな者をご自身の宝として見出してくださったことを知ります。そこに絶大な喜びがあります。しかし、その時、私たちもキリストこそ、自分にとって最も価値あるもの、絶対に失ってはならないものであることを知るのです。

キリストが私たちのために十字架に捧げてくださった命を受けるとき、私たちも自分の命をキリストに捧げるようになっていく。

私たち一人一人がキリストの宝となり、キリストが私たち一人一人の宝となる。この両者は一つである。ここに神の国、神の支配があるとキリストはおっしゃっている。今もキリストは、私たち一人一人を求め、やって来てくださる。私たちもキリストを求めよう。


天の御国は畑に隠された宝のようなものです。その宝を見つけた人は、それをそのまま隠しておきます。そして喜びのあまり、行って、持っている物すべてを売り払い、その畑を買います。天の御国はまた、良い真珠を探している商人のようなものです。高価な真珠を一つ見つけた商人は、行って、持っていた物すべてを売り払い、それを買います。（マタイの福音書13：44～46）

18 神様は聞いてくださっている

私たちは肉の体を持っていますから、痛みや苦しみの中で祈れなくなることがあります。また肉の心が神様から私たちを引き離そうとすることがあります。咎《とが》が私を圧倒し、神様の顔を見上げることができなくなることがあるのです。

祈れなくなる私たち。自分の力で神様のところに行くことができないのが私たちです。しかし、私たちの心の奥底、魂の奥底に、言葉にならない神様に対する思いがあります。

聖書は言います。神様は、それを一つも聞き逃さず、聞いてくださっていると。そして、私たちの罪を赦し、御許《みもと》に引き寄せてくださると。

今日、私たち一人一人の祈りにならない心の呻きに耳を傾け、手を伸ばしておられるイエス様を経験することができますように。孤独を感じる時に、御許に引き寄せて、抱きしめてくださるイエス様の温かさを知ることができますように。

あなたは一人ではありません。心からあなたのために祈っています。

祈りを聞かれる方よ。みもとにすべての肉なる者が参ります。数々の咎が私を圧倒しています。しかし、私たちのそむきをあなたは、赦してくださいます。（詩篇65：2〜3）

19 神の事実の上に

私たちは、何か失敗したり、人から傷つけられたりして、心が塞ぎ込んだりすると、そのことばかりが頭の中で堂々巡りをして悪い考えが膨らんでしまったり、未来に悪い予測を立てて心が囚われてしまったりすることがあります。

そんな時、神様がなさった全てのこと、神様の御業に思いを巡らすようにと聖書は教えます。神様が自分にしてくださった事実を振り返るのです。事実を確認していくのです。

神様が自分にしてくださったこと、与えてくださったことを数え上げていきましょう。小さいこと、人も知らないようなこともあるでしょう。多くの人が知っていることもあるでしょう。

人を通して神様が備えてくださったこともあります。多くの人が自分を支えてくれている。神様が人々の心に愛を与え、秩序を保ってくださっている。今日の糧を与えてくださったお方がいた。

このように考えているうちに、自分の心の波が治まって来るのに気づきます。今のこの状況の中にも働く神様の事実がある。それは何でしょうか。

私は、あなたのなさったすべてのことに思いを巡らし、あなたのみわざを、静かに考えます。（詩篇77：12）

20 生き返らせてくださる神

苦難と痛みのどん底にある時、そして、さらに苦しみが増し加わろうとしている時、私たちの心は力を失い、希望を持てと言われても、萎えた心を奮い立たせることはできません。

もし、神を信じることが強い意志によって行われるものであるのなら、誰が神を信じることができるでしょうか。全ての人が自分の意志によって神を信じることができないところを通るのです。

考えることも、神を信じる力もなくなってしまった死人、この私たちのなきがらを甦らせる方がいる。主イエスの命の露、光の露がこの死んだ私たちに降り注ぐ時、私たちは甦ります。

私たちを生かす力は、私たちの信仰ではありません。主イエスが握ってくださっている。ただ、このお方が私を永遠に生かし、あなたを永遠に生かすのです。主が私たちに与えてくださるのは、主を信じる強い思いではありません。揺れ動く心を持ちながら、浮き沈みの中にあってなお、主が握ってくださっているということを知ることなのです。

命の露、十字架の血潮を注いでくださる方がいる。生き返らせてくださる方がいる。

私たちはこの方のものです。

あなたの死人は生き返り、私の屍《しかばね》はよみがえります。覚めよ、喜び歌え。土のちりにとどまる者よ。あなたの露は光の露。地は死者の霊を生き返らせます。

（イザヤ書26：19）

21 「神の歴史」への招待

聖書は、存在の危機に陥っている人間を救うために、天地を創造した神が人の歴史に介入した「神の歴史」を書き記したものです。歴史を貫いてご自身を現し、歴史を導き続けるのが私たちを創造した神です。

神は、最初、イスラエルの父祖アブラハム、イサク、ヤコブに人格的な関係を与えて彼らを守り、導き、祝福なさいましたが、その後も個人々々に現れ、その人格に働きかけることによって歴史を導いて来られたのです。

イエス・キリストの先駆けとなった洗礼者ヨハネは言いました。「神は、これらの石ころからでもアブラハムの子らを起こすことができる」（マタイの福音書3：9）と。人から見捨てられ、自分自身の価値を見出せず悲しみと虚しさの中にある者にご自身を現し、そのような者たちをとおして歴史を救い、導くのが神だと言うのです。

確かに、私たちは肉においてはアブラハムの子孫ではありません。神の歴史に参与することができるような資格も、そのような思いも、能力もない者です。しかし神は、イエス・キリストの血を注ぎかけることによって、私たちを神の歴史の参与者とするというのです。キリストの血は、私たちを本質的に造り変えるのだと。

もう、私たちは自分を見る必要はありません。自分に何ができるかと思う必要もありません。ただ、キリストの十字架の血を誉めたたえ、これに満たされることを願い求めて行けば良い。この方に向かって「私の神様！」と呼びかけながら生きて行けば良い。

キリストの血を注がれる時、私たちはこの方と共に歩き始める。私たちの歩みと共に神の歴史が綴られていくのです。

しかし、かつては遠く離れていたあなたがたも、今ではキリスト・イエスにあって、キリストの血によって近いものとなりました。実に、キリストこそ私たちの平和です。……こういうわけで、あなたがたは、もはや他国人でも寄留者でもなく、聖徒たちと同じ国の民であり、神の家族なのです。（エペソ人への手紙2：13～14、19）

22 人こそ神の祭壇

神は、人を土の塵でお造りになりました。どこにでもある土。しかし、神がそれにご自分の姿を造り込み、命の息を吹き込まれたところに、人の尊さがあります。

神は、モーセに土で祭壇を造るようにお命じになりました。それは、土で造られた人こそが、まことの祭壇なのだということを教えるためではなかったでしょうか。

祭壇には、捧げられた羊や牛の血が滴り落ちます。そこで焼かれる捧げものの脂や灰が落ちます。それらは土に深くしみ込み、祭壇と捧げものは一つとなる。

神に捧げられる最も尊いものと祭壇は一つになる。その最も尊い捧げものこそ、十字架にご自身をお捧げになったイエス・キリストです。キリストの贖いの血が祭壇である私たち一人一人に注がれ、その中までしみ込み、私たちと一つになる。

神は、私たち一人一人を神の祭壇として創造してくださったのです。十字架のキリストと一つとなるために。


わたしのために土の祭壇を造り、その上で、羊と牛をあなたの全焼のいけにえとし、和解のいけにえとしてささげなければならない。わたしの名を覚えさせるすべての所で、わたしはあなたに臨み、あなたを祝福しよう。

（出エジプト記20：24）

23 神を知る時

私たちは、人生が順風満帆であることを願います。順境の時、私たちは自信と希望にみなぎり、自分の存在が神に依存したものだということをほとんど意識することはありません。全てが自分の力で何とかなると思うからです。

しかし、社会の変動や経済の悪化に見舞われたり、あるいは病気になったり、社会の要求に応えられなかったりすると、社会は冷酷にも私たちを切り捨てます。

私たちは、存在を否定され、苦しみの中に倒れてしまいます。

そんな私たちに、聖書は語りかけます。「主は私たちが卑しめられたとき、私たちを御心に留められた」（詩篇136：23）と。

低められ、卑しめられた時、私たちのそばにやって来て、私たちを支え、引き起こし、生かしてくださる私たちの主イエス・キリストを知ることができる。

キリストはあなたの痛む心をご存じです。キリストご自身が最も卑しめられ、低められた十字架の苦しみを経験なさったからです。

今、自分の理想とする自分であることができず、苦しんでいる方がいらっしゃると思います。しかし、この時こそ、私たちが生きてきた「自分」という閉じた世界に穴があき、キリストの永遠の世界との扉が開くのです。絶望してはなりません。永遠の世界から力強い御手を伸ばし、あなたをしっかりと握ってくださる私たちの主イエス・キリストがいるからです。

わたしは、あなたを見放さず、あなたを見捨てない。
（ヨシュア記１：５）

24

自ら決断する尊厳

人は、隠れていることを言い当てられたり、これから起こることについての予言を聞かされたり、奇跡を見せられたりすると、動揺します。自分が知らない力のある世界があり、それに通じている人物の前で、自分が無力であることを思い知らされるからです。

そのような霊の世界があることを知ることは重要なことです。しかし、その霊がどこから来ているかということを知ることは、更に重要です。聖書は、「霊だからといって、何でも信じてはいけない。キリストを告白しない霊は神からのものではない」（ヨハネの手紙第一４：１）と断言します。

占いの霊は、人から尊厳を奪います。占いは、人が自ら考え、決断する自由を奪い、恐れを植え付けます。得体の知れないものに支配されているという恐れです。

聖書は言います。「キリストは私たちに自由を得させてくださった。この自由を奪われてはならない」（ガラテヤ書5章）と。

人生において、右に行くか左に行くか迷う時があります。その時は、神に直接聞くのです。神と二人だけの静かな時を持つのです。占い師のようには答えてくださいません。私たちの心の奥底を静かな細い声で導いてくださる。そして、自ら決断する勇気を与えてくださるのです。

自分で決断すると、失敗することはあります。自ら窮《きゅう》地《ち》に陥ることもあるでしょう。しかし、そこから神に叫び声を上げると、神は必ず手を差し伸べてくださいます。

神は、尊厳あるものとして私たちを創造してくださいました。この尊厳を得体の知れないものに売り渡してはなりません。膝を屈めてはなりません。神は、ご自分を愛する者、すなわちご計画に従って召された者のために、すべてのことを働かせて益としてくださるのですから（ローマ人への手紙8：28）。

預言者や夢占いをする者があなたたちの中に現れ、しるしや奇跡を示して、そのしるしや奇跡が言ったとおり実現したとき、「あなたの知らなかった他の神々に従い、これに仕えようではないか」と誘われても、その預言者や夢占いをする者の言葉に耳を貸してはならない。

（申命記13：1〜3）

25 さらに近く

人は、自分自身を意識し、自分自身を思考の対象とする存在です。私たちが人生の意味を考えたり、自分が存在している理由について悩んだりするのは、意識の対象となる自分と意識する自分との間に分離があるからです。

自分を自分で受け入れらないという苦しみは、その自分の中にある複数の自分が互いに対立している状態です。思うようにならない体、傷ついて痛む心、意地悪で汚れた自分、弱く臆病な自分、これらが自分でなければどんなに楽だろう、輝いて生きられるだろうと思っても、私たちは常にそれを意識して生き続けなければなりません。

しかし、そんな複数の自分のほかに、別の人格が自分の中に生き始めるなら、自分自身の中に全く別の世界が現れるのです。聖書はその人格を「内なる人」と呼んでいますが、この方は、私たち一人一人の中に住んでくださるイエス・キリストです。

福音ルーテル教会の伊藤早奈牧師は、若い時、遺伝による難病でやがて体が全く動かなくなり、声さえ出せなくなることが運命づけられていることを知りました。その絶望の中でイエス・キリストに出会い、内に住んでくださるキリストを経験するようになります。伊藤牧師は告白しています。「イエス様は、自分が向き合わなければならない自分よりもさらに私の側にいて支え、共に自分に向き合ってくださった」と。

私たちの中にキリストが住み始め、どんどん大きく、強くなってくださる。自分が向き合わなければならない自分に、共に向き合ってくださる方がいる。自分の中にあった分裂と対立を癒してくださる方がいる。

あなたは一人ではありません。


どうか父が、その栄光の豊かさに従い、御霊により、力をもって、あなたがたの内なる人を強くしてくださいますように。こうしてキリストが、あなたがたの信仰によって、あなたがたの心のうちに住んでいてくださいますように。（エペソ人への手紙3：16〜17）

26 何の違いもない！

人は、何ができるか、何をしたか、何を知っているかによって自分自身を評価しようとし、また、他の人を心の中で蔑んだりします。家柄や経済力、社会的地位などによって高慢になる人がいる一方、そのことで自己卑下に陥る人もいます。

しかし、聖書は言います。それらは神様の前では何の意味もないと。

牧師や伝道者と言われる人たちであっても、今日、神様に向かって初めて「天のお父様！」と震える思いで呼びかける人も、多くの神学書を書いた学者であっても、難しいことは何も分からず、ただ、「イエス様！」と言って祈るだけの人も、多くの献金を捧げる人も、苦しい生活の中から絞り出すように献金する人も、年齢、性別、肌の色も、何の違いもない！神の前では同じである！

十字架のイエス・キリストは、ご自分を見上げる全ての者たちに、等しくその血を注いでくださるからです。

私たちは、十字架のイエス・キリストを見上げよう。「あなたの血を注いでください」と祈ろう。全てはここに始まり、ここに完成する。


ユダヤ人もギリシヤ人もなく、奴隷も自由人もなく、男も女もありません。なぜなら、あなたがたはみな、キリスト・イエスにあって、一つだからです。

（ガラテヤ人への手紙3：28）

27

おとぎ話のような幸せはないけれど

聖書が私たちに教える祝福とは、何かおとぎ話のように私たちが思い描く幸せが与えられるというようなものではありません。聖書は、私たちの人生に罪があり、失敗があり、嘆き悲しみがあり、そして別れや絶望さえあることをそのまま描き出します。

太陽は昇っては沈みます。夜を照らすはずの月もかげり、光のない夜を私たちは経験します。

しかし、そのような中で私たちのところにやって来て、暗闇に泣く私たちを見つけ、共に歩いてくださるキリストがいらっしゃることが私たちにとっての祝福なのです。

たとい周囲が暗闇でも、私たちを照らすキリストが私たちを訪れてくださる。足もとを照らす光、今日の一歩を導く光です。しかし、それが太陽の光のように、この心の暗闇に満ちてくる。

私たちの涙を拭ってくださる方がいるのです。

あなたの太陽はもう沈まず、あなたの月はかげることがない。主があなたの永遠の光となり、あなたの嘆き悲しむ日が終わるからである。（イザヤ書60：20）

28

安息日に守られる

私がキリスト教用語で違和感を覚えるものの一つに、「聖日を守る」という言葉があります。キリスト者として日曜日の礼拝に出席することが神の栄光をこの地に表すことになる、従って、キリスト者が日曜礼拝に出席することは当然の責務だという意味のようです。

しかし、そこには、人間の行為だけが語られています。神様はどこにいるのでしょう？　私はこの言葉を聞くと悲しくなります。

主イエスは言われました。「人の子（イエス）は、安息日にも主だ」と。

安息日は私たちが守るために設けられたのではなく、創造主なる神が私たちを守り、命を回復させるために設けてくださった創造主の日です。

主が、疲れの中にある私たちに命を注いでくださる。気落ちした者に希望を与えてくださる。病んだ者を癒してくださる。

主イエスは、このことを明らかにするために、安息日に病人を癒し続けられました。そして、安息日を形式的に守ることを至上命令とする人々に殺されることになるのです。

キリスト教会は、主イエスが復活なさった日曜日を聖日、キリスト者の安息日としてきました。

主イエスが願っておられることは、この日、共に集って礼拝する者たち、また、事情で集まることができない者たちが、元気になることです。希望を回復することです。キリストの命を受けることです。

日曜日、主イエスを求めてイエス様のところにやって来る一人一人に、溢れる命と癒し、問題の解決が与えられますように。

安息日は、人のために設けられたのです。人が安息日のために設けられたのではありません。ですから人の子は、安息日にも主です。（マルコの福音書2：27～28）

29

裁く者から愛する者へ

人は、自分の基準で他の人を裁きたいという欲望を持っています。そして、様々な知識によって理論武装し他の人を断罪しようとするのです。

私たちクリスチャンが気をつけなければならないことは、聖書が他の人を裁くための理論武装に用いられ得るということです。特に聖書を良く読み、勉強し、あるいは研究している牧師、伝道者、神学者は、聖書の権威を傘に、他の人を裁くことがあるということを自覚しなければなりません。

神は言われます。「わたしが喜びとするのは真実の愛。いけにえではない。全焼のささげ物よりむしろ、神を知ることである」（ホセア書6：6）。

神がお喜びになることは、罪をあぶり出すことではない、律法に従って罪を処理することではない。神がお喜びになるのは、真実の愛だと。神様がどれほど一人一人を大切に思っていらっしゃるか、その御思いとその愛の業を知ることだと。

「愛は、多くの罪を覆《おお》う」（ペテロの手紙第一４：８）。

罪や欠点、失敗をあぶり出されたら、どこにも居場所がなくなってしまうのが私たちではないでしょうか。私自身がそうです。

そんな私たちを歓迎し、「わたしのそばにいなさい」と言ってくださるイエス様がいるから、私たちは救われたのです。私は救われたのです。

この神の真実の愛に帰ることができますように。この愛の中に自分自身をもう一度発見することができますように。裁く心から解放され、愛する者へと変えられていきますように。


わたしがあなたがたを愛したように、あなたがたも互いに愛し合いなさい。（ヨハネの福音書13：34）

30 痛みが一つとなる時

聖書の中に、「履き物を履く」「履き物を脱ぐ」「裸足で」という表現が出てきますが、それには特別な意味があります。履物を脱がせることは名誉の剥奪を、履き物を履かせるとは名誉の回復を意味していました。履き物を脱ぐとは、自分が無に等しい者であることを表す行為だったのです。

マタイの福音書によると、イエス・キリストは、ご自分の弟子たちを伝道に遣わされるとき、金銭を持たないだけでなく、裸足で行けと命じておられます。それは、何の名誉もない者、無に等しい者となり、人の憐れみに頼らなければ食べる物を得ることができない状態で伝道に行けということです。

しかし、キリストはそのような弟子たちに汚れた霊を制する権威をお与えになったと言います。霊どもを追い出し、あらゆる病気、あらゆるわずらいを癒すためだったと。

彼らは、苦しみの中で倒れ、絶望の中にある人たちのところに遣わされました。そして、キリストの権威によって悪霊を追い出し、病の人々を癒し、神の国がイスラエルにやって来たこと、神ご自身がこの地にやって来たことを伝えていきました。

遣わされた者とそれを受け入れる者が同じ苦しみ、同じ悲しみを経験する。しかし、そこにキリストの権威が臨み、天からの圧倒的な恵みが降り注いだと聖書は言います。

キリストは、弟子たちを裸足で伝道に遣わされましたが、十字架に架けられる前夜、最後の晩餐のとき、自ら弟子たちの足の裏を丁寧に洗い、手ぬぐいで拭いて行かれるのです。そしてついに、履き物だけではなく、全ての着物を剥ぎ取られ、最も低められ、卑しめられた者として、十字架の死を迎えられました。

遣わされた者、それを受け入れる者、そして、遣わした方が一つとなる。遣わした方の権威が、この地に満ち溢れる。キリストはこれを願っていらっしゃるのではないでしょうか。

今、私にとって、あなたにとって、裸足で遣わされるとは、どのようなことでしょうか。この方と一つになるとはどのようなことでしょうか。

イエスはこの十二人を遣わす際、彼らにこう命じられた。「……イスラエルの家の失われた羊たちのところに行きなさい。行って、『天の御国が近づいた』と宣べ伝えなさい。病人を癒やし、死人を生き返らせ、ツァラアトに冒された者をきよめ、悪霊どもを追い出しなさい。あなたがたはただで受けたのですから、ただで与えなさい。胴巻に金貨も銀貨も銅貨も入れて行ってはいけません。袋も二枚目の下着も履き物も杖も持たずに、旅に出なさい。働く者が食べ物を得るのは当然だからです。」

（マタイの福音書10：5～10）

さて、過越の祭りの前のこと、イエスは、この世を去って父のみもとに行く、ご自分の時が来たことを知っておられた。そして、世にいるご自分の者たちを愛してきたイエスは、彼らを最後まで愛された。……イエスは夕食の席から立ち上がって、上着を脱ぎ、手ぬぐいを取って腰にまとわれた。それから、たらいに水を入れて、弟子たちの足を洗い、腰にまとっていた手ぬぐいでふき始められた。（ヨハネの福音書13：1～5）

31

共に旅する神

旅行中に病気になったり、トラブルに巻き込まれたりすると、不安になります。特に一人旅の時はそうです。病気になったり、理不尽な要求を突きつけられたり、身分を証明するものや金を失ったり、あるいは、危害を加えられたりすると、私たちは、自分で自分を守れない現実の中で不安におののいてしまうのです。

そんな時、自分よりも強い人、旅先の状況に明るい人が一緒にいてくれると、安心です。

古今東西の賢者は、人生を旅になぞらえました。いずれ、死という終着駅に向かうのが人生であり、この世は、永遠に留まるべきところではないと。確かに、人生は終着駅のわからない旅です。私たちはこの旅路を歩いていかなければなりません。

しかし、旧約聖書の詩人ダビデは訴えました。「私の祈りを聞いてください。主よ。私の叫びを耳に入れてください。私の涙に、黙っていないでください。私はあなたとともにいる旅人で、私のすべての先祖たちのように、寄留の者なのです」（詩篇39：12）。

人生を旅になぞらえることは、人生を達観することや諦観することではありません。旅路を共に歩んでくださる神を知ることです。このお方に向かって叫びながら生きて行くことです。このお方が、私たちと共に旅をしてくださっているのです。そばにいてくださっているのです。

恐れるな。わたしはあなたとともにいる。たじろぐな。わたしがあなたの神だから。わたしはあなたを強くし、あなたを助け、わたしの義の右の手であなたを守る。

（イザヤ書41：10）

366日元気が出る
聖書のことば

8
月
August

1　農夫は諦めない

連日の厳しい暑さの中、植物は十分な水を必要としています。今朝も庭に植えているバラに水をやりましたが、この時期、虫も大発生します。

折角膨らんできたつぼみや葉が虫に食い荒らされているのを見ると、とても残念な気持ちになります。

しかし、虫がついて花や葉が汚くなってしまっても、その木に水をやらないということはないのです。また新たな芽が出て、美しい花を咲かせることを知っているからです。その姿を思い浮かべながら水をやり続け、汚い葉を取り除き、虫を退治するのです。

私たちは、自分の失敗や罪、心の汚さを見ると、神様の恵みが分からなくなってしまいます。こんな自分には神様の恵みは来ないのではないか。神様は自分から離れて行かれるのではないかと。

私たちは虫に食われているかもしれません。葉も汚くなってしまっているかも知れません。しかし、神様は私たちに水を注ぎ続け、汚くなった葉を取り除き、虫を退治してくださるのです。

やがて新しい芽が出、美しい花が咲く姿を思い浮かべながら、いのちを注ぎ続けてくださる神様がいる。神様の温かい目は日々私たちの上に注がれ、神様の御手は日々私たちに伸ばされているのです。

わたし、主は、それを見守る者。絶えずこれに水を注ぎ、誰も、それをそこなわないように、夜も昼もこれを見守っている。（イザヤ書27：3）

2　この土の器に

私たちの体は弱く、外からの攻撃を受けたら、ひとたまりもありません。また、病気や怪我で思うように行動できない不自由さを、全員が経験します。そして、この心も、揺れ動き、浮き沈みの激しい弱いものです。聖書は、このような弱い私たちを「土の器」と呼びます。

しかし、キリストに出会った時から、こんないつか塵《ちり》に帰る土の器に、測り知ることのできない尊い宝が生き始めたと聖書は言うのです。キリストご自身がこの土の器の中に住み始めてくださったのだと。

土の器にはできないことを、キリストがこの中に住んで、行おうとしておられる。私たちが自分の力では行うことのできない愛の業を行わせようとしておられる。

この土の器はいつか壊れるでしょう。しかし、キリストがこの中に生きて行われる愛の業は永遠に滅びることはないというのです。測り知ることができないキリストの力が、この土の器をとおして働かれる。

弱さを感じる時、この中に住んでおられるキリストを見上げよう。キリストが働いてくださる。


私たちは、この宝を、土の器の中に入れているのです。それは、この測り知れない力が神のものであって、私たちから出たものでないことが明らかにされるためです。

（コリント人への手紙第二4：7）

3 この愛に抵抗できるものはない

人間同士の契約は、双方向的な義務履行を要求し、義務が履行されない場合、契約は破棄されます。

しかし、聖書の中で神が「わたしの契約を与える」と言われるとき、それは、一方的な祝福の誓いです。人間がどれほど罪深くても、祝福を変えることはないという神の不変の決意を述べておられるのです。

ノアに与えられた契約、アブラハムに与えられた契約、ダビデに与えられた契約でも、何らかの義務履行を神が要求なさったことはありません。

イエス・キリストは十字架に架けられる前夜、弟子たちに杯を与えて言われました。「これは、わたしの血による契約である」と。

これからご自分を全否定して逃げていく弟子たちに「ご自身の血による契約」をお与えになりました。弟子たちに何かを誓うことさえ求めていらっしゃらないのです。むしろ、誓いは虚しいことをお教えになりました。

キリストの血による契約とは、私の罪、あなたの罪、あの人の罪がどれほど深く、また、重くても、神の赦しの誓いが変更されることはないという保証です。

キリストの血に抵抗しうる罪はない。私たちの罪がどんなに深くても、キリストの血は、その罪を清めるのです。キリストの血の中に深い安心があります。


御子イエスの血はすべての罪から私たちを清めます。

（ヨハネの手紙第一１：７）

4 自分が認められるかどうかに係わりなく

パウロは、飢饉のため困窮するエルサレム教会を経済的に支援するために、自分が設立した教会から献金を集めていました。パウロ自身は、働きながら伝道していたので、集めた献金は、自分の生活には使わず、全てがエルサレム教会に捧げられました。

しかし、そのエルサレム教会は、パウロの伝道活動を支持していた訳ではありません。むしろ彼の異邦人伝道を苦々しく思っている者たちが大勢いたのがエルサレム教会だったのです。言うならば、彼は、自分の反対者たちを助けるための献金を集めていたということになります。

しかし、自分を認める者たちだけを助けるという考えはパウロにはありませんでした。パウロ自身、クリスチャンたちを迫害する者であったのに、主イエスは彼を愛し、救われたからです。

彼らも、そして自分も、主イエス・キリストの贖《あがな》いによって救われた。我々は一つである。

パウロは、遠くにいるクリスチャン仲間を、喜びをもって助けるように、そのために豊かに捧げものをするようにとコリントの教会に勧めます。

自分が認められるかどうかは関係なく、困窮する人たちを自分の体のように愛し、喜びをもって、自分のできる限りの支援をする。忘れないようにしたいと思います。


私はこう考えます。少しだけ蒔く者は少しだけ刈り取り、豊かに蒔く者は豊かに刈り取ります。ひとりひとり、いやいやながらではなく、強いられてでもなく、心で決めたとおりにしなさい。神は喜んで与える人を愛してくださいます。（コリント人への手紙第二９：６〜７）

5　祝福は良し悪しを超える

「良い子にしていたら、お父さんやお母さんからご褒美がもらえたり、可愛がってもらえる。」私たちは、小さい時からのこのような経験によって、祝福や恵みを受けるためには、良い子にしていることが必要であるという考えを持つようになったのかもしれません。

ところが、神が祝福をお与えになったヤコブは、決して良い子ではありませんでした。兄の弱みに付け込んで、長子の権を奪い取り、父を騙《だま》して兄が受けるべき祝福を横取りしました。

こういう人を神が祝福なさると聞いて、あなたはどのように思うでしょうか。神は不公平でしょうか。

しかし、このような人を祝福してくださる神がいるから、私も祝福されたのだと思います。良い子だけを祝福される神だったら、私は救われませんでした。

ヤコブを祝福してくださった神がいるから、全ての人に希望があるのではないでしょうか。あなたにも希望がある。心に懸かるあの人にも、この人にも希望がある。全ての人が、神から自分が贔屓《ひいき》にしてもらっていると思うようになれば、それは素晴らしいことです。神はそれを願っておられるのではないでしょうか。

悪かったヤコブに神がお約束になった言葉に耳を傾けてみましょう。

そして、見よ、主がその上に立って、こう言われた。「わたしは、あなたの父アブラハムの神、イサクの神、主である。わたしは、あなたが横たわっているこの地を、あなたとあなたの子孫に与える。あなたの子孫は地のちりのように多くなり、あなたは、西へ、東へ、北へ、南へと広がり、地のすべての部族はあなたによって、またあなたの子孫によって祝福される。」（創世記28：13～14）

6　不利に見える状況の中で

人は、他の人と利害が対立する状況で、できるだけ自分に有利になるように物事を進めようとします。そのため、対立は深まり、なかなか解決を得るのが難しくなってしまいます。

アブラハムは甥のロトと共にハランから旅立ち、神がお示しになったカナンの地にやってきました。苦労を共にし、共に危機を乗り越えた仲ではありましたが、時が経つにつれ、同じところにいることができなくなりました。それぞれの家畜が増えて、お互いの羊飼いたちが争うようになってしまったからです。

アブラハムはロトと別れることにし、彼に優先権を与えます。ロトはヨルダンの低地を選びました。そこはまさに楽園のように潤う豊かな地であったからです。

アブラハムに残されたのは、雨の降らない荒地です。しかし、そこには人の目には見えない大きな祝福が残されていました。

楽園のように潤った地では、人は働かなくても生きて行けます。そのため知性は腐り、堕落し、やがて滅んでしまいます。一方、荒地に残された人は、生き延びるために知を働かせて必死に働かなければなりません。しかし、それによって人は磨かれ、成長します。

神はアブラハムに言われました。「立って、その地を縦と横に歩き回りなさい。わたしがあなたに、その地を与えるのだから」(創世記13：17)。

残された荒地で何ができるだろうかと人は思うかもしれません。しかし、神が言われるのです。「わたしがあなたと共にいる。わたしがあなたの盾だ。わたしがあなたを祝福する」と。

荒れ野に水を湧き上がらせ、花を咲かせる神がいるのです。

アブラハムよ、恐れるな。わたしはあなたの盾である。あなたへの報いは非常に大きい。(創世記15：1)

7 神はこの思いを焼き尽くす

人は、自分が理想とすることを実現するために存在するのが神だと考える傾向があります。戦争や自然災害、飢饉や病気、経済的な苦しみ、さらには人間関係の不和などの問題が起こらないようにすべきなのが神だと考えるのです。

そして、その実現のために神を拝み、あるいは、自分の思いが叶えられない時には神を否定する。しかし、これは、神を信じているのではなく、自分の理想を拝み、自分の理想に絶望しているということではないでしょうか。

しかし、そのような者たちに語りかけてくださる神がいると聖書は言います。人間の思いをはるかに超え、御前にあるもの全てを焼き尽くすことができるお方が、私たちを求め、語りかけてくださると。

「あなたのように、火の中から語られる神の声を聞いて、なお生きていた民があっただろうか」（申命記4：33）。

そのとき、私たちは何を聞くのでしょうか。何を申し上げるのでしょうか。

自分の理想、自分の願いなどというものは全て焼き尽くされてしまう。しかし、その時、この方の声、この方の言葉が、この方に出会う者たち一人一人の中に満たされる。

しかし、それこそが私たちにとっての救いなのです。キリストの火がこの思いを焼き尽くしてくださる。キリストの言葉が私の言葉となり、キリストの御思いが私の思いとなって行くのです。キリストは言われました。

わたしは、火をこの地に投げ込むためにきた。

（ルカによる福音書12：49〔口語訳〕）

8 イエスと同じ姿に甦る

キリスト信仰の目的は、私たちがイエス・キリストと同じ姿に変えられて行くことにあります。罪に汚れた生き方をしていた者が、清い心を与えられ、神の御心を求める生き方をするようになる。愛のない者が、キリストの愛に触れられ、満たされ、愛に生きる者に変えられて行く。キリストの御霊は、この朽ちて行く体、この朽ちて行く心をさえ、このように導き造り変えていってくださっている。

やがて、私たちはこの体を脱いで、神のもとに帰るときが来ます。その時、私たちは驚くべきものへと変えられると聖書は言います。この世に朽ちるものとして生まれた者が、天上では朽ちないものへと甦らされ、卑しいものとして生まれた者が、栄光あるものへと甦らされ、弱いものとして生まれた者が、強い者として甦らされ、この血と肉の体が、御霊に属するものへと甦らされるのだと。

その時、私たちは復活の主イエスのお姿を完全に映す者とされるのです。私たちに与えられ、内に住んでくださっている聖霊が、私たちをこのように完成へと導いてくださる。

昨日、私の教会の大切な友が天に召されました。病床で苦しい中、私が送る「元気の出る聖書の言葉」を読み、それを立派なノートに一字一字丁寧に書き写しつつあるうちに、主イエスに出会いました。6月6日に病床で受洗。7月29日にご自宅にお伺いし、手を置いて祈りましたが、その時、聖霊に満たされました。末期癌で苦しいはずなのに、ベッドからすっと立ち上がり、玄関までお見送りくださいました。そして、お身体のあちらこちらに触れ、言われました。

「ここにも、ここにも、ここにもイエス様がいらっしゃいます」と。

この友も、私も、キリストにあるご家族もイエス様と同じ姿に甦らされる。再び喜びの中に再会する時が来るのです。

死者の復活もこれと同じです。朽ちるもので蒔かれ、朽ちないものによみがえらされ、卑しいもので蒔かれ、栄光あるものによみがえらされ、弱いもので蒔かれ、強いものによみがえらされ、血肉のからだで蒔かれ、御霊に属するからだによみがえらされるのです。

（コリント人への手紙第一15：42～44）

9

長崎原爆の日に 私が語り継ぐべきこと

今日は長崎原爆の日です。1945年8月9日午前11時2分、アメリカのB29が投下した原子爆弾により、長崎の町は一瞬にして廃墟と化し、おびただしい数の人々が瞬時に失われ、また焼けただれた阿鼻叫喚の苦しみの中、命を失っていきました。

私の大伯母久保田徳子（旧姓岩本）も一瞬にして原爆の熱線で焼き尽くされ、遺体もこの世に残らなかった人の一人です。徳子は、爆心地のそばにあった三菱重工業長崎製鉄所の所長をしていた久保田豊の妻でしたが、長崎市の道ノ尾に疎開していた母岩本トハ（私の曽祖母）に食料を届けるために丁度爆心地を歩いていたようです。

原子爆弾が炸裂した時、久保田所長は重要書類を取りに地下室に降りていたため、九死に一生を得ましたが、地上に上がるとそこはこの世の地獄であったと言います。彼は生き残った工員たちを指揮し、三日三晩一睡もせず、負傷した人たちを救護し続け、亡くなった方の遺体を焼き続けます。8月15日に戦争が終わり、学徒動員から帰ってきた娘たちが母徳子を探しに行きましたが、遺体の痕跡すら見つからなかったと言います。

豊は、娘たちを工場の地下室で寝かせ、呆然とし、絶望していた時、突然神が彼に呼びかけました。「恐れるな。進め。汝を助くる者多し」と。敗戦の翌日、8月16日でした。

久保田所長は、広島中学校で学んでいた時、英語教師であった私の曽祖父岩本秀太郎の影響でキリスト教に触れ、高校生の時に洗礼を受けました。若い時からいつも聖書の言葉に励まされつつ生きていたのが久保田だったのです。

彼は、神の声を聞き、立ち上がりました。廃墟と化した長崎の人々にパンを与えなければならない。パンを与えるためには産業を復興しなければならない。産業を復興するためには工場を再建しなければならない。

三菱は、会社の整理解散のために久保田を社長に任命しますが、彼は、壊滅した三菱製鋼所再建のために邁進《まいしん》します。地方銀行の若い担当者に頭を下げて回って融資を獲得し、元の工場の2倍もの大きさの工場を再建し、長崎を廃墟から希望の町へと作り変えていったのです。

原爆は、人類が悪魔の囁《ささや》きによって作り出した悪魔の兵器です。アメリカは悪魔の囁きに屈して多くの人々を殺し、地獄の苦しみに陥れました。それに対する神の裁きは必ず行われるでしょう。

しかし、この世の地獄の中に介入し、ご自分の僕《しもべ》を立たせ、そこに神の国を作る働きを行わせる神がいました。これを神は、長崎の歴史の中で証明なさったのです。私の家族と私はその証人です。

悪魔の囁きに屈してこの世に地獄をもたらした人の罪の大きさを指摘することは重要なことです。しかし、そこに直接介入して、新たな創造の業を行わせ、この地に神の国を作られる神の全能の力、愛の業《わざ》の中に生きることと、それを誉め讃えつつ生きることは、真の希望と力を私たちに与えるものです。神は歴史に介入し、私たちを救われるのです。

それは、あなたがたが、非難されるところのない純真なものとなり、また、曲がった邪悪な世代のただ中にあって傷のない神の子どもとなり、いのちのことばをしっかり握り、彼らの間で世の光として輝くためです。

（ピリピ人への手紙２：15〜16）

光は闇の中に輝いている。闇は光に打ち勝たなかった。

（ヨハネの福音書１：５）

10 広島そして長崎　存在するはずがなかった者を

岩本家は代々広島藩浅野家に仕え、藩主に進講する家柄で、広島市の中心にある的場町に広い土地と家屋敷を構えていました。江戸末期に岩本家の養子となった高祖父岩本元行は、漢学者として浅野長勲従一位公に仕えると共に、明治維新期の混乱のため公的予算が付かずに廃校の危機にあった広島中学校を、市の有力者数名と共に私財を投じて存続させ、教育とその運営の安定化に寄与しました。

曽祖父の岩本秀太郎は、広島中学校の英語教師となりますが、英語教材における語彙コントロールの研究チームの一員として、英語の形態分析や頻度による語の分類を行い、効率的英語学習教材の開発を行いました。馬本勉氏（注）によると、英語教育における語彙コントロール研究は、当時世界でも類を見ない先端的研究であったとのことです。

秀太郎は、宣教師を自宅に呼び、本物の英語を学びます。しかし、それによって彼はメソジスト信仰を与えられました。岩本家とキリスト教との関係は、ここに始まります。

ところが、秀太郎の次の世代で岩本家は没落します。秀太郎の長男（私の祖父）は、慶應義塾大学に学びますが、運動は万能で美男子、自他共に認めるプレーボーイでした。祖母と結婚後も銀座のクラブのマダムとの不倫を続け、花札賭博に興じては、ついには賭博仲間の保証人となって、的場町の土地と屋敷、財産の全てを失います。岩本家は離散、祖母は幼い父とお腹の中にいた叔母を連れて名古屋の実家に戻りました。無一物になった祖父は、借金取りに追われ放浪生活をし、その後応召、中国大陸で病死します。

祖父の放蕩によって岩本家は没落したのですが、祖父が罪を犯さなかったら岩本家は広島の名家であり続けたかというと、そうではありません。広島原爆によって、岩本家は間違いなく、全滅していたはずなのです。祖父の罪のために、父は原爆による滅びから逃れることができました。

秀太郎は長女徳子を自分の優秀な教え子であった久保田豊に嫁がせたのですが、久保田は三菱重工業長崎製鋼所の所長となります。長崎に原爆が落とされた時、徳子は長崎の道ノ尾に疎開中だった母岩本トハに食料を届けるため爆心地近くを歩いており、一瞬にしてこの世からいなくなってしまうのです。

久保田豊と私の祖母は共に岩本家と姻戚関係があり、しかも、共に伴侶を失っていたため、戦後力を合わせて生きていくために再婚しました。父も祖母とともに長崎に移り住み、そこでキリスト教指導者の先生の紹介で母と結婚することになりました。

もし、祖父が罪を犯さなければ広島原爆によって岩本家は全滅、私は生まれませんでした。アメリカが長崎に原爆を落とすという大罪を犯さなければ、大伯母徳子も死なず、父と母が出会うこともなく、私は生まれることはなかったのです。

祖父の罪の結果、そして、幾十万の人々の尊い命を奪った原爆という罪の結果、生まれた者。どう考えても、存在するはずがなかった者、存在すべきではなかった者、それが私です。

しかし、そのような存在の分裂、存在の逆説の中で苦しむ私に聖霊を注いでくださる神がいました。罪の結果存在している者、存在しないはずだった者を聖霊によって新たに生まれさせ、新しい意味を命に与えられた神がいたのです。

聖書は言います。「神は無から有を呼び出すお方だ」

（ローマ人への手紙４：17）と。

この本を読んでくださっている方々の中にも、自分は存在するはずがなかったとの思いの中で苦しんでいる方がいらっしゃるかもしれません。しかし、存在しないはずのものを創造し、この世に生み出した神は、聖霊を注いで神にある新たな存在の意味を与えてくださる。神の国のために用いてくださるお方がいるのです。あなたを、私を握ってくださっているお方がいるのです。

彼［アブラハム］は、死者を生かし、無いものを有るものとして召される神を信じ、その御前で父となったのです。（ローマ人への手紙４：17）

（注）馬本勉（２００９）「広島中学校『英語之基礎』における語彙選定」『英學史論叢』12号13〜24頁。

11　心のうちを神様に打ち明けると

私たちは、すぐに思い煩います。思い煩うのは、自分がこうしたい、こうなったら良いと思うことがあるのに、自分の力では自分の思い通りにいくかどうか分からないからでしょう。

そんな私たちに聖書は勧めています。「何も思い煩わないで、あらゆる場合に、感謝をもって捧げる祈りと願いとによって、あなたがたの願い事を神に知って頂きなさい」（ピリピ人への手紙４：６）と。

しかし、聖書は「そうすれば、あなたがたの願い事はかなえられる」とは言わないのです。聖書は言います。「そうすれば、人のすべての考えにまさる神の平安が、あなたがたの心と思いをキリスト・イエスにあって守ってくれます。」（同４：７）と。

自分の思いが実現することよりも、もっと大切なことがある。それに聖書は気付かせようとしています。神は私の願い事の全てを知ってくださっている。しかし、私のすべての思いにまさる神の平安がある。その神の平安を私の中に満たすことが、神の答えなのだというのです。

いろいろな思いで揺れ動く私の心、これが最善と思うことさえ、時と場合によって変わるのが私たちの心。しかし、そんな私たちの心と思いを守ってくださる方がいる。ご自身の平安を満たしてくださる。握ってくださっているのです。私たちの心が暴走しないために。

全てを知って導いてくださる神、この方にお任せできますように。


あなた方の父は、あなた方が求める前から、あなた方の必要なものを知っておられるのです。

（マタイの福音書6：8）

12 良心の呵責を覚えるとき

人が大きな過ちを犯した自分に苦しんだり、人を真実に愛することができない自分に落胆するのは、私たちが良心を持っているからです。良心によって、私たちは善悪を判断し、自分を裁くことにもなります。

しかし、私たちの善悪の判断は、自分が基準となってしまっているため、神様の御思いからずれてしまうことがある、ということも憶えておいた方が良いかもしれません。


罪の疼《うず》きや自責の念にさいなまれるのは、自分の良心が自分を赦さないからです。私たちは、赦してほしい自分と自分を赦さない自分との間で分裂してしまっているのです。

一つの心で生きていきたい私たち。私たちの本当の願いは、この一つの心を神様に委ね、この一つの心を神様に捧げながら生きていくことではないでしょうか。イエス様は、そのことを誰よりも深く知ってくださっています。そして、十字架の血を私たちに注ぎかけ、癒してくださる。この心を清めてくださる。

私たちを責め立て続ける良心、イエス様の十字架の血はそれさえ清めてくださる。


また私たちには、神の家を治める、この偉大な祭司［キリスト］がおられるのですから、心に血を振りかけられて、邪悪な良心をきよめられ、からだをきよい水で洗われ、全き信仰をもって真心から神に近づこうではありませんか。約束してくださった方は真実な方ですから、私たちは動揺しないで、しっかりと希望を告白し続けようではありませんか。（ヘブル人への手紙10：21〜23）

13 諦めない

私たちは神に願い事をするときに、自分で制限を加えていないでしょうか。病気が重たいとき、解決が不可能と思えるような問題に直面するとき、「一応祈るけれど、やっぱり無理だろう」と思うことがあります。

しかし、イエス様は聖書の中で一度も「諦めなさい」と言われたことはありません。「信じ続けなさい。求め続けなさい」と言われます。なぜならば、天には私たちの祈りと求めを聞いておられる私たちの父である神がおられるからです。

人間は神の力と恵みを制限しようとします。しかし、私たちの父は全能の神です。私たちに御子イエス様をさえ惜しまずに与えてくださった愛の神です。

思い切って求め続けよう。祈り続けよう。私たちに必要なものは、思い切って求める勇気です。思い切って呼びかける勇気です。「天のお父さん！」と。

イエス様は私たちを諦めることはありません。私たちも諦めてはなりません。

あなたがたは、悪い者ではあっても、自分の子どもたちには良いものを与えることを知っているのです。それならなおのこと、天におられるあなたがたの父は、ご自分に求める者たちに良いものを与えてくださらないことがありましょうか。（マタイの福音書7：11）

14 真実は真実を呼び起こす

信仰とは、神様の真実に触れられた時、私たちの真実がそれに応えることです。死んでいた私たちの真実が甦り、私たちの真実が神様に向かって喜びの声を上げる。神様の真実を誉め讃え、黙っていられなくなるのです。

苦しい時もあります。祈りたくても祈れない時もあります。神様がどこにいるのか分からなくなる時もあるでしょう。

しかし、そんな私たちのたましいの渇きを知ってくださっている神様がいます。再び真実をもって訪れてくださる神様がいるのです。苦境の中でも私たちの真実は、このお方の真実に応える。どんな時にも、真実は真実に応えるからです。

ともに祈りましょう「神様、あなたの真実をもって、私に触れてください」と。

真実は真実を呼び起こす。

私はあらゆる時に主をほめたたえる。私の口には、いつも主への賛美がある。私のたましいは主を誇る。貧しい者はそれを聞いて喜ぶ。私と共に主をほめよ。共に、御名をあがめよう。（詩篇34：1〜3）

15　神様の瞳とされるまでに

終戦75年目となる今日8月15日、預言者ゼカリヤに語られた神の声に耳を傾けたいと思います。

「エルサレムは、その中の多くの人と家畜のため、城壁のない町とされよう。しかし、わたしが、それを取り巻く火の城壁となる。――主の御告げ――わたしがその中の栄光となる」（ゼカリヤ書2：4〜5）。

神の都エルサレムは、城壁や武力によって守られるのではなく、神ご自身がその火の城壁となるとお約束になっています。しかし、それには一つの条件がつけられていました。

それは、「互いに真実を語り、あなたがたの町囲みのうちで真実と平和のさばきを行なえ。互いに心の中で悪を計るな。偽りの誓いを愛するな」（ゼカリヤ書8：16〜17）という神の命令を守ることでした。

日本が平和国家として世界に貢献するためには、平和憲法を標榜するだけでは十分ではありません。神に日本をご自分の宝だと思って頂けるほど、私たち日本人一人一人の心の中が神の真実と平和に満たされることが必要なのです。

神は言っておられます。「あなたに触れる者は、わたしのひとみに触れる者だ」（ゼカリヤ書2：8）と。それほどまで、神と一つになる、神の瞳のようにされる。

戦争をしないと決めた国が外国から攻撃されないためには、世界レベルのパワーバランスの維持や外交努力が必要です。

しかし、何よりも、神に喜んで頂ける国、一人一人が神の真実と平和に生きる民となることが大切なのです。神ご自身が、わたしがこの国の火の城壁となると約束してくださるような国、私たち一人一人となることです。

戦争で命を落とした方々も切実な思いで待ち望んでいます。それは、私たちが神の子とされることです。キリストに似た者とされ、キリストに似た者として生きることです。

被造物のすべて〔死んだ人も含む〕は、今に至るまで、ともにうめき、ともに産みの苦しみをしています。
（ローマ人への手紙8：22）

被造物は、切実な思いで、神の子どもたちが現れるのを待ち望んでいます。（同8：19）

16 この乏しいものを

主イエスは、人里離れたところまでご自分についてきた男だけで五千人という大群衆を満腹させるという奇跡を行われた。

しかし、その時の主と弟子たちの会話を注意深く見ると、主は「わたしが彼らに食べる物を与える」とはおっしゃっていない。弟子たちに「あなたがたが彼らに食べる物を与えよ」とおっしゃっているのである。

弟子たちが持っていたのは二匹の魚と五つのパン。主イエスは、それを感謝し、祝福し、弟子たちに配るようにお命じになった。すると大群衆が満腹するまで食べ、なお十二かご分のパン切れが余ったと言うのである。

私が持っているものは乏しく、みすぼらしく見える。多くの人を養うことができるようなものではない。私が聖書を読み、心の井戸から湧き上がる感激と喜び、それは、私一人が今日一日生きるためのものだ。

しかし、主は、私に「お前が彼らを養え」とお命じになっている。主は、私の持っている乏しいものを感謝し、祝福してくださる。「それを彼らに配れ」と。

主様、それをどのようにお用いになるかは、あなたのお心次第です。私は、あなたがお命じになることをすることができますように。

日が傾き始めたので、十二人はみもとに来て言った。「群衆を解散させてください。そうすれば、彼らは周りの村や里に行き、宿をとり、何か食べることができるでしょう。私たちは、このような寂しいところにいるのですから。」すると、イエスは彼らに言われた。「あなたがたが、あの人たちに食べる物をあげなさい。」

（ルカの福音書9：12〜13）

17 不完全なものを完全なものとして

イスラエルの祖先アブラムは、「あなたを祝福する」という神の声を聞いて、住み慣れた土地と家族を離れ、神の示す地にやって来ました。しかし、彼は子どもが生まれないまま、老人になってしまいます。

神は、「あなたとあなたの子孫にこの地を与える」と約束なさいますが、アブラムにはそれも虚しく聞こえるだけです。

神は、そんなアブラムを天幕の外に連れ出し、満天の夜空をお見せになります。そして言われました。「あなたの子孫はあのようになる」と。その時、アブラムは初めて神を信じました。聖書は言います。「主は、それを彼の義と認められた」と。

しかし、その後のアブラムの行動は、神の御思いに沿ったものとはならなかったと聖書は語ります。不妊の妻から女奴隷を与えられ、彼女によって子どもを得ます。また、その土地の王アビメレクを恐れたアブラムは、妻をアビメレクに差し出して、身の安全を図ろうとします。アブラムのこれらの行動は、「家を守る」という観点から、熟慮して行われたものでしたが、「アブラムとその妻サラに子どもを与える」という神の御思いからは大きくずれたものであったのです。

「主は、アブラムを義と認められた」と言います。しかし、彼の信仰は、決して完全なものではなかった。聖書は、それを明言しているように思えます。

神の真実に触れられた時に、アブラムの中の死んでいた真実がそれに答えた。神はそれを喜ばれたのです。そして、不完全なものを完全なものとして受け止めてくださった。これが神の救いなのです。

私たちも同様ではないでしょうか。義と認められるような完全な信仰は誰も持っていません。ただ、神の真実に触れられ、私たちの中で死んでいた真実がその呼びかけに答えた。神は、それを良しとしてくださったのです。完全なものとして喜んでくださったのです。呼びかけてくださった方、喜んでくださった方、このお方に全てがあります。

主はアブラムを外に連れ出して言われた。「天を見上げて、星を数えることができるなら、数えてみなさい。」そして言われた。「あなたの子孫はこのようになる。」アブラムは主を信じた。主はそれを彼の義と認められた。」

（創世記15：5〜6〔聖書協会共同訳〕）

18 キリストの平和を求めて

怒りがある時、不信感と苛立ちがある時、不安、恐れがある時、私たちの心は波立ち、物事の本質を見失い、自分自身の立ち位置を見つけられなくなっています。

他の人との間に平和を求めようとしても、まず自分自身の中に平和がないのです。自分の中に平和がなくて、どうして他の人との間に平和を築くことができるでしょうか。

聖書は言います。「キリストの平和があなたがたの心を支配するようにしなさい」（コロサイ人への手紙3：15）と。

「キリストの平和」という実体があるというのです。波立つ心、恐れと不安、怒りで満たされている心を治める「キリストの平和」があるのだと。

イエス・キリストが十字架の上で流された血が平和を作ったと聖書は言います。その血を受ける時に、私たちの心は聖められ、自分の心の中にあった分裂と痛みが癒されていく。

その時、赦されなければならなかったのが自分であることを知るのです。「私たちの罪をお赦しください。私たちも、私たちに罪を犯した者たちを赦しました」と祈れと教えてくださったキリストの祈りが、私たちの上に実現して行く。

キリストが私たちのために祈ってくださっていることが分かる。「キリストの平和」を私たちの中に、外に、満たそうとしておられるお方がいることを知るのです。

なぜなら、神はみこころによって、満ち満ちた神の本質を御子のうちに宿らせ、その十字架の血によって平和をつくり、御子によって万物を、ご自分と和解させてくださったからです。地にあるものも天にあるものも、ただ御子によって和解させてくださったのです。
(コロサイ人への手紙1:19〜20)

19 舌の争いから

言葉は、人を他の動物から区別する最大の特徴です。人は言葉なしに生きて行くことはできません。

しかし、人は言葉によって愛を表現することも、憎しみを表すこともできます。平和を造ることも、壊すこともできるのです。

今日、私たちはどのような言葉を語り、どのような言葉を聞くでしょうか。

私も、様々な人と会い、協議、決定しなければならない仕事をしています。意見が合わない人、利害が対立する人と同席することにもなります。舌の争いを避けるために、人と会わないようにするというわけには行かないのです。

しかし、そんな中にあっても、神様は、私たちをご自分のそばに引き寄せ、語りかけてくださる。

聖書を通して語りかけてくださる神様の言葉を聞きながら生きる時、人の言葉によって自分を失うことがなくなって行くのです。

傷つくことはあります。揺さぶられることもあります。しかし、私たちを待ってくださっている神様がいる。神様ご自身が私たちに語りかけてくださる。

自分の思いを実現させることではなく、神様の御思いが実現することを第一にし、これを求めて行くなら、きっと私たちの周囲に平和が実現して行くでしょう。私の上にも、あの人の上にも神様の御手が置かれ、私たちは癒されて行くでしょう。

あなたは彼らを人のそしりから、あなたのおられるひそかな所にかくまい、舌の争いから、隠れ場に隠されます。(詩篇31:20)

20 私たちはこれによって輝く

「艱難《かんなん》汝《なんじ》を玉にする」という諺があります。苦しみを経ることによって人格が磨かれ、輝く玉になるという意味です。聖書の中にも銀の精錬を例えに、苦しみが人格を鍛え上げるという箇所があります。

しかし、玉を磨くのと、銀を精錬するのは根本的に違います。銀は、鉛やマンガンなどの不純物との合金として銀鉱石から取り出され、さらに火によって精錬され、純粋な銀が取り出されます。火によって不純物を取り除くことによって、銀はその価値が明らかにされるのです。

人も磨くだけでは、その価値は明らかにされません。この中にある罪や汚れた思い、それはどんなに磨いても輝くことはないのです。

神様は、これを取り除き、真に価値あるご自分の子の真の姿を明らかにしようとしておられます。神様ご自身が私たちを人生の苦しみ、悩みの炉の中に置かれます。そこで私たちの中にある高慢、貪欲、汚れ、偶像崇拝の罪を取り除かれるというのです。

しかし、神様はそこに私たちを放置しているのではありません。「この方は、銀を精錬し、これをきよめる者として座に着き、レビの子らをきよめ、彼らを金のように、銀のように純粋にする」（マラキ書3：3）。

神様ご自身が精錬工として座に着き、私たちのすぐそばで見守り、罪や汚れを取り除いてくださっている。私たちのすぐそばにいてくださるお方がいる。私たちは一人ではない。

人生の苦しみは、私たちを卑しめることはできません。いや、むしろ、私たちは純粋なものとされ、神様の光を反映するものとされるのです。

神の子の実存が明らかにされていく。神様の火の中で私たちも輝く存在と変えられる。私たちは神様の御手の中にあるのです。

希望を失ってはなりません。

見よ。わたしはあなたを錬ったが、銀の場合とは違う。わたしは悩みの炉であなたを試みた。（イザヤ書48：10）

この方は、銀を精錬し、これをきよめる者として座に着き、レビの子らをきよめ、彼らを金のように、銀のように純粋にする。（マラキ書3：3）

21 人は何によって生きるか

私たちは人生の行路において多くのことを学びますが、本当に重要なことはそれほど多くありません。その一つが、「人はパンだけで生きるのではなく、人は主の口から出るすべての言葉によって生きる」という聖書の言葉です。

人は、目に見えるものによって自分の幸福度を測ろうとします。神の愛と祝福を測ろうとします。しかし、聖書は言います。「目に見えるものの背後に、もっと確実な神がおられる」と。目に見える世界を存在せしめ、これを支えている神の言葉があるというのです。

神は、すべてのものをその言葉によって創造されました。「光あれ」という言葉によって光を存在せしめた神がおられるのです。

荒野での40年の流浪生活で、イスラエルの民は、岩から水を湧き出させる神の力、毎日マナを与える神の恵みを経験しました。そのようにして、神は、彼らに「主の口からでるすべての言葉」によって生きることをお教えになりました。

目に見える状況が良くない時、神は意地悪をなさっているのではありません。この時こそ、「主の口から出るすべての言葉」によって生きることを知る時です。

疑いがやってくる時、今日の言葉を声に出して言ってみませんか。イエス・キリストは、この言葉でサタンの誘惑を撃退なさいました。

目には見えないけれど、私たちを見捨てない神がいる。その言葉によって私たちを生かしてくださる神がいるのです。

人はパンだけで生きるのではなく、人は主の口から出るすべての言葉で生きる。

（申命記8：3〔聖書協会共同訳〕）

22 愛の基準によって

不正の利を貪ることは、古今東西を問わず、どこででも見られる人の罪です。今の日本でも、毎日のように報道されています。聖書の時代にも不正の量りがありました。それを用いることは、神が他の人に与えられた権利と領域を侵す暗闇の働きで、人に対する罪であると同時に、神に対する冒涜《ぼうとく》行為であると聖書は言います。

私たちは、このようにあからさまに不正の利を貪ったことはないとしても、人を評価したりする時に、異なった基準を使い分けるということはあるかもしれません。自分の都合に合わせて人に対する評価を変えたり、気分によって人に対する態度を変えたりするということです。さらに、面と向かって言えないことについて、陰口を叩いたり、噂話をすることも、これに含まれるでしょう。このようなことによって尊厳を傷つけられている人が何と多いことでしょうか。

私たちがダブルスタンダードの罪に陥らないためには、神が一人一人をどのように見ていらっしゃるかを知ることが必要なのかもしれません。神は言っておられます。

「わたしの目には、あなたは高価で尊い」（イザヤ書43：4）と。

イエス・キリストは、神のこの唯一の基準に生き抜かれました。それは、神が「高価で尊い」と言われた私たち一人一人のために自分の命を捨て、私たちを生かすという基準だったのです。

命を捨てて私の尊厳を守られた方は、あの方の尊厳をも同じように守っておられる。いつも心に留めていたいと思います。

あなたは袋に大小異なる重り石があってはならない。あなたの家に大小異なる升があってはならない。

（申命記25：13〜14）

23 天国も色あせる

パウロは喝破しました。天地を創造なさった神に向かって、「お父さん！」と呼びかけることができるようにしてくださったイエス・キリストの十字架の血潮、そこに顕された神様の絶大な愛、これこそ、天地を貫く絶対的な力であると。天国も地獄も、御使いも悪魔も、キリスト・イエスにある神の愛から私たちを引き離すことはできないのだと。

教会では、キリストを信じたら救われて天国に行けると言われることが多いですが、そこには、天国が目標であって、キリストを信じることが手段であるという意味が含まれ、聖書からずれています。

聖書は言います。天国さえ色あせる。それがイエス・キリストにある神の愛だ。「お父さん！」と呼びかける神との関係だ。これが絶対的な力だ。ここに人を救う力があるのだ。これこそが全ての全てだ。

躓いたり、失敗したり、傷ついたり、病気になったり、いろいろなことで「お父さん！」と心から呼ぶことができなくなってしまう私たちです。

しかし、そんな私たちにイエス・キリストは今も十字架の血を注ぎ、聖霊を注ぎ、「お父さん！」と呼ぶ霊を私たちのうちに吹き込んでくださる。うなだれていた神の子の実存が立ち上がる。

神の愛が私たちを握ってくださっている。地獄はおろか、天国さえ、イエス・キリストにある神の愛から私たちを引き離すことはできません。神と私たちの間に割って入ることはできないのです。それほど、キリスト・イエスにある神の愛、あなたに対する神の愛は絶対なのです。

私はこう確信しています。死も、いのちも、御使いも、権威ある者も、今あるものも、後に来るものも、力ある者も、高さも、深さも、そのほかのどんな被造物も、私たちの主キリスト・イエスにある神の愛から、私たちを引き離すことはできません。

（ローマ人への手紙8：38～39）

24

キリストこそ答え

私は、高校2年生の夏から大学4年生の夏までの5年間、酷い吃音に悩まされました。ある日突然、ア行、カ行、タ行、ラ行、ガ行、ザ行、ダ行、バ行、パ行の音で始まる文が全て言えなくなってしまったのです。高校生の時に受けた強い精神的なショックとストレスが原因でした。

名前は「いわもと・えのく」ですから、勿論自己紹介することもできません。できるだけ人前で発言しなくて良いように、学校ではおとなしくしていました。授業中に指された時は、分かっていても「分かりません」と言えば良い。「ワ」なら言えるからです。でも、英語は困りました。「岩本、次読め」と言われた時、「分かりません」とは言えません。しかも、英文は私が言えないAやThで始まる文が圧倒的に多いのです。何度、脂汗をかき、立ち往生したことか。その恥ずかしさ、苦しさは経験した人にしか分からないでしょう。

しかし、私は、大学4年生の夏休み7月29日にイエス・キリストに出会いました。イエス・キリストの御霊が私の心と体の全てを満たしました。そして、その時、吃音がすっと私から消えてなくなったのです。胸にあった二つの病気の影もなくなり、毎日のように私を苦しめていた悪夢も見なくなりました。私は本当の喜びを知りました。私を縛り付けていた恐れという鎖がキリストの御霊によって切って落とされたのです。

その日以来、吃音で苦しむことはなくなり、私は人の前で話をする仕事や働きをするようになりました。

吃音で苦しむ全ての人が私と同じような原因で吃音になるわけではないし、同じようにある日突然吃音から解放されるわけでもないと思います。私のケースは非常に特殊だったのかもしれません。

しかし、イエス・キリストは、私たちの人生の問題に対する答えを持っておられます。それがどのようなものであるのか、一人一人違うでしょう。しかし、この方に答えがある。そのことを多くの人に知ってもらいたいと思います。

人生の苦しみの中にある人たちのために私は祈ります。人生の鍵を握っているこのお方と出会うことができますようにと。

このイエスの名が、その名を冠した信仰のゆえに、あなたがたの見て知っているこの人を強くしました。その名による信仰が、あなたがた一同の前でこの人を完全に癒したのです。（使徒言行録3：16［聖書協会共同訳］）

25

ことばは人格を作り上げる

言葉は、内的世界と外的世界の間に開いた窓です。言葉を聞くことによって、私たちは外の世界の価値観を内的に取り込みます。確かに、私たちは言葉によって多くのことを学びます。

そして、私たちの人格は、自分が聞く言葉によって形成されるのです。私たちは、どのような言葉を聞き続けているでしょうか。誰の言葉を聞いているでしょうか。

キリストは言われました。「死んだ者が神の子の声を聞く時が来る。今がその時である。その声を聞く者は生きる」（ヨハネの福音書５：25）と。

聖書の言葉の中にキリストの声を聞く。その時、私たちの内に、それまでとは全く違った新しい人格が作り出されます。罪の中に死んでいた者の中に、新しい神の子という実存が生み出されるのです。

今日も聖書の言葉の中にキリストの声を聞くことができますように。キリストの足許に座り、心の耳を澄ましてみよう。聞くことを求める者の願いにキリストは答えてくださいます。

また、自分が何を語っているのか、振り返ってみましょう。自分が語るのはキリストの言葉なのか、自分の言葉なのか、それとも、誰か他の人の言葉なのかを。

実に、信仰は聞くことにより、しかも、キリストの言葉を聞くことによって始まるのです。

（ローマの信徒への手紙10：17〔新共同訳〕）

26

主を待ち望むに相応しい心と体へ

人は神の助けを求め、すぐに神が答えてくれることを期待します。確かに、神は祈りにすぐに答えてくださることも多いですが、何年も、時には何十年も祈り続けなければならないこともあります。

そんな時、私たちが心に留めなければならないことは、神の回答を待つ間こそ、私たち自身が神の御心に相応しい者に作り変えられる時だということです。

神を待ち望むとは、私たちが自分の思いと行いを離れて神に立ち帰ること、愛と公正を行うことだと聖書は言います。ただ、解決を求めて祈るだけではない、神の御心を自分の心として行う者となっていくこと、これが神を待ち望むということなのだと。

問題の中に投げ込まれた時こそ、神との深い霊的な交わりを求める時です。

今日、私自身が離れるべき思いと肉の行いは何か？

神が求められる愛と公正とは何か？

主様、あなたを待ち望むに相応しい心と体になることができますよう、お助けください。


あなたはあなたの神に立ち帰れ。慈しみと公正を重んじ、絶えずあなたの神を待ち望め。

（ホセア書12：7［聖書協会共同訳］）

27 現実に生きる

私たちは現実の世界に生きていながら、時として空想の世界に埋没してしまうことはないでしょうか。現実には存在しない悪い状況を思い浮かべ、不安を募らせることがあります。また、真実かどうかも分からない噂話に巻き込まれていくこともあります。

空想とヴィジョンとは別物です。ヴィジョンは良き未来を展望し、それを切り拓く力です。一方、空想とは実体のない世界に心が縛られることです。

私たちは実体のない空想の世界を離れ、現実に働く神の自由な世界に生きていけるようにと思います。

これまでに人に裏切られたり、深く傷つけられたり、あるいは大きな失敗をしたことがあると、現実の世界に生きていながら、悪い状況を思い浮かべて足がすくむということがあるかもしれません。

そんな時、現実の世界の中に生きて働いておられるイエス・キリストの言葉に耳を傾けることが出来ますように。キリストは決してあなたを見放さず、見捨てず、現実の生活の中であなたを祝福してくださる神です。


俗悪で愚にもつかない作り話を避けなさい。むしろ、敬虔のために自分を鍛錬しなさい。

（テモテへの手紙第一4：7）

28 真実のことばの世界

キリストは「決して誓うな」と教えておられますが、「誓い」と「契約（あるいは誓約）」を混同すると、この教えの意味が分からなくなります。

「契約」は違反した場合、何らかの報い（罰）が与えられることが規定されているものです。一方、単なる「誓い」は、それが何にかけて誓ったものであれ、不真実な言葉の世界の出来事です。なぜなら、誓いは、果たされなくても自分に損害が及ばないということを前提としているからです。

「決して誓うな」とは、不真実な言葉の世界から、真実の言葉の世界に移し替えられよという教えなのです。

神の真実、神の子キリストの真実の言葉に触れられるとき、私たちの中に死んでいた真実が甦り、それに応える。そのような真実の世界がある。これに私たちを生かすために、キリストは十字架にかかり、甦られたのです。

私たちは、右往左往するでしょう。行ったり来たりするでしょう。倒れることもあるでしょう。しかし、真実をもって触れてくださる神は、私たちを信じ抜き、この真実の言葉の世界に生きる者へと造り変え、導き続けてくださるのです。

しかし、わたしはあなたがたに言います。決して誓ってはいけません。天にかけて誓ってはいけません。そこは神の御座だからです。地にかけて誓ってもいけません。そこは神の足台だからです。エルサレムにかけて誓ってもいけません。そこは偉大な王の都だからです。自分の頭にかけて誓ってもいけません。あなたは髪の毛一本さえ白くも黒くもできないのですから。あなたがたの言うことばは、『はい』は『はい』、『いいえ』は『いいえ』としなさい。それ以上のことは悪い者から出ているのです。

（マタイの福音書5：34～37）

29 弱さを感じる時

伝道者パウロは、キリストの愛を地中海世界に伝えるために大活躍した人でしたが、病気を持ち、弱さを感じていました。キリストにその病気を癒してくださるようにと何度も祈りましたが、キリストは「私の恵みはあなたに十分である」（コリント人への手紙第二12：9）と言われ、癒されませんでした。

キリストには別のお考えがあったと聖書は言います。それは、病気のパウロの祈りによって多くの人を癒し、神の力を顕すというものだったと。

私たちは、弱い自分を見ます。癒しを求めて祈り続けても、なかなか癒されない時もあります。

しかし、癒しが与えられない時、弱さを感じる時、キリストはあなたを見捨てているのではありません。あなたの弱さの中に働いて、あなたを通して大きな愛の業をなさろうとしておられるのです。

病気で苦しむ時も、病気で苦しむ他の人のために祈る自由が与えられる。キリストは、病人の祈りによって他の人を癒し、神の国を作られるお方。

弱さを感じる時、私たち一人一人の中におられるキリストを誇りましょう。この中には、測り知ることのできない大きな愛の業を行なうことのできるキリストがおられるのです。

私たちは、この宝を、土の器の中に入れているのです。それは、この測り知れない力が神のものであって、私たちから出たものでないことが明らかにされるためです。

（コリント人への手紙第二4：7）

30 人生のろくろ

神は人を土の塵でお造りになりました。そのため、聖書ではよく、神を陶器師、人を粘土に譬えています。

神の姿に似せて造られ、神の命の息、神の霊を吹き込まれたのが人でした。しかし、自分を見ると、どこに神の姿があるのだろうと思うほど汚れ、賤しい存在に成り果ててしまっている。

しかし、神はそんな私たちを投げ捨てず、御手の中に握ってくださっています。

固まった粘土が自分では自分を変えられないように、凝り固まった心を変えられない私たちがいます。しかし、神はそんな私たちの心に命の水を与え、柔らかくし、ろくろの上でご自分の望む形に変えてくださる。御心にかなう器にしようとしてくださる。

人生のろくろは回ります。そして、そこに私たちを包み込み造り変えてくださる神の温かい御手があります。「あなたがたは、わたしの手の中にある。」

この方に任せて生きていくなら、いつかキリストの姿のようになる。私たちの希望は、私たちを創造し、御手の中で造り変える神から来ます。


見よ。粘土が陶器師の手の中にあるように、イスラエルの家よ、あなたがたは、わたしの手の中にある。

（エレミヤ書18：6）

31 雨は降る

乾燥地帯であるイスラエルには雨が降る季節と、降らない季節があります。現在のような灌漑の技術がなかった聖書時代のイスラエルでは、私たちが想像できないほど、雨に対する強い渇望があったに違いありません。

しかし雨の降らない季節の後に雨の季節がある。神様が祝福を注いでくださる季節があるというのです。

人生には、渇くときがあり、神様の祝福が目に見えないと感じることもあるでしょう。しかし、後の雨（春の雨）の季節を備えて雨を降らせる方は、私たちの人生にも雨を備えてくださっているのです。

長く渇いていると、もう潤されることはないのかと感じることもある私たちです。

しかし、雨は必ず降ります。「主に雨を求めよ」と聖書は言います。恐れずに求めよと。雨は必ず降るからです。「癒してください」「満たしてください」と祈って大丈夫なのです。私たちを癒し、満たす方が生きているからです。

雷鳴と共に溢れるほどの祝福の大雨を私たちに注いでくださる。神様は、ご自分の約束を必ず守られます。

後の雨の時に、主に雨を求めよ。主はいなびかりを造り、大雨を人々に与え、野の草をすべての人に下さる。

（ゼカリヤ書10：1）

366日元気が出る
聖書のことば

9月
September

1　聖なるものとされた

パウロが手紙を書き送ったコリント教会には、深刻な内部対立がありました。性的な乱れ、礼拝の混乱、弱者の抑圧などもあり、これが教会なのかと言いたくなるような状況だったようです。

このような問題に対する解決を与えるために、パウロは何度も手紙を書き送るのですが、その冒頭で、「聖徒として召され、キリスト・イエスにあって聖なるものとされた方々」と呼びかけます。

パウロのこの希望と確信はどこから来るのでしょうか。確かにコリント教会には大きな問題がありましたが、そんな彼らを「聖徒」として召された方の御心は変わらないからです。彼らを聖めたイエス・キリストの十字架の血の力と効力は永遠に変わることはないということを、パウロは先ず明らかにしているのです。

問題だらけの私たち、しかし、そんな者に責められるところのない者という立場を与え、私たちを御手の中で固く保ってくださっている方がいる。

キリストは言っておられるのです。「わたしは、十字架の上で血を流し、お前を買い取った。お前はわたしのものだ。誰にもお前を責めさせない」と。

コリントにある神の教会へ。すなわち、私たちの主イエス・キリストの御名を、至る所で呼び求めているすべての人々とともに、聖徒として召され、キリスト・イエスにあって聖なるものとされた方々へ。主は私たちの主であるとともに、そのすべての人々の主です。……主も、あなたがたを、私たちの主イエス・キリストの日に責められるところのない者として、最後まで堅く保ってくださいます。（コリント人への手紙第一 1：2、8）

2　偉大な出会いは計算を超える

キリストは、弟子たちをお選びになったとき、「わたしについて来なさい」と声をおかけになりましたが、ご自分に従うことに伴う損得については、ご説明にはなっていません。ただ、「ついて来なさい」「従って来なさい」と仰っています。

私たちは、人生の進路を決める大きな決断をする時、その道を進むことによって得られる利益と損失を計算したりします。

しかし、計算によって選択した人生の道には、不安と後悔が付きまといます。人生は計算通りには進まないからです。

人生の決断は、出会いによって与えられます。偉大な人格との出会いは、計算を超えます。人は誰でも、計算を超える出会い、偉大な人格との出会いを求めているのではないでしょうか。計算によっては測ることができない絶大な価値を一人一人の中に造られた方がおられます。神は、人をご自分の姿に似せて造り、ご自身のいのちの息を吹き入れられました（創世記1：27、2：7）。

若者にも、壮年の者にも、人生の最期を見つめている人にも、いのちの息を吹き込んでくださる方がいる。この方が呼んでくださっている。「わたしについて来い」と。

イエスは、ガリラヤへ行こうとされた。そして、ピリポを見つけて、「わたしに従って来なさい」と言われた。
（ヨハネの福音書1：43）

3　神様は変わらない

私たちはみな、イエス様に出会った時、この方に自分を捧げて、この方のために生きて行きたいとの願いを持つようになります。それは、私たちが無理して告白しているのではなく、イエス様が与えてくださった賜物と召命に対する自然な応答なのです。

しかし、残念なことに、イエス様に対するこの最初の思いを失ってしまうことも多いようです。私自身も、小学生の時からイエス様のために生きたいと思って、高校生の時には献身もしました。しかし、大学生になって、全てが分からなくなり、信仰を捨てて生きようとしていた時期がありました。

最初の思いを失ってしまうのは、清められていない自分の罪が原因である場合もあるし、教会の中でのトラブルが原因である場合もあります。もう一度「あなたに私自身を捧げます」と告白するのが恐くなるほど、心に痛手を負ってしまうことがあります。

しかし、イエス様は、私たちの最初の告白を憶えておられます。イエス様の招きに素直に答えたあの日の心を御手の中に握ってくださっているのです。そして、私たちを癒してくださる。清めてくださる。

今すぐにその時の心に戻ることは難しいと感じるかもしれません。イエス様も私たちを急き立てたりなさいません。

この方は、ご自身の時間の中で私たちを完成なさる方。約束したことを決して忘れず、実現なさる方です。やがてもう一度、この方の与えてくださった賜物と召命に生きる喜びに満たされる時がやって来る。

永遠という時間の中で、私たちを完成なさる方がいるのです。

神の賜物と召命とは変わることがありません。

（ローマ人への手紙11：29）

4 心の闇は行為に隠れる

神が私たちにお求めになるものは何でしょうか。それは、立派な教会堂ではありません。形式だけの礼拝でも、心のない捧げものでもありません。神は、私たちが何かを捧げなければ困るような方ではないのです。

全てのものは神が造られたもの、神のものです。

聖書は言います。神がお求めになるもの、それは謙遜な心、砕かれた心、神の言葉におののく者だと。

私たちは、クリスチャンとして行っている自分の行為を見て、「一応これで大丈夫」と思ってしまうことがあります。礼拝にも行った。献金もした。聖書も読んだし、祈りもした。

しかし、このような思いは、自分はクリスチャンとして駄目なのではないか。礼拝に行っていない。献金もしてない。聖書も読んでいないし、祈ってもいない、という思いと同じ次元、同一線上にあるものです。自分の行為という物差しで自分の信仰を測っているからです。心は自分に向き、神に向いていません。

善行の陰に隠れた自分の心の闇、汚れ、自分ではどうすることもできない、この自分という存在があることを否定することができません。

聖書のメッセージを書くという私の行為も私の心の闇を隠すものとなり得る。神の御前では全てが明々白々です。隠れることはできません。

天はわたしの王座、地はわたしの足台。わたしのために、あなたがたの建てる家は、いったいどこにあるのか。わたしのいこいの場は、いったいどこにあるのか。これらすべては、わたしの手が造ったもの、これらすべてはわたしのものだ。——主の御告げ——わたしが目を留める者は、へりくだって心砕かれ、わたしのことばにおののく者だ。（イザヤ書66：1〜2）

5　霊的自立を勝ち取るために

私の父はキリスト伝道者でしたが、大学生の私に一言次のように言いました。

「経済的自立無くして精神的自立はなく、精神的自立なくして霊的自立はない。」

他の人から経済的な支援を受けていては、いざという時、自分が信じるキリストの道を妥協せず進むことができなくなるということを私に伝えようとしたのですが、この父の言葉は、今に至るまで私の生き方に強い影響を与えました。

今私が、大学の教師をしながら伝道し、教会からは報酬を全く受け取っていないのは、精神的霊的に自立した者として、自分が信じるキリストの道を伝えるためです。

神は、預言者ミカをとおして偽りの預言者たちを糾弾なさいました。食べ物を持って来る者には平和を、持ってこない者には呪いを語る偽りの預言者たちには、神の言葉は決して与えられないと。

金が教会の中で大きな発言力を持つようなことは、決してあってはなりません。名前のついた献金には、神からの報いが与えられることはないと、主イエスも警告しておられます。（教会は、なぜ二千年間、主イエスのこの警告を無視し続けるのか？）

また、キリストの名を騙《かた》りながら人を支配し、金を集める者たちがいます。このような者たちには厳しい神の裁きがくだされることを忘れてはなりません。彼らに支配されてはなりません。

預言者たちについて、主はこう仰せられる。「彼らはわたしの民を惑わせ、かむ物が歯にあれば、『平和があるように。』と叫ぶが、彼らの口に何も与えない者には、聖戦を宣言する。」それゆえ、あなたがたには、夜にも幻がなく、暗闇にも占いがない。太陽も預言者たちの上に沈み、昼も彼らの上で暗くなる。先見者たちは恥を見、占い師たちは屈辱を味わう。彼らはみな、口ひげをおおう。神の答えがないからだ。(ミカ書3：5～7)

6 私たちのすべて

昔も今も、キリスト教会の中にある最大の戦いは、律法主義との戦いです。

「キリストを信じるだけで救われる」と教えられ、安心してクリスチャンになった筈だった。

それなのに、成長したクリスチャンになるためには、これをしなければならない。教会に貢献できるクリスチャンでなければ、本物のクリスチャンとは言えないという言葉が聞こえる。

もしこのようなことを教会の指導者が言うようになったら、それは「律法主義」の教えであり、聖書が伝えるキリストの福音から質的にずれたことを宣べ伝えているということを知らなければなりません。

「キリストの平和教会」では、「もし私がそのようなことを一回でも言ったら、礼拝が終わるのを待たず、すぐに荷物を持って出て行き、二度と戻って来ないでください」とお願いしています。

自分の行いによって救いが得られるとか、救いが完成するとかという考えは、キリストの十字架を真っ向から否定するものです。

私たちの主、私たちの王であるイエス・キリストが、こんな私たちのために十字架に架かってくださった。これが私たちの全てです。これ以外に何もありません。

皆さんのうちの誰かが、何らかの行いによって救いを得よう、立派なクリスチャンと思われるために、何かをしようと思っているなら、私もパウロと共に、あなたに懇願します。十字架のキリストだけをあなたの全てとしてください。

7 卑しめられることを恐れるな

しかし私には、私たちの主イエス・キリストの十字架以外に誇りとすべきものが、決してあってはなりません。
（ガラテヤ人への手紙6：14）

私たちは、馬鹿にされたり、屈辱を与えられたりすると、何倍にも仕返しをしたくなる衝動に駆られます。

そんな私たちに聖書は、復讐は神のもの、あなたは自ら復讐してはならないと諭します。侮辱されたり、屈辱を与えられたりした時の怒りが私たちの行動を支配してはならないと。私たちには、今の屈辱しか目に見えませんが、神は、永遠という時間、霊の世界の原則で目に見える世界の問題に解決を与えてくださるからです。

主イエスも、「ご自分の前に置かれた喜びのゆえに、辱めをものともせずに十字架を忍び、神の御座の右に着座されました」（ヘブル人への手紙12：2）。

このお方が、私たちの今の惨めな状況を知ってくださっている。この方を死から甦えらせた神が、私たちをも甦らせてくださる。今全ては見えないけれど、このお方に信頼しよう。

「静けき河の岸辺を」（「安けさは河のごとく」）を作詞したホレイシオ・スパフォードという人がいます。彼は、突然自分と家族に降りかかった悲劇の中、役員を務めていた教会からの根拠のない断罪という辱めを受け、アメリカを去り、伝道者ムーディの活動に参加するためイギリスに渡ることにしました。しかし、妻アンナと娘四人が乗った船は大西洋で鉄の帆船に衝突され、沈没。妻アンナだけが助かり、娘4人を失うという悲惨に見舞われます。

しかしどん底まで低められ、卑しめられたホレイシオに神が語りかけました。It is well with my soul.（私の魂については、大丈夫なのだ。）この魂を守ってくださっているお方がいる。

スパフォード夫妻は、その後、エルサレムに移住し、その地の平和のため、また貧困に苦しむ人々のために活動を行います。彼らはホテルを始めるのですが、それは今も東エルサレムにあるアメリカン・コロニー・ホテルAmerican Colony Hotelです。料理に定評がある一流ホテルで、今もスパフォード夫妻の子孫が運営しています。

人生の悲劇がなぜ起きるのか。それに対する答えは与えられないかもしれません。しかし、そこを訪れ、共に悲劇を潜り抜け、再び立たせてくださる神がいるのです。背負ってくださる神がいるのです。

主は、私たちが卑しめられたとき、私たちを御心に留められた。その恵みはとこしえまで。（詩篇136：23）

8 心が千々に乱れるとき

私たちは、日常の生活の中で急に多くの責任や問題が降り掛かってきて、心が千々に乱れるということを経験します。聖書を読もうとしても、目は文字を追っているのに、心は他のことを考えているという状態にもなります。

そんな時は思考が上滑りするので、深い洞察による正しい判断を行うことはできず、心配は大きくなり、ストレスも蓄積するのに、実際には何も有効な手だてを打つことができないということにもなるのです。

聖書の中にもそのような状態に陥った人々が現れます。イエス様が大切になさった姉妹マルタとマリアの姉マルタがそうでした。イエス様の一行を自分の家に迎え、おもてなしをするのですが、忙しさのあまり苛々し、その怒りをイエス様にぶつけてしまうのです。そんな、マルタにイエス様は呼びかけられます。「マルタ。マルタ。あなたはいろいろなことを心配して、気を使っています。しかし、どうしても必要なことはわずかです。いや、一つだけです」と。

聖書の中で名を二度呼ぶというのは、その人の本質を呼び覚ますために神様がお取りになる方法です。「モーセ、モーセ。」「サムエル、サムエル。」「シモン、シモン。」愛をもって呼びかけられました。

私たちをも呼んでくださっている方がいる。「〇〇〇、〇〇〇」と。

「全てのことをそこに置いて、わたしの声に耳を傾けてみないか。大切なことはただ一つだ。全ては、ここから始まるのではないのか」と。

主が呼びかけてくださる時、私たちは本当の自分に戻ることができる。主のもとで少し休もう。主は、私に何をさせようとしておられるのか。主は最善の方法をお持ちであるに違いない。

マルタ、マルタ。あなたはいろいろなことを心配して、気を使っています。しかし、どうしても必要なことはわずかです。いや、一つだけです。

（ルカの福音書10：41～42）

9 神の選びの基準

私たちが何かを選ぶとき、できるだけ傷のついていないものを選びます。果物や野菜、魚など食べるものでも、中古車などでもそうです。わざわざ傷のついているものを選ぶことはありません。

しかし、聖書は言います。神は、御前で聖く、傷のないものにするために、わざわざ私たちを選んでくださったと。傷のついたものを傷のないものにするために、汚れたものを聖なるものとするために、選んでくださったのだと。世界の基が置かれる前から、そのように決めてくださっていたのだと。

私たちが自分を見て気落ちする時も、罪深さに泣く時も、また、人から否定され、拒絶される時も、神は私たちを握りしめてくれている。

主イエスは、尊い十字架の血を私たちに注ぎ、私たちを聖め、傷のないものとしてくださる。人がどんなに否定しても、主イエスの十字架の血は私たちを聖め、傷のないものとする。私たちを神の子とするのです。

自分を見ず、人を見ず、十字架の主イエスを見上げよう。

神は、私たちを世界の基の置かれる前から、彼［キリスト］にあって選び、御前に聖なる、傷のないものにしようとされたのです。神は、ただ御心のままに、私たちを、イエス・キリストによってご自分の子にしようと、愛をもってあらかじめ定めておられました。

（エペソ人への手紙1：4～5）

主は、生まれる前から私を召し、母の胎内にいるときから私の名を呼ばれた。（イザヤ書49：1）

10 存在主張

一昨年イギリスに行った時、自然派の詩人ワーズワースが学んだハンクスヘッド・グラマースクールを見学しました。

教室に入ると、そこで学んだ少年たちが自分の名前を隙間なくびっしり刻み込んだ机が保存されていました。当時、羽根ペンとそれを削るためのナイフが一緒に与えられましたが、少年たちはそのナイフで自分の名を机に刻み込みました。それは黙認されていたとのこと。

一方、このグラマースクールの教育レベルは、群を抜いており、ワーズワースもケンブリッジ大学に進学した時、他の学生より一年分勉強が進んでいたと言います。

教育の肝は何か考えさせられます。日本の学校は個の存在の主張を抑え込んでいないだろうか？

聖書は言います。神は私たち一人一人をその名で呼んでくださると。私たちも答えよう。「主よ。私はここにおります」と。

私は主が言われる声を聞いた。「だれを、わたしは遣わそう。だれが、われわれのために行くだろうか。」私は言った。「ここに私がおります。私を遣わしてください。」（イザヤ書6：8）

11 雨は必ず降る

人は目に見える事柄の中に神様の導きや働きを見ようとします。ですから、目に見える状況が悪かったり、苦しみが続くと、神様の愛が分からなくなったり、神様を否定したくなる思いが内側から湧き上って来たりします。

そんな私達に聖書は語りかけます。「雲が雨で満ちると、それは地上に降り注ぐ」（伝道者の書11：3）。

神は、人の目に見えないところで働いておられる。何も状況は変わっていないではないかと人が言う時、神は既に御業を始めておられる。

キリストは言われました。「『御心が天で行なわれるように、地でも行なってください』と祈れ」と。

天で行なわれる神の御心と、地上で御心を求めて祈る私たちの思いがやがて一つになる。雲に雨が満ちるように、神の恵みが雨のように降り注ぐ。

私たちは、自分の思いがすぐに実現することが神の御心だと思いやすいです。しかし、神は敢えて私たちが待たなければならない状況をお与えになる。それは、私たちが自分の思いの実現を求めず、神の御思いの実現を求める者となるためです。

雲が雨で満ちるまで、私たちの心も整えられて行く。神の御心を求める者と変えられて行くのです。

雨は必ず降る。


雲が雨で満ちると、それは地上に降り注ぐ。

（伝道者の書11：3）

12 神の武具

パウロの伝道生涯は、決して自分の良いと思うことがそのまま実現するものではありませんでした。彼の伝道旅行は、迫害者から逃げ、町から町を転々としながら行なわれたものです。そして、ついに捕らえられ、無実の罪で牢獄に入れられます。しかし、そこでパウロは手紙を書きます。

パウロが獄中で書いた手紙は、霊的洞察が研ぎ澄まされ、深い慰めと希望に満ち溢れています。この獄中書簡が２０００年にわたって、読む者たちを照らし続けて来たのです。これからも照らし続けて行くでしょう。

苦しい希望が失われそうになる状況の中で、パウロの信仰を守り続けたキリストがいました。キリストが与えてくださる深い信頼関係、キリストが心の内側に語りかけ、希望を与え続けてくださる言葉、これをパウロは信仰の大楯、御霊の剣と呼びました。

私たちも同様です。苦しい状況はあります。理想的とは言えない状況の中で、私たちを失望や罪、怒りや高慢に引きずり込もうとする悪魔の働きがあります。

しかし、そんな悪魔の働きをねじ伏せてくださるキリストがおられる。キリストご自身が神の全ての武具となってくださるのです。

このお方は、私たちの内に満ち、どんな状況にあっても、私たちを神の子、光の子として輝かせ、尊く用いることができるのです。

パウロは言いました。「主イエス・キリストを着よ」（ローマ人への手紙13：14）と。


終わりに言います。主にあって、その大能の力によって強められなさい。悪魔の策略に対して堅く立つことができるように、神の全ての武具を身に着けなさい。

（エペソ人への手紙6：10〜11）

13 私が祈り得ない祈りを

キリストは、あなたの敵を愛し、あなたを迫害する者のために祈れと言われたが、そのような愛は、私たちからは出てこない。私たちの愛は、自分の都合を基準とする愛だからである。

少し嫌なことがあるだけで人を許せなくなる私たち。そんな私たちの中にキリストの御霊が入ってきてくださる。ご自分を十字架に釘付けにする者たちのために祈り続けられたキリストの御霊が私たちの中で祈り始める。

私たちが自分では祈り得ない祈りを、キリストの御霊が祈ってくださる。その祈りが私たちの祈りとなる。

その時、「あなたがたの天の父が完全であられるように、あなたがたも完全であれ」と言われたキリストの御思いが私たちの中に行われる。

私たちを完全にするのは、私たちの祈りという行為ではない。キリストの御霊が私たちの中で、父なる神様の完全な業を行われるのだ。ここに私たちの希望がある。

私たちは祈ろう。「キリストの御霊よ。私の中に満ちてください。私の中で、私が祈り得ない祈りを祈ってください。その祈りを私たちに祈らせてください。」

ここに主の御霊による自由がある。


主は御霊です。そして、主の御霊がおられるところには自由があります。私たちはみな、覆いを取り除かれた

顔に、鏡のように主の栄光を映しつつ、栄光から栄光へと、主と同じかたちに姿を変えられていきます。これはまさに、御霊なる主の働きによるのです。

（コリント人への手紙第二３：17～18）

14 神の国のフリーパス

イエス・キリストの十字架の血潮は、それを受ける者たちに、キリストが持っておられた全てのものを手に入れるフリーパスを与えるものです。神の子という地位、永遠のいのち、キリストの権威、力、愛、喜び、清さ、平安、希望、忍耐、親切、善意……。

キリストの血というフリーパスを与えられた者たちは、もう自分を偽ることも、びくびくすることもなく、自由に神に近づき、これらのものを頂くことができるのです。

キリスト者よ。自由であれ！　びくびくするな！　自己を偽らずに、そのままの自分のまま、神に近づけ。キリストの十字架の血は、この権威を私たちに与えたのです。

しかし、あなたがたは選ばれた種族、王である祭司、聖なる国民、神のものとされた民です。それは、あなたがたを闇の中から、ご自分の驚くべき光の中に召してくださった方の栄光を、あなたがたが告げ知らせるためです。

（ペテロの手紙第一２：９）

15 今が永遠となる時

神が私たちにお与えになる救いとは、神との関係の回復です。私たちが神のお顔を仰ぎ見ながら、神のいのちの光に照らされながら歩むこと、これが私たちの救いなのです。

困難はやって来ます。倒れることもあります。そしていつか、私たちはこの肉体に別れを告げなければならない時を迎えます。

しかし、聖書は言います。神との関係は永遠の関係だと。神は一度救った者を永遠に握ってくださる。永遠にいのちの光を照らしてくださる。永遠に御前にある者としてくださるのだと。

永遠の中の今のこの時、神は私たちとの関係を求めて、訪れてくださる。いのちの光を照らしてくださる。私たちもまことをもって、このお方に答えよう。あなたのいのちの光を照らしてください。あなたの御前を歩ませてくださいと。

神は今の私たちに答えをくださる。永遠の答えをくださる。今を永遠とするお方がいる。今の私たちを永遠に救う方がいるのです。

まことにあなたは救い出してくださいました。私のいのちを死から。私の足をつまずきから。私がいのちの光のうちに神の御前に歩むために。（詩篇56：13）

16

信仰は信心ではない

私たちは、信仰と信心とを同一視する傾向があります。信心は、神や仏を信じる心です。人によって信心の強さは違います。信心深いことは宗教の世界では一つの徳性と見なされ、出家、献身によって深まったり、修行によって強められたりすると考えられたりします。

しかし、聖書は言います。信仰は人に属する徳性ではないと。信仰は、私たちが修行精進したり、心を整えることによって深まったり、完成する心の状態ではないのだと。

信仰は実体である。キリストが十字架と復活によって、完全な信仰を作り、これを私たちに与えてくださったのだと言うのです。

信心は、私が死んだら同時になくなってしまいます。その前に認知症になって消えてなくなるかもしれません。しかし、キリストが与えてくださった信仰は、永遠に失われることはないのです。

宗教人は自分の、そして他の人の信心を問題にしようとします。しかし聖書は、この信仰を永遠に完成したキリストを指し示します。このお方から目をそらすなと。私たちも自分や人の信心を見るのではなく、信仰を完成なさったキリストを見つめよう。全てはこれに始まり、これに完成する。

信仰の創始者であり、完成者であるイエスから目を離

さないでいなさい。イエスは、ご自分の前に置かれた喜びのゆえに、辱しめをものともせずに十字架を忍び、神の御座の右に着座されました。（ヘブル人への手紙12：2）

17 死は勝利に呑み込まれた

今から60数年前、長崎原爆の跡地に一人の青年が暮らしていました。彼の名は、今橋《いまはし》淳《あつし》と言います。彼は、栄養失調が原因で脊椎カリエスに侵され、6年以上寝たきりになりました。睾丸もカリエスに侵され、摘出したと言います。やがて全身がカリエスに侵され、死んでいく。当時最新の医学も彼を助けることはできませんでした。

私の父岩本義行は、今橋青年と親しく、彼は私の父を兄と慕ってくれていましたが、友情も彼を救うことはできません。二人ともキリスト教会の信者でしたが、キリストとの生ける出会いを経験したことがなく、教理を頭で信じようとする苦しい信仰だったと言います。

そんな時、長崎に聖霊の器であった手島郁郎《てしまいくろう》という伝道者がやってくることになりました。父は、現代における聖霊の働きということを真っ向から否定するクリスチャンで、友人の強いすすめで手島先生の集会に参加はしましたが、特に興味を覚えなかったと言います。ただ、その友人から、誰か病人はいないかと尋ねられ、「淳ちゃんがいる」と、今橋青年を紹介したとのことです。

手島先生は、今橋青年を長崎大学病院に訪ね、彼のために祈り、そして、自ら祈るように強く迫られましたが、彼は、祈ることができない自分の現状をさらに強く訴えたそうです。

手島先生は、彼のためにご自分の第一の弟子であった桜井信市という青年伝道者を長崎に遣わします。そして、桜井先生が今橋青年の上に手を置いて祈った時、彼は全身が雷で打たれたような衝撃を受けたと言います。生けるキリストの御霊が注がれ、その場で癒され、彼は立ち上がりました。6年以上立つことができず、寝たきりだった彼が立ち上がり、松葉杖を川に投げ捨て、キリスト伝道者として大きな働きをするようになったのです。（以上の内容は、今橋淳著『回心録』（教文館）に詳述されています。）

父は、弟のように可愛がっていた今橋青年が立ち上がったのを見、やがて、自分も手島先生の集会に集うようになり、生けるキリストと出会い、伝道者として立てられていきます。

父がいなければ、今橋先生はキリストと出会うことはなく、絶望の中に死んでいった筈です。また、今橋先生がカリエスで苦しみ、そしてキリストの御霊によって立ち上がらなければ、父も生けるキリストと出会うことはなかったのです。二人は、このような深いいのちの絆で結ばれていました。

その後、今橋先生は、そのキリスト教グループの中の不幸な出来事のため、そこを出て、独立伝道者となりました。そして、多くの著作を残し、キリストが今も生きていることを証し続けました。しかし、独立伝道のゆえの孤独は避けられず、非常に苦労なさったと聞いています。

父もまた、手島郁郎先生召天後変質したそのグループの伝道者を辞した後、数年で脱会し、今は福音放送ライフラインでおなじみの関根弘興牧師の城山キリスト教会の会員となっています。

若いときは強く結びついていた二人ですが、不幸な出来事によって引き裂かれ、数十年間別々の道を歩くことになりました。会ったり、電話で話すこともほとんどなく、互いに自分が書いたものを郵便で交換するだけだったようです。

ところが、今から、一ヶ月半ほどまえ、手島郁郎先生の息子の手島佑郎先生（ヘブライ学博士、40年前に同グループを脱会）から私のところに電話がありました。今橋先生が、腸閉塞から肺炎を併発して手術を受けたが、瀕死の状態で、意識も混濁している。何度も見舞いに行き、意識は回復してきている。賛美を共に小声で少し歌えるところまで回復したと。

私は、今橋先生には一度もお会いしたことはありませんでしたが、翌日東京医療センターに今橋先生を訪ねました。

私が「今橋淳先生」と声をかけると、「義行さん？」（私の父の名）とお尋ねになりました。私が若いときの父に似ているからでしょう。「岩本義行の息子の岩本遠億です。キリ先生が、若いとき、カリエスで苦しんでくださり、キリストにあって立ち上がってくださったから、父はキリストに出会い、私は生まれました。苦しんでくださったこと、キリストにあって立ち上がってくださったことを、心から感謝します。私も人生の苦しみの中で生けるキリストに出会い、キリスト伝道者として生きています。」

先生は、瀕死の状態でありながら、私を抱き寄せ、頬ずりし、口づけして、喜んでくださいました。私は、今橋先生が天に召される時が近いことを直感し、すぐに父を連れて来なければならないと思いました。

父は、今、昼間はベッドの中で過ごし、外出は車椅子でしかできません。翌週、私は父を千葉から小田原に迎えに行き、車椅子を車に積んで、今橋先生のところに連れて行きました。今橋先生は驚くほど、元気になってこられました。手島佑郎先生が週に何度も足を運び、祈り続けられたからです。私は、今橋先生が間もなく天に召されると直感したことは間違っていたかと思いました。

二人は手を握り合い、ずっと見つめ合っていました。そして、父が車椅子から立ち上がって、今橋先生と抱擁し、語り合っています。「もう来なくて良いな。」「うん。もう来なくて良い。」今生の別れを確認しているのです。

父が賛美を歌おうと言うと、今橋先生は、讃美歌87番を歌えとおっしゃいます。同室の方々に迷惑がかかるので、私はひやひやしましたが、二人が歌い始めるので仕方がありません。「恵みの光は、我が行き悩む、闇路を照らせり。神は愛なり。」今橋先生は手を振って歌っておられます。

そして、歌い終わると、「静けき河の岸辺を」を歌えとおっしゃる。そして、「大空は巻き去られて、地は崩るる時、罪の子らは騒ぐとも、神にある御民は、こころ安し、神によりて安し」と歌い終わった時、今橋先生は、両手を挙げて、「主様！」と大声で叫ばれました。

死の床にある今橋先生が、ひとたび聖霊に触れられると、自分の全ての力をふりしぼって主の御名を呼び、大声で主を告白し、ご自分をもう一度主に捧げられたのです。

全身をカリエスに侵され、死の床にあった者が、キリストの御霊を注がれて立ち上がった、その霊の実存が今もここにある。私はそれに触れ、身震いしました。

私は二度しかお会いしたことがありませんでした。しかし、この出会いはあまりにも強烈でした。二度目にお会いした時、何度も「遠億さん、遠億さん」と呼びかけ、抱きしめてくださいました。私が独立伝道者として生きていることを自分のことのように喜んでくださったのです。

今橋先生は、その後も、見舞いにくる人々の手を強く握り、いのちの炎を強く燃やされたとのことです。そして、三日前の9月14日夜天に召されました。父と再会して27日目でした。

聖書は言います。「宦官も言ってはならない。『ああ、私は枯れ木だ』と。まことに主はこう仰せられる。『わたしの安息日を守り、わたしの喜ぶ事を選び、わたしの契約を堅く保つ宦官たちには、わたしの家、わたしの城壁のうちで、息子、娘たちにもまさる分け前と名を与え、絶えることのない永遠の名を与える』」（イザヤ書56：3～5）。

人の目には枯れ木にしか見えなかった今橋先生にいのちを注がれた神様がいました。今橋先生は、聖霊を注がれ、癒され、立ち上がり、キリストの僕として、多くの人たちに生けるキリストのいのちを伝えました。

また、今橋先生は子供の産めない体にはなりましたが、養子を与えられました。そして、その子は、今、社会と人を援助し、経済を動かす、私心のない素晴らしい働きをしています。立派な人に育て上げたのです。

「わたしの家、わたしの城壁のうちで、息子、娘たちにもまさる分け前と名を与え、絶えることのない永遠の名を与える」との主の言葉は、今橋先生の上に実現しました。

これは、現代における生けるキリストの御業です。キリストは今も生きて働いておられるのです。キリストの御霊に満たされ、立ち上がった者たちが、その恩恵に応え、自らもその身をキリストと人のために捧げていく。ここにキリストの歴史が綴られていくのです。キリストは、このことを今橋先生の生涯をとおして証しされました。

（2015・9・17記す）


そして、この朽ちるべきものが朽ちないものを着て、この死ぬべきものが死なないものを着るとき、このように記されたみことばが実現します。「死は勝利に呑み込まれた。」「死よ、おまえの勝利はどこにあるのか。死よ、おまえのとげはどこにあるのか。」

（コリント人への手紙第一15：54～55）

18 一対一の関係

イエス様に従う道は、イエス様だけを見つめる道です。私たちは他の人が気になりますが、イエス様は、私たちの目がご自分だけを見ていることを求められます。

勿論、私たちは周囲の人を大切にしなければなりません。無視してはなりません。

しかし、イエス様に従うことに関しては、他の人は関係ないのです。人が従おうと従うまいと、私がイエス様に従うことには何の係わりもありません。

人が罪を犯しても、自分が罪を犯して良い訳ではありません。人が大いに用いられても、対抗心を燃やしたり、劣等感を感じたりする必要もない。

走る人は、走ってイエス様に従っていく。歩く人は、歩いてイエス様に従っていく。歩けない人は、主に背負われて、イエス様に従っていく。一人一人がイエス様と同じ道を行く。それは、十字架と復活の道だ。

イエス様は、他の人との係わりで私たちを見たりなさらないのです。

「あなたは、わたしに従いなさい。」

イエス様が、今日も私たち一人一人を招いてくださっています。今日、従うべき道がある。それは何か。

わたしの来るまで彼が生きながらえているのをわたしが望むとしても、それがあなたに何のかかわりがあるのですか。あなたは、わたしに従いなさい。

（ヨハネの福音書21：22）

19 ただ一つ必要なこと

パウロは、イエス様が生きていることを語ってやまなかったために、カイザリヤの牢獄に入れられ、二年間がたちました。その後、ユダヤを治めていたアグリッパ王の前で、弁明する機会を与えられましたが、彼は再び、生きているイエス様を告白するのです。

アグリッパは言います。「お前は少しの言葉で私をキリスト者にしようとしている」と。

しかし、パウロは、アグリッパ王も同席していたローマ総督のフェストも、彼の言葉を聞く全ての人がイエス様を必要としていることを知っていました。そして彼は、語りながら彼らのために祈っているのです。「私のようになるように」と。

それは、今も生きているイエス様と出会うことであり、どんな状況にあっても希望と平安を与えてくださるイエス様を経験して生きることであり、イエス様の復活のいのちに満たされた者になることです。

パウロは、病気を持っていました。牢獄につながれています。人が悲惨と思うような状況の中にあっても、「私のようになるように」と祈る彼の中には、誰にも否定することができないイエス様がおられました。

私たちも病気を持っているかもしれません。不自由な生活を強いられているかもしれません。苦しみを背負っているかもしれません。しかし、そのような中にあっても、「あなたも私のようになってください」と語らざるを得ない力と確信に満たすお方がいるのです。

私も、あなたも、このお方に満たされますように。

ことばが少なかろうと、多かろうと、私が神に願うことは、あなただけでなく、きょう私の話を聞いている人がみな、この鎖は別として、私のようになってくださることです。（使徒の働き26：29）

20　苦しみは窓

誰も苦しみや悲しみに会いたいとは思いませんが、人生の中には、自分ではどうすることもできない苦しみの中を歩かなければならない時があります。また、悲しみの淵に陥ることがあります。

そんな時、私たちは自分の存在の価値を問い、人生の意味を探し求めます。幸せに満ち、順風満帆だった時には、見向きもしなかった事柄が重大な意味を持つことに気づくのです。

人生の苦しみと悲しみは、神様の世界と私たちの世界との間に開いた窓です。ここから神様の温かな光が差し込んで来る。手を差し伸べてくださっている神様と出会うことができるのです。

神様が聖書の言葉をとおして語りかけてくださっていることが分かる時がある。その時、苦しみと悲しみのどん底にいる筈なのに、不思議な喜びが湧き上って来る。神様が注いでくださる聖霊の喜びは、人生の苦しみと悲しみに新たな意味を与えるほど、私たちを根底から造り変えるものなのです。

人生にとって無駄と思える苦しみ、悲しみ。しかし、神様の御手の中で全てが造り変えられる。神様が私たちを立ち上がらせてくださる。苦しみ、悲しみとともに私たちは立ち上がるのです。

苦しみに出会ったことは、私にとって幸せでした。それにより、私はあなたのおきてを学びました。（詩篇119：71）

21 神様との秘密

神様は私たちに愛の業を行うようにお命じになっていますが、人は愛の業をする時、心のどこかに人に認めてもらいたいとか、頑張っている自分を自分で褒めたいという思いを持つことが多いようです。

そんな私たちに、キリストは人や自分が認めるよりももっと深い神様との関係の世界があることを教え、それを体験させようとしておられます。神様は、私たちの愛の業をご自分の宝にしたいと思っておられる。その宝を神様と自分だけの秘密とせよと。その秘密の窓から、圧倒的な神様との関係が与えられるのです。

神様が御顔を向けて見つめてくださる。そのご臨在に触れられるときに、自分が行った善行も、人に認めてもらいたいという思いも、自分で自分を褒めたいという思いも、全部吹き飛んでしまいます。このお方が私たちの存在の隅から隅まで満たすからです。

神様が神の国をこの世に作られる方法もここにあります。

あなたが施しをするときは、右の手がしていることを左の手に知られないようにしなさい。あなたの施しが、隠れたところにあるようにするためです。そうすれば、隠れたところで見ておられるあなたの父が、あなたに報いてくださいます。（マタイの福音書6：3～4）

22 一体の愛

日本人は、憐れまれるのが嫌いです。「憐れまれること」＝「屈辱」という感覚が日本人の中にあります。憐れまれることによって、上から目線で見られ、屈辱の状態に固定されると感じるからです。

しかし、「憐れみ」という聖書の言葉は、「子宮」から来ています。おなかの子どもへの母親の愛です。一体の愛です。母親は、自分のおなかの子が弱ったり、病気を持っていることを知ると、自分を失うほどに苦しみます。また、おなかの子が足や手を動かすと、大喜びします。おなかの子と母親は一つなのです。

主は言われました。「女が自分の乳飲み子を忘れるだろうか。自分の胎の子をあわれまないだろうか。たとえ女たちが忘れても、このわたしは、あなたを忘れない」（イザヤ書49：15）。私たち一人一人をご自分の胎の中にある子のように一体の愛で愛してくださっているのだと。

私たちが弱るとき、苦しむとき、卑しめられるとき、主も痛み苦しみ、私たちが喜ぶとき、主も大喜びしてくださっている。苦しむ私たちが声をあげるとき、その声を聞いてくださらないということがあり得るでしょうか。

目の見えなかったバルテマイは、物乞いをしなければ生きていけませんでした。最も低められ、卑しめられていましたが、イエス様がそばを通りかかるという言葉を聞きます。その時、彼の内に眠っていた本質が叫び出しました。「ダビデの子、イエス様。私を憐れんでください！」

彼は、イエス様が振り向いてくださるまで、黙りませんでした。「イエス様。憐れんでください。イエス様。憐れんでください。」イエス様は一体の愛で愛してくださる。その信仰を告白して黙ることがなかったのです。

イエス様は、彼を御側近くに呼び、彼の目を開いて言われました。「あなたの信仰があなたを救ったのです」と。

一体の愛で愛してくださる神様がいる。諦めてはなりません。

多くの人たちが彼を黙らせようとたしなめたが、「ダビデの子よ、私をあわれんでください」と、ますます叫んだ。イエスは立ち止まって、「あの人を呼んで来なさい」

と言われた。……イエスは言われた。「さあ、行きなさい。あなたの信仰があなたを救いました。」すると、すぐに彼は見えるようになり、道を進むイエスについて行った。

(マルコの福音書10：48～52)

23 祈れないときも

クリスチャンは、困難や試練の中でも心を強くして神様を見上げていれば救われると考える傾向があります。自分が救われているかどうか、自分の心の状態で判断しようとするのです。自分の心は最も意識しやすいからです。

しかし、まだ神様を知らず、意識もなかった時から、いいえ、この世に存在するようになる前から、私たちを担い、背負ってくださった方がおられると聖書は語ります。祈りを知らない時から私たちを背負ってくださっていた方がおられるのだと。

様々な苦しみの中で神様を見上げることができない時もあります。しかし、祈りを知らなかった時から私たちを背負ってくださった方が、今、心弱り、祈りの言葉が出てこない私たちを見捨てることがあるでしょうか。

私たちを救うのは、強く信じる私たちの心ではありません。心が弱る時、なお私たちを握りしめ、背負って歩いてくださるイエス様、この方が私たちを救うのです。

胎内にいる時からになわれており、生まれる前から運ばれた者よ。あなたがたが年をとっても、わたしは同じようにする。あなたがたがしらがになっても、わたしは背負う。わたしはそうしてきたのだ。なお、わたしは運ぼう。わたしは背負って、救い出そう。

(イザヤ書46：3～4)

24 目に見えないものにこそ

私たちにはそれぞれ、いつも何か気になっていることがあります。健康を害しておられる方にとっては、それはその日の体調であり、またある人にとっては、それはギクシャクした人間関係であり、お金や異性という場合もあるでしょう。

これらに何か問題がある時、それが解決されることが必要です。

しかし、目に見える問題に心が揺さぶられる時こそ、私たちの心は確実なものを求めているのではないでしょうか。それは、目には見えないけれども、永遠に揺れ動くことのない確実なイエス・キリストだと聖書は語ります。目に見えるものは、私たちを失望させることがあります。しかし、この方は決して私たちを失望させることはないからです。

聖書は言います。「見えないものに目を留めなさい」と。このように教えてくださる方は、私たちにこの方を見る霊の目を創造してくださった方。

「私の霊の目を開いてください」と祈りながら今日一日を過ごすことができますように。目に見えないイエス様が見つめてくださっていることが分かるようになっていくでしょう。問題だと思っていたことが、最も重要な問題ではないことが分かるようになるでしょう。


私たちは、見えるものにではなく、見えないものにこそ目を留めます。見えるものは一時的であり、見えないものはいつまでも続くからです。

（コリント人への手紙第二4：18）

25 自分の計画ではなく神の計画こそが

私たちは多くのことを願い、多くの思いを心に持ち、そしてその幾つかを実際に行います。それがうまくいく場合もあるし、そうでない場合もあります。私たちの思いと行為が人を生かし、喜びをもたらすものであれば、私たちは嬉しく思います。

ただ、聖書は、自分の思いと行いが成功したら、それを神様の御心だったと喜び、失敗したら御心でなかったと落胆するような、短絡的な心のあり方を戒めています。

ある事柄が神様の御心であるかどうかは、長い時間をかけて確認しなければ分からないことが多いからです。さらに、私たちが生きている間に確認できないことも多いということを心に覚えると、自分の思いを拙速に行おうとすることもなくなるかもしれません。

私は、30年前にパプア・ニューギニアのジャングルに伝道に行きました。しかし、現地入りする直前に幾つも不測の事態に見舞われたり、体調を崩したりして、すっかり気弱になってしまい、キャンベラにいる妻に電話をしました。

妻は、すぐにニューギニアの首都ポートモレスビーにいる私に手紙をくれたのですが、次のように書かれていました。「神様は、ニューギニアの人たちに対するあなたの愛と思いを知ってくださっています。あなたの計画が自分の思うように実現しなくても、神様は永遠の時間の中でその愛を完成してくださることを覚え、今は、できないことをしようとするのではなく、あなたができることをしてください」と。

私は、その言葉によって安心を取り戻し、現地に入ることができたのでした。

私たちは成功しても高慢にならず、失敗しても自己卑下せず、ただ、全てを働かせて御心を行ってくださる神様の手の中に自分がいることを喜ぶことができますように。隣人と愛する者のために今できることをなし、神様の最善を待つ者となることができますように。

私たちの最善ではなく、神様がご自身の最善を必ず行ってくださるのですから。


人の心には多くの計画がある。しかし主のはかりごとだけが成る。（箴言19：21）

26

あの苦しみの時も

私たちは、物事が自分の思い通りに進むことを望みます。しかし、しばしば自分の意に反した苦しみの道を歩かなくてはならないことがあり、そんな時、クリスチャンは「いつか神様は最善をしてくださる」と言ったりします。

しかし、気をつけないと、「神の最善」という言葉が「いつか自分が良いと思うように」という意味で使われてしまうことがあるようです。

重要なことは、最悪と思える時さえ、私たちを離れず、支えてくださっている神を体験することです。

私は、高校生の時、それまで最も信頼していた人たちから否定されました。私の父と母があるキリスト教団体の中で激しく攻撃されるようになり、私もその渦中に巻き込まれたのです。私は、精神のバランスを崩し、突然酷い吃音になりました。その後大学生になりますが、私は愛を否定し、信仰を失い、生きる意味も目標も失いました。心も体も病み、絶望しました。

人生最悪の時だったと言えるでしょう。しかし、私を愛して祈ってくれている人がいました。その人の愛と祈りによって、私は神のところに戻りたいという思いを持つようになりましたが、失った信仰をどのように回復したら良いのか、分かりませんでした。

しかし、そんな私に聖霊を注いでくださる神がいました。高橋恒男先生という伝道者が私の頭に手を置いて祈ってくださった時、私は圧倒的な神の御霊、聖霊を受けたのです。体も心も腹の底から湧き上がる喜びで満たされ、傷ついた心も病んだ体もその場ですっかり癒されました。気がつくと、私を否定し傷つけた人たちに対する憤りや悲しみもすっかり心から消えてなくなっていました。

「いつか最善」ではなく、「主よ、あの苦しい時も、あなたは私を離れず、支えてくださっていました。主よ、あの時も最善でした。あなたが私と共にいてくださったからです」と叫ばずにいられない神の恵みがあるのです。

聖霊を受けた時に、人生の一コマ一コマに全く違った意味があることが分かる。神は、このような恵みを一人一人に与えたいと願っておられるのです。あなたのために祈っています。

神を愛する人々、すなわち神のご計画に従って召された人々のためには、すべてのことがともに働いて益となることを私たちは知っています。

（ローマ人への手紙8：28）

27 待つことを学ぶ

インターネット時代に入り、メールの返事がすぐに届くようになりました。さらにＬＩＮＥなどのＳＮＳでは相手の反応がすぐに分かるようになり、手紙を書くことはほとんどなくなりました。もともと気が短い自分が、ますます待てなくなってきているのに気づきます。

パプア・ニューギニアのジャングルで言語調査をしながら伝道し、数ヶ月間をジャングルで過ごした時、家族に出した手紙の返事は一ヶ月以上待たなければなりませんでした。私にできることは、自分が今いるところで最善を尽くすこと、そして祈ることだけでした。

人は、自分の判断が正しいと思い、事態をすぐに自分の思うように変えたいと思うから待てなくなるのでしょう。全ての中に神の御手が働いていて、全てを最善としてくださることをいつも心に覚えることができれば、心の中に待つ余裕が生まれます。

さらに、自分のような者をいつまでも待ってくださっている神の温かさに包まれる時、待つことの意味を知るようになっていくでしょう。待つことによって私たちの人格は練られ、神の御心が何かを求め続ける人間へと変えられていくのです。

神は必ず全てのことを最善としてくださいます。

主の前に静まり、耐え忍んで主を待て。（詩篇37：7）

28 愛を学ぶ

愛は、自然な感情ではありません。好き嫌いは相手に対する感情的な反応ですが、愛は反応ではありません。愛は友のために自らを捨てるいのちだ、とキリストは言われました。

私は、キリストのいのちを注がれ愛を知りました。また、隣人を大切にしようという思いを頂いたことによって、キリストに従うとはどういうことかを学ぶようになりました。

キリストとの深い交わりを頂くことなしに隣人を愛することを知ることはなく、隣人を愛することなしにキリストに従うこともないのです。

愛することは、自分の欠け、自分の愛の不足を知るところから始まります。自分の良いと思うことを相手にすることが愛ではありません。まずその声に耳を傾けることです。声にならない声に耳を傾ける。その時、自分が知らなかったことを知るようになる。愛する者をとおしてキリストが私たちに何を教えようとしておられるかを知るのです。

自分の思いが正されていく。愛する者の声にならない声に耳を傾けることをとおして、私たちは自分の思い、自分の正しさから離れ、キリストの思いを求めるものとなっていく。

愛を学ぶ。それは、自分がなくなっていくことを知ることなのかもしれません。


人が自分の友のためにいのちを捨てること、これよりも大きな愛はだれも持っていません。（ヨハネの福音書15：13）

29 心の潤滑油

私たちの歩みには、悲しみという側面があります。人との別れや大切な人を失う悲しみ、理解してもらえない悲しみや、罪深さから抜け出せない悲しみ。私たちの人生には、悲しみ、涙する時があります。


涙を流すことは、決して悪いことではありません。弱い心の表れということでもありません。涙は、私たちが自分の心に正直に向き合うことができるための、心の潤滑油なのです
涙の後に喜びを備えてくださっている神様がおられます。たとい暗い悲しみの夜を過ごさなければならないことがあっても、その後には必ず朝がやって来きます。そのように、神様は、喜びを備えて私たちを待ってくださっている。

一日には昼と夜があるように、人生にも悲しみと喜びがある。それを繰り返すことによって、私たちはキリストの心を深く知ることができるのかもしれません。キリストも喜びの叫びと悲しみの涙を経験されました。

「悲しむ者は幸いです。その人たちは慰められるからです」（マタイの福音書5：4）。

悲しむ私たちのそばにやって来て、ともに歩み、喜びを注ごうとしておられる神様がおられるのです。


夕暮れには涙が宿っても、朝明けには喜びの叫びがある。（詩篇30：5）

30 祈りは双方向の信頼関係

主イエスは、神に向かって「天のお父様」と言って呼びかけて祈るようにお教えになりました。また、「あなたがたの天の父は、あなたがたがお願いする先から、あなたがたに必要なものはご存知である」と、信頼して祈るようにお教えになりました。

また、「わたしの名によって祈ることは、わたしがそれを行う」と約束しておられますが、主イエスの名によってとは、「主イエスの名代として」ということです。

「あなたがたを、わたしの名代として祈る者とする」と仰っているのです。信頼してくださっているのです。自分の思いをぶつける事しか知らなかった私たちが聖霊を受けるときに、主イエスの名代として祈る者とされる。その祈りは天に届く。

私たちは、天のお父様を信頼して祈る。天のお父様も私たちを信頼して祈りの言葉を聞いてくださる。天と地が呼応する祈りの世界に主イエスは招き入れようとしておられます。

天のお父様との二人だけの秘密の時間を持つことができますように。

あなたがたが祈り求めるものは何でも、すでに得たと信じなさい。そうすれば、そのとおりになります。

（マルコの福音書11：24）

コラム３「信じる」と「信じている」

教会の洗礼式で牧師が洗礼を受けようとしている人に「あなたは～を信じますか？」と質問するのを聞きますが、言語学者として、これには若干の違和感を覚えます。「信じますか？」ではなく、「信じていますか？」ではないのかと。英語なら「Do you believe ～?」となりますが、その正しい日本語訳は「信じていますか？」です。

動詞には「動態動詞」と「状態動詞」という区別があります。日本語の場合、状態動詞の終止形は現在の状態を表しますが、動態動詞の終止形は未来の事態や話者の意志的行為を表します。状態動詞を用いた「山田さんがここにいる」は現在の状態を、動態動詞を用いた「山田さんがここに来る」は未来の出来事を表しています。また一人称の場合、「私はそこに行く」は自分の意志を表します。

英語の believe は状態動詞ですが、日本語の「信じる」は動態動詞です。John believes in God は現在の状態を表す文として適格ですが、「×太郎は神を信じる」は不適格です。動態動詞を使って現在のことを述べる場合は、テイルをつけて「太郎は神を信じている」としなければならないのです。

「あなたは神を信じますか？」は、英語の「Do you believe ～」の逐語訳ですが、これはアスペクト解釈という言語学的な観点からは誤訳です。英米の宣教師たちも、単に英語と日本語の動詞分類のずれを知らず、Do you believe ～？ を「信じますか」と言ってしまったのではないかと私は思ったりもします。

「あなたは、キリストの十字架によって自分の罪が贖われていることを信じますか？」は、相手に対して「信じる」という自分の未来の行為についての決意表明を求める文です。すでにキリストに出会い、キリストを信じている人に、改めてここで決意を表明させる必要があるのか？「私は、キリストの十字架によって自分の罪が贖われていることを信じています」こそが、信仰告白の言葉なのではないのか？

日本語の意味論に合致したキリスト教用語を考える必要があるのではないかと思います。

366日元気が出る
聖書のことば

10
月
October

1 存在の意味を問う

人間は、自分の行動や存在の意味を問う唯一の生物だと言われます。なぜ自分は生きているのか。何のために私は、このことをするのか。

若い頃は、このように悩むことも多いですが、自分で働き始めたり、家族を持つようになると、毎日こなしていかなければならないことのために、自分にとって最も根源的なこの問題を考えることは少なくなるようです。

ところが、人生の挫折を経験したり、命にかかわる病気をしたり、あるいは思うように心も体も動かせなくなったりすると、私たちの実存は、その問題に対する答えを求めるようになります。

聖書は言います。そんな私たちを探し求めてくださっている方がいると。私たちもこの方を求めよと。

私たちのために十字架にかかり、死んで甦ってくださったイエス・キリストが、その御顔を向けてくださる。この塵に等しいものを見つめてくださる。この方と出会うとき、自分がこの方のために存在していることが分かる。自分がこの方を目指して生き、この方を目指して死ぬために存在していることを知るのです。

自分を見つめていた時には決して知ることができなかった存在の理由と目的、生の理由、死の目的、これを私たちの存在の中に満たしてくださる方がいるのです。

生きている時も、死んだ後も、私たちはキリストのものです。今日も、この方を求めよう。

私たちの中でだれひとりとして、自分のために生きている者はなく、また自分のために死ぬ者もありません。もし生きるなら、主のために生き、もし死ぬなら、主のために死ぬのです。ですから、生きるにしても、死ぬにしても、私たちは主のものです。キリストは、死んだ人にとっても、生きている人にとっても、その主となるために、死んで、また生きられたのです。

（ローマ人への手紙14：7〜9）

2　どんなことでもできる

伝道者パウロは、キリストを伝えたことが原因で捕らえられ、牢獄に幽閉されていました。いつ裁判が開かれるかもわからない状況の中で、彼は、以前イエス様を伝えた人々に手紙を書きます。牢獄の生活の中から、彼は、イエス・キリストにある自由と喜びを語ります。

「私は、私を強くしてくださる方によって、どんなことでもできるのです」（ピリピ人への手紙4：13）。

「どんなことでもできる」とは、聖霊に満たされたらスーパーマンのようになるということを意味しているのではありませんでした。

暗く、自由を束縛された牢獄の中にあっても、キリストはパウロと共にいて、キリストが与えられた働きが止まることはなかったのです。彼は、外の世界にある教会の諸問題に心を配り、人々の間に一致があるようにと祈り、手紙を書き、神の言葉を語り続けます。

私たちを取り巻く状況は、決して理想的とは言えないかもしれません。しかし、そんな中でも私たちと共にいて、私たちに喜びを満たし、内的な自由を与え、神の言葉を語らせてくださる方がおられるのです。

パウロは叫びました。「主の御霊がおられるところに自由がある！」と（コリント人への手紙第二3：17）。

状況は私たちを縛ることはできません。状況を貫いてご自身の御心を行われる方が、私たちと共にいてくださるからです。私たちの心は揺れるでしょう。しかし、この方が私たちを強くしてくださる。目に見える状況よりもさらに強く私たちを握り、ご自身の業を行ってくださる方が生きているのです。

私は、私を強くしてくださる方によって、どんなことでもできるのです。（ピリピ人への手紙4：13）

3　今

主イエスに従うとは、明日従うことではなく、今日従うことである。5分後ではなく今従うことである。

悲しみの中にある時、私たちは明日慰められることを求めたりはしない。5分後でもない。今、慰められることを求めているのである。寂しさの中にある時、苦しみの中にある時、共にいてくれる人を、今私たちは必要としている。

主イエスは、今私たち一人ひとりを訪れ、悲しみ、寂しさ、苦しみの中にある私たちの上に御手を置いてくださる。このお方が今私たちと共にいてくださる。

この主イエスが語りかけてくださっている。「わたしについて来い」と。明日ではない。5分後でもない。「今わたしについて来い」と。

弟子たちはいたけれども友のいなかった孤独な主イエス。私たちの王が、今、こんな者を友として求め「わたしのそばにいろ」とおっしゃっている。「今」と。

今の私の心は汚れている。苛立ちや憤り、悲しみに満たされることも多い。しかし、それを全て知った上で「今」と呼びかけ、招いてくださっている。「そのまま来い」と。

わたしにとどまりなさい。わたしもあなたがたの中にとどまります。（ヨハネの福音書15：4）
わたしが命じることを行うなら、あなたがたはわたしの友です。（同15：14）

4 神様は背負ってくださっている

背負って歩くとはどのようなことでしょう。それは、同じ目的地に必ず一緒に行くということ。一体となるということ。決して見捨てないということです。

親は、体がきれいな時だけ子どもを背負うのではありません。どんなによごれ、臭くても背負います。決して置いて行くことはありません。

日々の生活の中で私たちは疲れ果て、病に倒れることがあります。様々な苦しみの中で、もう一歩も歩けないと思うこともあります。あるいは、罪や過ちを犯し、自分自身を蔑み、絶望することもあるでしょう。

しかし、神は言われるのです。「わたしは、お前が生まれる前から、お前を背負ってきた。今も背負っている。これからも、永遠に背負い続けるのだ」と。

疲れや苦しみにあえぐ私たち、不満や苛立ちで自らを失い、罪に汚れたこんな者でさえ、神は背負い見捨てることはない、置いて行くことはないと言っておられるのです。

この方の大きな背中に背負われていることが分かるとき、自分が背負っていたと思っていた大きな荷物も背負ってくださっていたことが分かる。この罪も、この汚れも、この苛立ちさえ背負ってくださっていた。自分を持て余し、ただ、この方の背中で泣くことしかできない者なのに。

5 愛する主体として

わたしに聞け、ヤコブの家と、イスラエルの家のすべての残りの者よ。胎内にいる時からになわれており、生まれる前から運ばれた者よ。あなたがたが年をとっても、わたしは同じようにする。あなたがたがしらがになっても、わたしは背負う。わたしはそうしてきたのだ。なお、わたしは運ぼう。わたしは背負って、救い出そう。

（イザヤ書46：3〜4）

神は、人をご自身の姿にお造りになったと聖書は言います。神の本質は愛です。神は人を愛する主体としてお造りになったのです。

ところが、罪の中に生きるようになった私たち人は、愛されることばかりを求め、愛する主体として生きることを忘れてしまいました。愛していると言いながら、自分の思いを押し付け、それが受け入れられることを求める存在になってしまったのです。

そんな私たちを神様は探し求め、やって来られる。私たちの愛を求めておられるのです。愛する主体としての人の実存を回復させようとしておられるのです。

何度人に裏切られても、探し続け、求め続けてくださる神。愛を失った私たちが愛する主体として再び立ち上がるために、惜しげもなく、ご自身のいのちを注ぎ続けてくださる。ついに、イエス・キリストとしてこの世に来られ、十字架に血を流して、その絶大な愛を注いでくださった。

こんな者を信じ抜いてくださった神がいた。こんな者の愛を信じ抜いてくださった神がいたのです。この方の愛を受け、私たちも再び愛する主体として、この方を愛することができるようになる。

イエスは答えられた。「第一の戒めはこれです。『聞け、イスラエルよ。主は私たちの神。主は唯一である。あなたは心を尽くし、いのちを尽くし、知性を尽くし、力を尽くして、あなたの神、主を愛しなさい。』」

（マルコの福音書12：29～30）

6 神様は既に選んでくださっていた

パウロは、キリストの福音に激しく反対し、クリスチャンたちを縛り上げて、無理やり神を汚す言葉を言わせたり、キリストの僕ステパノが殺された時には、それに積極的に係わるような生き方をしていた人です。

しかし、外国の町まで迫害の手を伸ばした時に復活したキリストに出会いました。自分の存在のあり方が根底からひっくり返るような体験をし、キリストの使徒としての生涯が始まるのですが、パウロは告白しています。

「生まれる前から私を選び分け、恵みをもって召してくださった方」と。

キリストに出会った時に選ばれたのではない。洗礼を受けてクリスチャンとしての生き方を始めた時に恵みをもって召してくださったのでもない。キリストに敵対し、迫害者として、キリストの弟子たちを苦しめた時でさえ、すでに選び分け、召してくださっていたと言うのです。

私たちは自分を見て、神は自分なんかを選んだりしない、尊い働きのために召したりしないと思うことがあるでしょう。また、他の人を見て、神はあの人を選ぶだろうかと思うこともあるかもしれません。しかし、私たちが人を見る目と、神が私たちを見る目は違っているようです。

私たちが生まれる前から選び分け、恵みをもって召してくださった方は、あの人も生まれる前から選び分け、恵みをもって召してくださっているのではないか。この方が私たちのところにも、あの人のところにもやってきて、清め、キリストの器として整えて行ってくださるのではないか。

このことが分かって来ると、世界が違ったものに見えてくる。

母の胎にあるときから私を選び出し、恵みをもって召してくださった神。（ガラテヤ人への手紙1：15）

7　妥協せずに進もう

私は、何度かクリスチャンの友人との悲しい別れを経験しました。クリスチャン同士なのに何故仲良く一致していられないのか、愛が足りないのではないかと思うこともあります。

しかし、このようなことは、使徒たちの時代にも同じようにありました。それぞれが「これが神の導き」と考えることがありました。

バルナバは、パウロにとって恩人であり、先輩であり、命がけの伝道旅行を共にした親友でした。しかし、二人とも文字通り命をかけて神に仕えていたので、譲れないと思うところに関しては、簡単に自分の主張を引っ込めたりしませんでした。

二人は決別し、別々の伝道旅行に出ることになるのですが、そのことによって神は、彼らに別々の働きを与え、それぞれを祝福し、彼らによってご自分の計画を進められるのです。

多くの時を経て、彼らには和解が与えられていきます。クリスチャン同士で一緒にいることができなくなることがあるかもしれません。しかし、それぞれが神と結びついているなら、私たちは、一つの大きな御手の中で一致しているのです。恐れる必要はありません。

神の御手は全てを包み込む大きな愛の御手です。この方の永遠の御手の中で、必ず和解の時も与えられていく。すべてのものを一つに集める方がおられるのです（エペソ人への手紙1：10参照）。

今はこの方を見上げ、この方の前で自分を確認しながら、仕えていければ良いのだと思います。

そして激しい反目となり、その結果、互いに別行動をとることになって、バルナバはマルコを連れて、船でキプロスに渡っていった。パウロはシラスを選び、兄弟たちから主の恵みにゆだねられて出発した。

（使徒の働き15：39〜40）

8 伝道者はピエロ

自分がキリストを伝えた者たち、建て上げた教会から批判され、キリストの僕として認められなくなるとは、どのような悲しみでしょうか。キリストを伝えている者であれば、多かれ少なかれ、このような経験をします。

キリストを伝えるとは、人の基準からするなら、全く割に合わないことです。自分が働いて手に入れたものを伝道のためにつぎ込み、全く無報酬で牧会し、それでいてキリストを伝えた人たちから卑しめられる。

伝道者は、ピエロです。しかし、そのことをとおして働かれるイエス様がいる。

どんなに苦労しても、どんなに無視されても、やめられないのは、イエス様がこの中にいて語られるからです。ご自分を無視し、卑しめる者たちをなお愛し、信じる心を与え、喜びを満たす方がこの中にいるからです。

私を見捨てなかったイエス様は、彼らも見捨てない。そう信じざるを得ないのです。

私たちはキリストのために愚かな者ですが、あなたがたはキリストにあって賢い者です。私たちは弱いが、あなたがたは強いのです。あなたがたは栄誉を持っているが、私たちは卑しめられています。……また、私たちは苦労して自分の手で働いています。はずかしめられるときにも祝福し、迫害されるときにも耐え忍び、ののしられるときには、慰めのことばをかけます。今でも、私たちはこの世のちりであり、あらゆるもののかすです。

（コリント人への手紙第一 4：10〜13）

9 「私」ではなく「私たち」

キリストは「主の祈り」において「天にいます私たちの父よ」と呼びかけるように教えておられます。「私」ではありません。

「私たちのお父様」との呼びかけこそ、「主の祈り」の基軸であり、この呼びかけの上に、主の祈りの全ての言葉が真実となるのです。

「私たちのお父様」という時の「私たち」には誰が含まれているでしょうか。そこで思い浮かべる人たちこそ、私たち一人一人によってもたらされる「神の国」の範囲なのです。キリストは私たち一人一人を中心にこの範囲が広がっていくことを願っていらっしゃる。

あなたの祈りが私の祈りとなり、私の祈りがあなたの祈りとなる。キリストの祈りが私たちの祈りとなり、私たちの祈りがキリストの祈りとなる。天と地が一つとなる祈りを祈ることができますように。

天にいます私たちの父よ。御名が聖なるものとされますように。御国が来ますように。みこころが天で行われるように、地でも行われますように。私たちの日ごとの糧を、今日もお与えください。私たちの負い目をお赦しください。私たちも、私たちに負い目のある人たちを赦します。私たちを試みにあわせないで、悪からお救いください。（マタイの福音書6：9～13）

10 罪に立ち向かう勇気

イエス・キリストの十字架の血は、私たちの過去の罪、そして今も私たちの中に働く罪の力に立ち向かう勇気を与えるものです。

過去に人を傷つけ、損害を与えていながら、社会的な制裁を受けることを恐れて逃げていた者が、キリストの十字架の血を注がれると、勇気をもって被害者に謝罪できるようになる。社会的な制裁を受けても、損害を賠償しようという思いを持つようになる。

過去の罪に向き合い、それを清算しようとすることは恐ろしいことです。現在の生活を続けられなくなるかもしれません。見られたくない自分の姿を周囲に晒《さら》すことにもなります。

しかし、キリストは、恐れる私たちの中に入ってきてくださり、支えてくださる。私たちを決して見捨てない方がいるのです。自分の罪に立ち向かう勇士としてくださるのです。

ですから、祭壇の上にささげ物を献げようとしている

ときに、兄弟が自分を恨んでいることを思い出したなら、ささげ物はそこに、祭壇の前に置き、行って、まずあなたの兄弟と仲直りをしなさい。それから戻って、そのささげ物を献げなさい。（マタイの福音書5：23～24）

11 意識できない時も

私たちは、元気なときがあり、疲れ果ててしまうときがあります。祈りの言葉が溢れるように出てくるときがあり、祈ろうにも心が動かないときがあります。主イエスの御顔をしっかりと見つめながら生きることができるときも、主がどこにいるのかわからなくなる時さえあるでしょう。

主イエスが私たちのために死んでくださったのは、私たちも死ぬからです。心が死んだようになることがあり、この体もいずれ死を迎えるからです。

しかし、聖書は言います。死んだ私たちを一人にしない主がおられると。主は、死んだ私たちと共にいて、死んだ私たちを支えてくださる。私たちと共に死を潜りぬけ、私たちを再び生かしてくださると。

私たちは、自分がそう意識しているときだけ主イエスと共に生きているのではありません。信仰に燃えているときも、そうでないときも、死んだときも、私たちを見捨てず、私たちと共にいてくださる主がおられるのです。この方が、私たちを生かしてくださる。甦らせてくださるのです。

主が私たちのために死んでくださったのは、私たちが、目ざめていても、眠っていても、主とともに生きるためです。（テサロニケ人への手紙第一5：10）

12 神の慰めは理屈を超える

私たちは、深い悲しみや不条理とも言うべき苦難や苦悩に陥るとき、自分の思いをどのように表現したら良いか分からなくなります。人と話をするのも苦痛と感じることがあります。また、心の深い痛みを理解しない人が物知り顔に語る理屈が、私たちの痛みと孤独感をさらに深めることにもなります。

私たちは寡黙になったり、あるいは口から棘のある激しい言葉が出てきたりします。

人生の解決は、理屈によっては与えられない。理屈を聞いても答えはない。

しかし、神の言葉は理屈を超える。理屈は分からなくても、神の言葉を聞くとき、存在の奥底で「アーメン！真にそうだ！」と叫ぶようになる。神が語りかけてくださること自体が私たちの存在の答えとなるからです。

私たちのすぐそばにやってきて、理屈を超えた深い慰めをもって支えてくださる方がいる。私たちを決して見捨てない方がいるのです。

あなたのために祈っています。


神は、どのような苦しみのときにも、私たちを慰めてくださいます。こうして、私たちも、自分自身が神から受ける慰めによって、どのような苦しみの中にいる人をも慰めることができるのです。

（コリント人への手紙第二1：4）

13 あなたの栄光を目覚めさせる神

神は、私たち人間を栄光あるものとして創造してくださいました。神の御姿を映す者、それが人の本質です。

しかし、この栄光が眠ってしまうことがあります。人から攻撃を受ける、卑しめられる、仕事を失う、罪を犯す、大きな怪我をしたり、病にかかる。自分の望まない苦しみがやってくる時、私たちの栄光は輝きを失い、眠ってしまいます。

しかし、神が一度創造したあなたの栄光がなくなってしまうことはありません。もう一度目覚めるのを待っているのです。あなたの栄光を輝かせるのは、あなた自身でも、状況の好転でも、他の人でもなく、神ご自身だからです。私たちのたましいは、本当はそれを知っているのです。

聖霊は、私たちの栄光を目覚めさせる。聖霊の風が吹いてくる時、私たちの栄光は歌い始める。今の、この状況の中で歌い始めるのです。

神が共にいてくださる。あなたの栄光を守られるお方がいるのです。希望を失ってはなりません。

私の栄光よ、目を覚ませ。十弦の琴よ、立琴よ、目を覚ませ。私は暁を呼び覚まそう。（詩篇57：8）

14 道は隠れていても、閉ざされてはいない

私たちの中には、自分の欲する人生の道を歩いてきたと思う人も、自分の望まなかった道を歩かなければならなかったと思う人もいると思います。私たちは得意になったり、ため息をついたりします。

しかし、聖書は、私たちが高慢になることも、自己憐憫に陥ることも戒めています。私たちにはこれまで歩んできた過去の道しか見えませんが、神様は永遠という時間の中で私たちの存在を見てくださっているからです。

過去の道が苦しく、また、これから進むべき道が閉ざされていると感じることがあっても、神様の道が閉ざされているわけではありません。「わたしが道だ」（ヨハネの福音書14：6）とおっしゃった主イエスが共にいてくださるのです。

私たちの心の中に神様の道を開いてくださる主イエスは、現実の生活の中でも私たちの歩むべき道を造ってくださる。神様には神様の方法がある。絶望してはなりません。

ヤコブよ、なぜ言うのか。イスラエルよ、なぜ言い張るのか。「私の道は主に隠れ、私の訴えは私の神に見過ごされている」と。あなたは知らないのか。聞いたことがないのか。主は永遠の神、地の果てまで創造した方。疲れることなく、弱ることなく、その英知は測り知れない。疲れた者には力を与え、精力のない者には勢いを与えられる。若者も疲れて力尽き、若い男たちも、つまずき倒れる。しかし、主を待ち望む者は新しく力を得、鷲のように、翼を広げて上ることができる。走っても力衰えず、歩いても疲れない。（イザヤ書40：27〜31）

15 近づきたいと思うだけで

イエス様は、病気に苦しむ人、罪に泣き、社会から疎外されていた人がご自分に近づいて来たときに、彼らを癒し、救い、そして言われました。「あなたの信仰があなたを救ったのです」と。

救われた人たちの中には、自分の中に確かな立派な信仰があると思っていた人は誰もいませんでした。自分を癒し、救えるような完全な信仰を持っている人もいませんでした。

ただ、イエス様に近づきたいと思っただけだったのです。この方に解決があると。

人の目にも、自分の目にもあるかないか分からないような信仰。カラシ種のように小さく、息を吹きかけるだけで飛んでなくなってしまうような私たちの信仰。イエス様はそれを見て、「あなたの信仰があなたを救った」とおっしゃってくださっているのです。

近づきたいと思うだけで良い。それで十分だ。イエス様は、そうおっしゃっているのではないでしょうか。

あなたの信仰があなたを救ったのです。安心して行きなさい。（ルカの福音書7：50）

16 自分の使い方

人は、自分の命、自分の生涯、自分の生活は自分のものだと思っています。ですから、自分のために自分を使う自由があると思っています。さらに、自分のために他の人を使いたいとさえ思うのです。

しかし、キリストは違っていました。自分のために自分を使うことをしませんでした。自分のために悟りを開こうとさえしなかったのです。ただ、人のために自分を使い尽くす。そして、ついに、私たちの罪を覆い尽くすために、ご自分の血をお捧げになったのです。

このお方が、今もこんな私たちに仕えてくださっている。この汚れた心を持つ者、卑しい心を持つ者、自分さえ良ければ良いと思うような者に尊い十字架の血を注ぎ続けてくださっている。「清くなれ。聖なるものであれ。完全であれ」と。

これがキリストです。このお方が、私たちの王です。全人類の王なのです。

王が私たちの前で膝をついておられる。私たちの汚れた足を洗ってくださっている(ヨハネの福音書13章)。私たちは、どうしたら良いのでしょう。

私が、そして、あなたが仕えるべき人は一体誰でしょうか。

人の子が来たのも、仕えられるためではなく、かえって仕えるためであり、また多くの人のための贖いの代価として、自分のいのちを与えるためなのです。

(マルコの福音書10：45)

17 災いの日の平安

キリストを信じ、聖書を読みながら生きていくということは、私たちにとってお守りのようなものではありません。人生の苦難や災いは、信じていても信じていなくても、同じようにやってくるからです。

聖書の言葉に養われて生きていくことの祝福は、そのような時に与えられる平安なのだと言います。

聖書の言葉は、決して甘いものではありません。人に罪の現実を直視させ、罪を認めさせる力があります。しかし、そこに注がれる圧倒的な神様の赦しと愛が溢れています。

聖書を通して神様との交わりを深めて行くとき、いつしか私たちの心の中には、外的な状況に左右されない、神様だけの場所が作られていきます。災いと言うような状況が押し寄せても、神様がそこにいてくださる。この方が、私たちの存在を根底から支えてくださっている。

今日も、少し落ち着いて、この方との会話の時を持つことができますように。私たちに平安を与えてくださる温かい神様、その確かな臨在を知ることができますように。

主よ。何と幸いなことでしょう。あなたに戒められ、あなたのみおしえを教えられる、その人は。災いの日に、あなたがその人に平安を賜るからです。(詩篇94：12〜13)

18 信頼

私は、自分の欠点や失敗に意気消沈したり、人の欠点や失敗を見て憤ったりすることの多い人間です。そんな時、「地はひとりでに実をならせる」という聖書の言葉が、私の心を静めてくれます。

「地」とは人のこと、「種」とは神の言葉を意味します。神は、人を土の塵でご自分の姿に似せて造られました。土くれにすぎなくても、神の姿に似せて造られていることに人の尊厳があるのです。

しかし、人は神に似た存在であることよりも、自分の思いを実現させることを優先させました。そのため、神の姿は見る影もなく、人は人を否定し、傷つけ傷つけられ、怒りと悲しみに振り回される惨めな存在に成り果ててしまいました。

しかし、そんな私たちに神の言葉を与えて、もう一度、神の姿を結実させようというのが神のご意思だと、聖書は言います。

私たちは、自分の中に植えられた聖書の言葉、あの人の心の中に植えられている聖書の言葉に信頼しよう。人の心に植え付けられた聖書の言葉は、必ずその人の心の中で成長し、イエス・キリストの姿をその人格の上に結実させていくからです。

時間はかかるかもしれない。しかし、私も、あなたも、あの人も、イエス・キリストと同じ姿に変えられていく。神は人を信頼してくださった。私たちも神を信頼し、互いを信頼しよう。

神の国はこのようなものです。人が地に種を蒔くと、夜昼、寝たり起きたりしているうちに種は芽を出して育ちますが、どのようにしてそうなるのか、その人は知りません。地はひとりでに実をならせ、初めに苗、次に穂、次に多くの実が穂にできます。（マルコの福音書4：26〜28）

19 神の僕はこれによって生きる

イエス・キリストの先駆けとして神に遣わされた洗礼者ヨハネは、領主ヘロデ・アンティパスの姦淫の罪を糾弾して黙らなかったため捕らえられ、牢獄に入れられました。そこから弟子たちをイエスのもとに遣わし、イエスとの最後のコミュニケーションを図りますが、そこには旧約聖書を熟知し、お互いを深く信頼する者同士の真剣な以心伝心のやり取りを見ることができます。ヨハネの弟子たちが帰っていった後で、イエスはヨハネを次のように群衆に紹介します。

「権力者とその暴力に屈しない男」「権力も富も欲しない男」「預言者以上の者」「女が生んだ者の中で最大の人物」「旧約の時代を完成した者」「預言者エリヤの働きをなす者」。

最大限の賛辞です。しかし、イエスはヨハネの弟子たちがいなくなった後でこれを語られました。何故でしょうか？それは、ご自分がヨハネを如何に評価しているかをヨハネに知られないためです。

神の僕にとって、その存在が最も必要としているものは、神からのお褒めの言葉ではありません。労いの言葉ではありません。どんなに疲れ、痛んでいても、「お前は、わたしの夕食の準備をして、立ってわたしに給仕せよ」との言葉なのです。「お前は、わたしのそばにいろ。わたしに仕えよ」という命令の言葉なのです（ルカの福音書17章7～10参照）。

こんな私たちに「わたしのそばにいろ。わたしに仕えよ」と命じてくださるお方がいる。永遠の神が私たちの存在の本質を明らかにするのです。

あなたは、わたしのしもべ。わたしはあなたを選んで退けなかった。（イザヤ書41：9）

20　自分の力で立ち上がれない者を

ある中学校の校長が書いた文章に、「倒れても起き上がれば良い」とあるのを見たことがあります。確かにその通りだと思いますが、自分で起き上がれない人はどうしたら良いのでしょう。

聖書は言います。「正しい者は七たび倒れても、また起き上がるからだ」（箴言24：16）。

聖書の中で七という数字は完全数を表します。七度倒れるとは、自分の力ではもう立ち上がることができない状態、完全に打ちのめされ、言うならば死んだ状態を言うのです。

人は弱さの中で倒れます。倒れた経験のある人なら誰でも、自分の正しさを誇ることができないことを知っています。正しい者とは、神の正しさに依り頼む人。

弱く、倒れてしまい、自分の力では立ち上がることも、希望を持つこともできない者を引き上げ、希望を与えてくださる神がおられます。この方が私たちを正しい道、安全な道に導いてくださる。

自分の弱さと罪を知る者に向かって、「正しい者よ」と呼びかけてくださる方がいる。私たちを立ち上がらせる神の言葉があるのです。

あなたのために祈っています。


イエスは彼に言われた。「起きて床を取り上げ、歩きなさい。」すると、すぐにその人は治って、床を取り上げて歩き出した。（ヨハネの福音書5：8～9）

21 神に見て頂く

ロンドンの大英博物館には、アッシリア帝国の王セナケリブがユダの町ラキシュを攻め落とした時のレリーフが所蔵されています。そこには、ユダヤ人を虫けらのように惨殺するアッシリア兵士の姿、椅子に座るセナケリブの前にひれ伏すラキシュの人々の姿が彫り出され、アッシリアの強大さとラキシュの悲惨がひしひしと伝わってきます。

聖書には、セナケリブがその後将軍ラブ・シャケを遣わし、エルサレムを包囲してこれを攻め、ユダ王ヒゼキヤに無条件降伏を求める手紙を送った時のことが記録されています。その手紙には、イスラエルと天地を造られたイスラエルの神を侮辱し嘲笑する内容が書かれていました。

エルサレムの住民には、ラキシュの悲劇のニュースは伝えられていました。彼らが恐れおののき、主に従うかセナケリブに従うか揺れ動いていた時、ヒゼキヤはセナケリブの手紙を持って神殿に入り、神の前に広げて祈ります。

「あなただけが、天地の創造者、全ての王国の神です。あなたを侮辱するこの言葉を見てください。聞いてください。私たちを救い、あなただけがまことの神であることを顕わしてください。」

するとアッシリアの大軍は、疫病で撃たれ、全滅したと聖書は記録しています。天地を造られた神は、ご自分とその民をそしり、侮辱するものを撃ち、その民をお救いになったのだと。

セナケリブのレリーフを見たとき、エルサレムの救いが歴史の中に起こった事実として、強く迫ってきました。

「神は、その民を守られた。今も守られる。」

今も、神に敵対する暗闇の勢力が神の民を苦しめる現実があります。私たちは、それに対抗する力はないかもしれません。そんな時、私たちは、天地を造られた神だけがまことの王の王、主の主であることを告白し、礼拝の中でその現実をそのまま主の前に広げて見て頂きましょう。聞いて頂きましょう。

神ご自身が必ず働かれます。私たちを救い、ご自身の栄光を顕わしてくださる方がいるのです。

ヒゼキヤは、使者の手からその手紙を受け取り、それを読み、主の宮に上って行って、それを主の前に広げた。ヒゼキヤは主に祈って言った。「ケルビムの上に座しておられるイスラエルの神、万軍の主よ。ただ、あなただけが地のすべての王国の神です。……主よ、御目を開いて見てください。生ける神をそしるために言ってよこしたセナケリブのことばをみな聞いてください。」

（イザヤ書37：14〜17）

22 大丈夫だ。さあ、行こう

私たちがこの地上で見るものには、希望や勇気を与えてくれるものもあるし、がっかりさせられるものもあります。人は変わるし、状況も変わるからです。私たちが生きるこの世は、ＹｅｓとＮｏが混在しているのです。

そして、人の私たちに対する評価も揺れ動きます。それに一喜一憂してはいけないと頭では分かっていても、揺さぶられることはあります。

信仰によって歩むとは、変わりゆく全てのものの背後におられる、決して変わることのない方を知り、この方と共に生きることです。

パウロは、この方には、Yesだけがあるのであって、Noはないのだと告白しました。イエス・キリストには、Yesだけがあるから、決して変わることはないのだと。

キリストは、人が私たちにNoと言う時、私たちが自分に向かってNoと言う時でさえ、Yesと言ってくださる。キリストの十字架は、全てのNoをYesによって包み込む、絶大な力だったのです。

この方が共に歩いてくださいます。この方が、「大丈夫だ。さあ、行こう」と言って、手を引いてくださるのです。

私たち、すなわち、私とシルワノとテモテが、あなたがたの間で宣べ伝えた神の子キリスト・イエスは、「然り」と同時に「否」となったような方ではありません。この方においては「然り」だけが実現したのです。神の約束はことごとく、この方において「然り」となったからです。それで、私たちは、この方を通して神に「アーメン」と唱え、栄光を帰するのです。

(コリントの信徒への手紙二 1：19～20〔聖書協会共同訳〕)

23

眠っている間に

私たちは、明日の祝福を勝ち取るために計画を立て、頑張ろうとします。頑張りが報いられることは嬉しいことです。しかし、頑張りだけが明日の扉を開くものであるかのような思いに囚われると、過度のプレッシャーを感じたり、あるいは、頑張れない時には、希望を失ってしまうことになりかねません。

私たちの思いや努力の前に、私たちに祝福を供えてくださっている神がいらっしゃると聖書は語りかけます。私たちが何もできないときも、神の祝福の計画は進むというのです。

今、ご病気で臥せっておられる方々、眠ることしかできない方々もおられることと思います。また進むべき道が閉ざされていると感じておられる方もおられることでしょう。不安になったり、焦る気持ちがやって来ることがあるかもしれません。

しかし、今のこの時は、決して虚しく過ぎ去っていくのではありません。眠っている間になくてはならぬものを備えて、私たちに与えてくださる方がおられるからです。

いつか神の約束の確実さを知る日がやって来ると信じ、祈っています。

主はその愛する者には、眠っている間に、このように備えてくださる。（詩篇127：2）

24 ソーラー電波時計

先日、引き出しの中からソーラー電波時計が「発見」されました。光の全く当たらない暗闇の中に放置され、全く動かなくなっていました。

しかし、光の下に置くと、動き出します。しかも、すぐに電波をキャッチし、正しい時間を指し示します。太陽の光に数時間当てればフル充電となり、しっかり時を刻むようになるのです。

神は、人をご自身の姿に似せてお造りになったと聖書は言います。しかし、暗闇の中に生きる間に、神の姿は忘れ去られ、自分が神によって創造された尊い存在であるということも分からなくなってしまうのです。

暗闇の中で泣いているあなたを探し求めている神がいます。光の下に置いてくださる神がいるのです。眩いイエス様の光に照らされ、止まっていた私たちの時計が動き出す。失われていた時が回復する。神の時を指し示す者、神の時を歩む者とされるのです。

あなたがたは、以前には暗闇でしたが、今は、主に結ばれて光となっています。光の子らしく歩みなさい。（エペソ人への手紙5：8）

25 死に備える

私たちは、いつか必ずこの肉体を脱いで、天に帰らなければなりません。その時が何時かは、誰にもわかりません。

しかし、それが何時であっても、「主様。備えはできております。私はあなたの御許に帰ります。呼び返してくださることを感謝します」と告白できるなら、どんなに幸いなことでしょう。

古代ユダ王国にヒゼキヤという王がいました。彼は、神を熱心に求め、神の御心に従って、偶像崇拝に堕したユダ王国に宗教改革を断行し、完全な心で神に仕えました。アッシリアのセナケリブの脅迫にも屈しなかったのがヒゼキヤです。

しかし、病気になり、預言者イザヤを通して神から死の宣告を受けた時、絶望し、神に延命を求めます。神は、その願いをお聞き届けになりますが、彼が生き延びた残りの15年は、その心は神から離れ、ユダ王国を滅亡に進ませる時となったようです。

その15年の間に生まれたマナセは、ユダ王国最悪の王で、マナセがユダ王国に犯させた罪は、神がその故に国を滅すと断言なさる程のものでした。ヒゼキヤが延命した間、その心は神に向かわず、王家の中に残っていた罪を整理しなかったため、マナセは神に従うことを学ばなかったのではないかと思います。

天地を造られた神が「帰って来い。あなたの家を整理せよ」と声をかけてくださる時が必ず来ます。しかし、それは絶望の宣告ではないのです。私たちを最後に輝かせてくださる時を備えておられるのです。

キリストは言われました。「わたしの父の家には、住まいがたくさんある。……わたしは、あなたがたのために場所を備えに行くのだ」と（ヨハネの福音書14：2～3）。

十字架と復活によって永遠の命の道を私たちのために開いてくださったキリストが私たちを招いてくださっています。私たちもキリストと同じように死に、同じように甦ることができるのだと。絶望してはなりません。

卑しいもので蒔かれ、栄光あるものによみがえらされ、弱いもので蒔かれ、力あるものによみがえらされ、血肉のからだで蒔かれ、御霊に属するからだによみがえらされるのです。（コリント人への手紙第一15：43～44）

26 神様は捨てない

古代イスラエルでは籠はパピルスの茎で作っていました。パピルス職人は、傷のないパピルスだけで籠を作るため、傷があるものを見つけるとすぐに折って捨てていました。傷のないものの中に傷があるものが混ざらないようにするためです。

そのようなパピルス職人の作業を見て、イザヤは預言しました。

「彼は傷んだ葦を折ることなく、くすぶる燈心を消すこともなく……」（イザヤ書42：3）

「彼」とはイエス・キリストを指し示します。そして、「傷んだ葦」は、罪や失敗によって尊い働きができなくなってしまっている者を、また、燃え尽きて煙が出ている燈心は、力尽き、もう何の役にも立たなくなった人を意味します。

私たちは、いろいろな失敗によって、自分が何のために存在しているのか分からなくなることがあります。「どうせ自分なんか」と思うことがあるかもしれません。

しかし、人が見捨てるような、自分でも価値を見出すことができないような者を、キリストは見捨てることはなく、そのような者を用いて、愛と平和と正義をこの地に満たそうとしておられるというのです。

傷のついていない人はいません。誰でも、自分に不安を抱いています。私もそうです。しかし、私たちを癒し、清め、新しくして、尊い働きのために用いてくださる神がおられる。

あなたは神の尊い器なのです。

彼は傷んだ葦を折ることなく、くすぶる燈心を消すこともなく、まことを持って公義をもたらす。彼は衰えず、くじけない。ついには、地に公義を打ち立てる。島々も、その教えを待ち望む。（イザヤ書42：3〜4）

27 思考の及ばないところから

サン・テグジュペリは『星の王子さま』の中で、本当に大切なもの、真実は隠されていて、人の目には見えないと言いました。しかし、大人は目に見えることで人を判断し、それで人を理解できると思っていると。

信仰も同様です。私たちは、キリストが自分の中に住んでくださっていることの意味を十分に理解していないかもしれません。私たちは人生の意味と価値を自分の見えるところによって判断し、キリストさえ自分の判断対象だと思ってしまうからです。

特に、キリスト信仰を与えられた後に人生の苦しみや不条理に陥ると、信仰が分からなくなることがあると思います。「キリストに従って生きようと思ったのは間違いだったのか。神は本当にいるのか。」

人はキリストを自分の思考の中に探そうとします。過去の記憶と今の状態に対する認識の中にキリストを見つけ出そうとし、苦悩します。

しかし、キリストは、私たちの思考の及ばない、もっと深い存在の根源の中に住み、この存在全体を支えてくださっている。

どんなに否定しようとしても否定しきれないお方が、あなたの存在の全てを包み込み、あなたを満たしてくださる時が必ず来る。十字架の血を注ぎ、聖霊に満たしてくださるお方を知る時が来る。このお方と顔と顔を見つめ合うような時が必ず来る。私は、そのことを信じ、あなたのために祈っています。

どうか、私たちの主イエス・キリストの神、栄光の父が、神を知るための知恵と啓示の御霊を、あなたがたに与えてくださいますように。また、あなたがたの心の目がはっきり見えるようになって、神の召により与えられる望みがどのようなものか、聖徒たちが受け継ぐものがどれほど栄光に富んだものか、また、神の大能の力の働きによって私たち信じる者に働く神のすぐれた力が、どれほど絶大なものであるかを、知ることができますように。（エペソ人への手紙1：17〜20）

28

私の弱さの中に

孤独感に心塞がれ、劣等感にさいなまれるとき、
自分の力のなさと閉塞感に襲われるとき、
思うにまかせぬ現状に苛立ち、疲れ果てたとき、
主の御声が聞こえなくなるとき、

なお、主は変わらず語りかけてくださっている。

「お前は、わたしのものだ」と（イザヤ書43：1）。

私の状態にかかわりなく、この私をご自分のものとしてくださっているお方がいるというのです。心燃える時も、心沈む時も、お前は、わたしのものだと。

主様、あなたは、私が劣等感と孤独感に苦しむたびに、私に問いかけてくださいました。心に苦しみがある時、あなたはいつも私に問いかけてくださいました。

「このわたしは、お前には十分ではないのか」と。

主様、あなたの御声を聞く時、全てが変わります。自分でない自分が立ち上がります。これが本当の自分なのでしょうか。

あなたは、私の弱さの中で働いてくださいます。私が強ければ、私が十分であれば、なされることのないあなたの御働きがあります。

私の弱さの中に希望がある。主様、あなたは不思議な方です。

しかし主は、「わたしの恵みはあなたに十分である。わたしの力は弱さのうちに完全に現れるからである」と言われました。ですから私は、キリストの力が私をおおうために、むしろ大いに喜んで自分の弱さを誇りましょう。

（コリント人への手紙第二12：9）

29

ことばを清める

私たちは、心が思うことを口に出して言いますが、逆に、口に出すことによって、漠然と思っていたことが明確に意識されるということもあります。言葉は、単に思考を表現するためのものではなく、思考そのものを形成する働きがあるのです。

私たちが自分の言葉に注意しなければならないのは、人に対する怒りの言葉や悪口、あるいは汚れた言葉を発することによって、その思いが言葉として頭の中に定着し、それが次の悪い思いへと発展していくからです。それが人を汚し、自分を汚します。

言葉を制することは難しいです。しかし、だからこそ、このような思いが言葉となる前に、心の中にイエス様をお迎えすることが必要なのだと思います。

人には見えない私たちの心を治めて、悪に傾かないように導いてくださるイエス様の臨在は、私たちの言葉を清める力があります。

必要な時だけ必要なことを語り、聞く人の徳を高めることができるようになる（エペソ人への手紙4：29）ためには、普段からイエス様に言葉を清めて頂く経験を積まなければならないと私は痛感します。


主よ。私の口に見張りを置き、私のくちびるの戸を守ってください。（詩篇141：3）

30 甘いパン菓子

私は、若い時、単身でパプア・ニューギニアの未開ジャングルに言語調査と伝道に行きました。その時、現地を知る指導教授から「フルーツ缶詰は必須、必ず持って行け」と言われました。現地にはパイナップル、パパイヤ、バナナなどの果物があるのに、何故フルーツ缶詰が必須なのか分からなかったのですが、アドバイスに従い、幾つか持って現地に入りました。

現地に入ると、文化というより、むしろ文明を共有していないことによる相互理解の困難、丸腰で自分を守る術を何も持っていないことから来る不安、栄養不足に陥っているのに食料を盗まれる憤り等で体も心も疲弊しました。

現地の果物はとても美味しかったのですが、果物では心の渇きは癒されませんでした。それでフルーツ缶詰の出番となる訳です。缶詰のフルーツだけでなく、シロップも全部飲み干し、やっと少し落ち着くものを感じました。

2回目に現地に入った時、私はビスケットを持って入りました。毎日1度紅茶を淹れてビスケットを1枚食べる。すると、不思議と心が落ち着くのです。

旧約聖書にエリヤという預言者が登場します。その記録の中に、御使いが彼にパン菓子を与える場面があります。彼は悪魔に心を売った王妃イゼベルが主導するバアル崇拝にただ一人で立ち向かい大勝利を得ますが、怒りに燃えたイゼベルに「必ず殺す」と宣告されると、命からがら逃げ出し、死を願うほど、すっかり力を失ってしまいました。

彼が滝木の下で眠っていると、主の使いが彼のところに甘いパン菓子と水を持ってきて、彼に触り、言います。「起きて食べなさい。」彼がそれを食べて、また眠ると、再び主の使いが現れ、パン菓子と水を与えて言います。「起きて食べなさい。旅の道のりはまだ長いのだから。」

甘いパン菓子だった理由が分かる気がします。甘いパン菓子でなければ、エリヤは立ち上がれなかったのかもしれません。

神様は、私たちに聖書の言葉を与え、聖霊を与えて、生かし導いてくださる方。しかし、疲れ果て、生きる希望も失い、立ち上がれない時、甘いパン菓子で立ち上がらせてくださる方。

疲れ果てて動けなくなった時、甘いパン菓子を一つ食べてみてはどうでしょう。


彼がエニシダの木の下で横になって眠っていると、見よ、一人の御使いが彼に触れ、「起きて食べなさい」と言った。彼が見ると、見よ、彼の頭のところに、焼け石で焼いたパン菓子一つと、水の入った壺があった。彼はそれを食べて飲み、再び横になった。主の使いがもう一度戻って来て彼に触れ、「起きて食べなさい。旅の道のりはまだ長いのだから」と言った。彼は起きて食べ、そして飲んだ。そしてこの食べ物に力を得て、四十日四十夜歩いて、神の山ホレブに着いた。（列王記第一19：5〜8）

31 全ての人を生かすキリスト

私たちは、自分と考え方の違う人と付き合うことが苦手なようです。一方で、人を悪いと決め付けるのは非常に得意です。違っているだけで、悪いと決め付けてしまいます。また、失敗した人を心の中で裁いているのです。

聖書は、本当に人を裁くことができるのは、神様だけだと教えています。しかも、イエス様は十字架にかかって血を流し、全ての人の罪を全て覆い尽くしてくださったのです。そして死から復活なさいました。全ての人を立たせるためです。

人を差別し、裁きたくなる時、その人の背後に、その人のために死んで甦ったイエス様がおられることを忘れないようにしましょう。イエス様は、その人を生かし、お用いになるのです。

そして、差別され、人に裁かれていると感じる時、命をかけてあなたを弁護してくださるイエス様に目を向けましょう。あなたを訴える全ての言葉を退けるために十字架にかかり、甦ったイエス様があなたを立たせてくださるのです。

全ての人を生かすキリストがいる。私を立たせるキリストは、あの人も立たせるお方である。私たちもこの方のお心を自分の心とすることができますように。

他人のしもべをさばくあなたは何者ですか。しもべが立つか倒れるか、それはその主人次第です。しかし、しもべは立ちます。主は、彼を立たせることがおできになるからです。（ローマ人への手紙14：4）

コラム４　言語の独立性

外国語を勉強していて単語の意味は全部知っているし、文法も知っているはずなのに文の意味がはっきりとは分からないということを経験したことはないでしょうか。例えば、次の英語の例を考えてみましょう。

(1)　There was dog all over the street.

(2)　he ham sandwich in the corner wants some more coffee.

これらの文に含まれる単語も構文も中学校で習うものですが、これらの文の意味をすぐに答えられる人は、大学生でもほとんどいません。

(1) については、「There were dogs all over the street の誤りではありませんか」という反応が返ってきます。しかし、英語の母語話者は、少し顔をしかめますが、間違っているとは言いません。顔をしかめるのは、これが気持ち悪い状況を表すからです。「犬の肉、あるいは破片が道いっぱいに広がっていた」という意味をこの文は表します。トラックか何かに轢かれたのでしょう。この文には「肉」とか「破片」という言葉は入っていないのに、どうして英語母語話者はこのように解釈することができるのでしょうか。

また、(2) は、「隅でハムサンドを食べている客がもう少しコーヒーが欲しいそうだ」という意味ですが、ここでも「食べている客」という言葉は出てこないのに、英語母語話者はそのように解釈します。

文の意味は単語の意味を文法に従って組み合わせることによって決まると考えるのが一般的ですが、実際には文の中には種々の意味の隙間があり、母語話者はそれを無意識の計算によって埋め、文に整合的な意味解釈を行っているのです。

これは、次のことを示唆しています。人の頭の中には、整合的な意味を作り出す独立の言語構造が存在し、個々の文に含まれる不完全な情報をその言語構造によって補完し、意味解釈を行っていると。

人間が知り得る知識は、目の前の情報に支配されていません。むしろ、目の前の情報に不足しているものを、脳内の言語構造によって補完して整合的な世界知識を作り出しているのです。

私は本書で何度も「人は状況の奴隷ではない。状況は神の子の尊厳を汚すことはできない」と述べていますが、それは言語という体系性の高い知識構造にも現れた人間の特徴です。人間は状況に依存したものではなく、むしろ状況を解釈し意味を与える主体的で独立したものとして創造されているのです。

366日元気が出る
聖書のことば

11月

November

1　私たちの望み

２０１８年10月初旬の台風25号の暴風で、私の家のバラのアーチが倒れ、バラの木も一緒に倒れました。根は切れ、地表に出ていました。

アーチを立て直し、根を土の中に戻し、バラの蔓は短く切り戻しましたが、根がかなりダメージを受けていたので、駄目かもしれないと思っていました。しかし、その後、新しい芽を出し、瞬く間に枝を伸ばしました。木の生命力の強さに驚かされます。

聖書は言います。「木には望みがある。たとえ切られても、なお新しい力を得、その若枝は絶えることがない。……しかし、人間は死ぬと、倒れたきりだ。人は、息絶えると、どこにいるのか。……あなたが呼んでくだされば、私は答えます」（ヨブ記14章）。

木の望みは、木の中にある命にある。しかし、人の望みは、神だけにあると。死んでしまった者も、神に呼びかけられると命を芽吹かせ、甦る。倒れた者は、神の声を聞いて立ち上がるのだと。

倒れて、自分の力で立ち上がれなくなる時があります。自分の中に希望を見いだすことができなくなる時があります。

しかし、そんな私たちに声をかけてくださる神がいるのです。神の声を聞く時、自分の命ではない命が私たちの中で生き始める。自分の命ではない。この方の声が私たちの望みなのです。

死人が神の子の声を聞く時が来ます。今がその時です。それを聞く者は生きます。（ヨハネの福音書５：25）

2　まだ希望はある

人は、神様がすぐに悪を打ち倒して、愛と平和の支配をこの地に確立し、罪と争いをなくしてくだされば良いと考えます。そうすれば、皆が仲良く、幸せに生きられると。

旧約の預言者も訴えました。「神様、何故あなたは悪がはびこるのを黙って見ていらっしゃるのですか。私たちの苦しみを眺めておられるのですか」（ハバクク書1章）と。

しかし、聖書は言います。神様は、いたずらにその時を遅くしておられるのでも、私たちの苦しみを無視しておられるのでもない。悪者どもが滅びることを望まず、全ての人が神様に立ち帰るのを望んでおられるのだと。

もし、神様が悪をすぐに滅ぼすお方であったなら、私もイエス様に出会う前に滅ぼされていたことでしょう。

「あの人にもまだ希望はある。この人にもまだ希望はある。そして、お前の中にもまだ希望はある」とイエス様は語ってくださっている。

人を裁く心を持っていることを神様の御前に悔いながら、イエス様の忍耐に思いを巡らせよう。イエス様の忍耐がこんな私を救ってくださった。

決して、私は特別ではなかった。私を待ってくださったイエス様、今も待ってくださっているイエス様は、あの人も、この人も、待っておられるに違いない。

主は、ある人たちがおそいと思っているように、その約束のことを遅らせておられるのではありません。かえって、あなたがたに対して忍耐深くあられるのであって、ひとりも滅びることを望まず、すべての人が悔い改めに進むことを望んでおられるのです。

（ペテロの手紙第二3：9）

3 星を見に行こう

私は、最近あまり星を見なくなりました。私が住んでいるところではあまり星が見えないということもありますが、自分の思いが自分と外から入ってくる情報に向いていて、星を見る心を失っているのだと思います。

オーストラリアにいた時、パプア・ニューギニアにいた時、よく星を見ました。若い時、三鷹に住んでいましたが、その時もよく星を見ました。ただ星を見続ける。永遠の神様が自分を見てくださっている。そういう思いに打たれました。

跡継ぎの子が生まれなかったアブラハムも、星を見た時、神様のご臨在に触れ、その全能の力と約束を信じる者となりました。

苦しみに囲まれる時、孤独を感じる時、多くの情報の中で自分を見失う時、神様がお造りになった星を見に行こう。星を見るなら一人が良い。神様と二人きりになれるから。

星屑と言われるものまで、神様はその名で呼んでおられると聖書は言います。

永遠を握っておられるお方がいる。このお方が、私たち一人一人を握ってくださっている。誰一人、忘れられることはありません。

わたしは、あなたの指のわざなる天を見、あなたが設けられた月と星とを見て思います。人は何者なので、これをみ心にとめられるのですか。人の子は何者なので、これを顧みられるのですか。（詩篇8：4〔口語訳〕）

4 仕えるとは

聖書の中に、「僕になる」とか「仕える」という言葉が出てきますが、これらは上の人に命令されたことを「はい」と言って行うことを意味します。当時のイスラエルは身分社会でした。奴隷として使役される人々がいました。

他の人の奴隷になったつもりで、あなたがたは生きなさい、とイエス様は言われました。僕になるとは、自分の思いを持たずに、主人の思いを自分の思いとすることです。それによって主人は生かされるのです。

聖書は言います。イエス様ご自身がそのようにして私たちの僕になってくださったのだと。しかも、ご自分のいのちを私たちの罪の贖いの代価として私たちに与えてくださった。それによって私たちは生きたのだと。

自分の思いを貫くこと、自分の思いを実現することで頭が一杯になってしまっている私たち。それがかなわず、苛々で満たされてしまっています。いつかこの高慢な思いを捨てることができるでしょうか。

私が仕えるべき主人は誰なのか。「あの方に仕えよう。この方の僕となろう」と具体的な人を思い浮かべることができますように。

イエス様の溢れる喜びと愛、力と平安は、謙遜という源から溢れ出ていました。私たちもこの方の謙遜に繋がることができますように。

あなたがたの間で偉くなりたいと思う者は、みなに仕える者になりなさい。あなたがたの間で先頭に立ちたいと思う者は、みなのしもべになりなさい。人の子が、仕えられるためではなく、仕えるために、また多くの人のための贖いの代価として、自分のいのちを与えるために来たのと同じように。（マタイの福音書20：26～28）

5　目に見えないものが見える時

私は若い時、パプア・ニューギニアの奥地、未開ジャングルに言語調査と伝道に行きましたが、最初の時は、毎日のように金を数え、マラリア予防・治療薬の数を数えながら過ごしました。不安と恐れの中、自分で自分を守ろうとする思いが強く、神に自分を委ねることができなかったのです。身の危険を感じることもあり、私は二度と来たくないと思いながらオーストラリアに帰りました。

そんな私を神は導き、委ねるということを教え、また、神の国と神の義を第一に求めるとはどのようなことかを教えるため、私を再びニューギニアの奥地に連れ戻されました。

目に見えない霊の世界が見えるような不思議な奇跡的出来事をとおし、キリストはご自身が今も生きておられることを証明していかれました。

「何を食べようか何を飲もうかと、自分のいのちのことで心配したり、何を着ようかと、自分のからだのことで心配したりするのはやめなさい。」「あなたがたの天の父は、あなたがたにこれらのものが必要なことはご存知なのである。」「神の国と神の義をまず第一に求めよ。そうすれば、これらのものはそれに加えて与えられる。」（マタイの福音書第6章より）

福音書の中でキリストが語られている霊の世界は、確かに実体あるものとして私たちの世界に切り込んでくるのです。

からだの明かりは目〔単数形、霊の目〕です。ですから、あなたの目が健やかなら全身が明るくなりますが、目が悪ければ全身が暗くなります。ですから、もしあなた

のうちにある光が闇なら、その闇はどれほどでしょうか。だれも二人の主人に仕えることはできません。一方を憎んで他方を愛することになるか、一方を重んじて他方を軽んじることになります。あなたがたは神と富とに仕えることはできません。（マタイの福音書6：22～24）

6　神様の宝もの

私たちは、自分で解決することができない問題に取り囲まれ、「何故？」という疑問で頭が満たされてしまうことがあります。「何故、こんな育ち方をしたのか。何故、あんな失敗をしたのか。何故、私は自分の心に反することをやめられないのか。何故、私は自分の望まない私なのか。」

「何故」を問うとき、私たちは、自分の価値を求めて、もがき苦しんでいるのではないでしょうか。

聖書は言います。「主はあなたを選んで、ご自身の宝の民とされた。主はあなたを恋い慕っておられる」（申命記7：6～7）と。

あなたは、小さい存在かもしれない。自分を見ると希望が持てないかもしれない。しかし、あなたは、神様が恋い慕い、ご自分の宝とするほど、価値ある存在だというのです。尊い存在なのだと。あなたは、神様の宝なのだと。

神様はこの宝を用いて、この地に神の国を満たそうと考えておられるのです。私たちがまだ自分では気付いていない存在の目的がある。尊い価値がある。聖書は語りかけます。

わたしの目には、あなたは高価で尊い。

（イザヤ書43：4）

7　神の重大関心事

モーセは、天地を造られた神を次のように紹介しています。

「あなたたちの神、主は神々の中の神、主なる者の中の主、偉大にして勇ましく、畏るべき神、人を偏り見ず、賄

賂を取ることをせず、孤児と寡婦の権利を守り、寄留者を愛して食物と衣服を与えられる。」（申命記10：17～18）

他の神々と比較されるようなものではない、ただ一人の唯一の神、この方が何に重大な関心を寄せておられるかを述べています。

親のいなくなってしまった子ども、夫に先立たれた女性や寄留者、いずれも生産の手段を持たない者たちです。支えられなければ生きていけない者たちの権利を守られる方が、この偉大な畏怖すべき唯一の神だというのです。

彼らを無視するな。彼らを自分の体のように愛せよ。主ご自身が彼らをご自分の体のように愛しておられるからだと。

人は持てる物によって人生の価値を測ろうとします。しかし、人の目には全てを失ったように見える者をご自分の姿に似せて創造し、その無限の価値と尊厳が守られることに最大の関心を寄せておられる方がおられるのです。

主イエスは、「神の国と神の義をまず第一に求めよ」と言われましたが、それは、このような一人一人の尊厳を回復することにあなたの力を注げということです。あなたの手によって神の支配、神の支援がもたらされる人がいるのだと。

自分の思いを満たすことに心が奪われている私たち。

主のお心を自分の心とすることができますように。

父である神の御前できよく汚れのない宗教とは、孤児ややもめたちが困っているときに世話をし、この世の汚れに染まらないよう自分を守ることです。

（ヤコブの手紙1：27）

8　恐れる時も

イスラエルの第二代国王になったダビデは、敵将ゴリアテを信仰の戦いによって打ち倒した英雄でありましたが、一方、命を狙われ、大きな恐れに押しつぶされそうになりながら生きた人でもありました。嫉妬に狂うサウル王に命を狙われ、逃亡生活を続けました。また、王となった後も、息子アブシャロムに追われ、命からがら逃げ出さなければなりませんでした。

ダビデは、「災いを恐れない」と歌いましたが、それは自己を鼓舞する言葉でも、決意の表明でもありませんでした。

「わたしが恐れる時、わたしを支え、守ってくださったのはあなたです。あなたは、わたしが恐れる時の励まし、慰めでした。勇気を与え、歩む力を与えてくださったのはあなたです。神様、あなたがわたしと共にいてくださいました。今も共にいてくださいます」という、神様への応答、告白なのです。

誰も、恐れの感情を自分でコントロールすることはできません。しかし、天におられる神様が御座を離れ、恐れる私たちの側にやって来て、包んでくださる。恐れる心をご自身で満たしてくださる。そのとき、私たちは歌い始めるのです。

たとえ、死の陰の谷を歩むとしても、私はわざわいを恐れません。あなたがわたしと共におられますから。

（詩篇23：4）

9 人生最大の富

私たちは、自分が持っているもので日々の生活をおくり、将来の見通しを立てます。自分が持っているものによって自分の生き方と在り方が規定されるという前提で、生活していると言って良いでしょう。

ですから、人は自分が何を持っているかということに非常に敏感です。多くを持っている人は自分を誇り、少ししか持っていない人は不安になります。

しかし、聖書は、人間が持ち得る最大のものは、金銭や財産、知識や地位ではない、経験でもない、体力や気力でもないというのです。イエス・キリストの御名こそが、人が持ち得る最大の富なのだと。

キリストの弟子に、ペテロという人がいました。この人は、もともと漁師で、無学な普通の人だったと言います。人に分け与えるような金も持っていませんでした。

しかし、この人には不思議な権威がありました。彼は、生まれながら歩けず、彼に金銭の施しを求めた人に言いました。

「金銀は私にはないが、持っているものをあげよう。ナザレのイエス・キリストの名によって、歩きなさい」（使徒言行録3：6）。ペテロがその人の手を取って引き上げると、この人は躍り上がって歩き始めたと言います。

しかし、ペテロはこれを自分の力で行なったのではありませんでした。次のように告白しています。

「イスラエルの人たち。なぜこのことに驚くのですか。また、私たちがまるで自分の力や謙虚さによってこの人を歩かせたかのように、私たちを見つめるのですか。……イエスの名が、その名を冠す信仰のゆえに、あなたがたの見て知っているこの人を強くしました。その名による信仰が、あなたがた一同の前でこの人を完全に癒やしたのです」（同3：12、16）。

聖書は言います。私たちの存在を規定するものは、経済力でも地位でも、学歴でも経験でもないと。イエス・キリストの御名を知っていること、キリストによって与えられる信仰、これが私たちの在り方を決定的に決めるのだと。

イエス・キリストの御名を呼んで祈りましょう。自分の力や努力ではどうすることも出来ない状況に陥ったとき、この方の御名が私たちの切り札となる。

この方に信頼する者は、決して失望させられることがない。（ペテロの手紙第一2：6）

10 愛は分類しない

パウロは、ローマにいるクリスチャンたちに手紙を書きますが、その最後に自分が知っている人全ての名前を挙げて、一人一人に挨拶の言葉を贈ります。

神様は十把一絡げではないからです。神様は、私たち一人一人の名前を呼び、招き、一人一人に個別に対応してくださる方です。この方は、私たち一人一人を創造し、私たち自身よりも、私たち一人一人をよく知ってくださっている方だからです。

人は人を分類したがる。肌の色で、民族で、話す言葉で、そして、宗教で。キリスト教界では、人をクリスチャンか否か、洗礼を受けているか否か、どの教派、教会かで分類しようとします。

しかし、人を分類する時、一人一人の人格や個の尊厳が見えなくなってしまいます。時には切り捨てられる人が出てくることもあります。
しかし、神様は、人を分類なさらない。一人一人の尊さを知っておられる。喜びも悲しみも知ってくださっている。この中にある罪も知ってくださっている。そして、その贖いをしてくださった。
私たちにもお命じになっているのではないでしょうか。この人のところに行け、あの人のところに行け。わたしがあなたがたを愛したように、互いに愛し合いなさいと。

キリスト・イエスにある私の同労者、プリスカとアキラによろしく伝えてください。……キリストに献げられたアジアの初穂である、私の愛するエパイネトによろしく。あなたがたのために非常に労苦したマリアによろしく。私の同胞で私とともに投獄されたアンドロニコとユニアによろしく。二人は使徒たちの間でよく知られており、また私より先にキリストにある者となりました。主にあって私の愛するアンプリアトによろしく。キリストにある私たちの同労者ウルバノと、私の愛するスタキスによろしく。キリストにあって認められているアペレによろしく。アリストブロの家の人々によろしく。私の同胞ヘロディオンによろしく。ナルキソの家の主にある人々によろしく。主にあって労苦している、トリファイナとトリフォサによろしく。主にあって非常に労苦した愛するペルシスによろしく。主にあって選ばれた人ルフォスによろしく。また彼と私の母によろしく。アシンクリト、フレゴン、ヘルメス、パトロバ、ヘルマス、および彼らとともにいる兄弟たちによろしく。フィロロゴとユリア、ネレウスとその姉妹、またオリンパ、および彼らとともにいるすべての聖徒たちによろしく。

（ローマ人への手紙16：3〜15）

11

破れることのない計画

私たちはいろいろな計画を立てますが、それが何を目的としているのかを振り返り、確認することが必要です。自分の思いを実現し、自己の勢力を拡大することを目的としているのか、あるいは、他者に仕え、他者を生かすことを目的としているのか。それによって計画を遂行する上での人との関わり方が変わってきます。

自分の思いを実現し、自己の勢力を拡大することを目的とする人は、他者を信じることができず、策略を巡らすでしょう。そして、疑いと緊張、孤独の中でもがくことになるのです。

しかし、他者に仕え、他者を生かすことを目的とする人は、その人を信じ、その言葉に耳を傾け、深く語り合うでしょう。その時、自分の持っているものの何がその人のために役立つのかを知るようになるのです。

すると、何故自分がこの世に生きているのかが分かるようになって行く。平安と喜びに満たされて生きることができるようになる。仕える者の道にこそ、決して破れることのない神様の計画が実現するのです。

イエス様も、こんな者の数十年にわたる祈りにずっと耳を傾け、こんな者を信じ、親しく語り合ってくださいました。必要を満たし、生かしてくださったのです。

私も、あなたも、今自分が置かれている場所で、仕える者として生きることができますように。


密議をこらさなければ、計画は破れ、多くの助言者によって成功する。……謙遜は栄誉に先立つ。（箴言15：22、33）

12　人生の精錬

純度の高い銀を鉱石から取り出すための技術に、「灰吹法」と呼ばれる製錬法があります。日本では7世紀後半にこの技術が存在していたようですが、旧約聖書の世界では、それよりもさらに千年以上も前からこの方法がよく知られていました。

まず、不純物を含む銀鉱石を一旦、熱して液体となった鉛の中に溶かし込み、銀と鉛の合金を作ります。その合金を骨灰で作った皿の上にのせ、ふいごで空気を送り込みながら加熱します。すると、鉛は空気中の酸素と結合して骨灰の皿の中に落ちて行きますが、純度の高い銀が皿の上に残ります。

鉱石から貴金属である銀を取り出すために、一度卑金属である鉛の中に溶かし込む。そうしないと純粋な銀を取り出すことができないのです。

聖書は言います。人も同じであると。神様は、私たちの内にある不純物を取り除き、純粋な神の子の姿を取り出すために、私たちを人生の苦難の中、卑しめられる状況の中に投げ込まれると言うのです。

しかし、それで終わるのではありません。神様はそのような私たちに聖霊の火を降し、聖霊の風を吹き込まれると。神の子の本質が輝き出す。真に価値あるものが現れるのです。神様はこれを尊い御用のために用いようとしておられる。

苦しみは苦しみのために存在するのではありません。私たちが謙遜と一体となるようにと苦しみの中に溶かし込まれた方は、私たちに聖霊の火を降してくださるお方、聖霊の風を吹き込んでくださるお方。

私たちをいつも見つめ、神の子として完成させようとしておられるお方がいるのです。

神よ。まことに、あなたは私たちを試し、銀を精錬するように、私たちを練られました。あなたは私たちを網に引き入れ、私たちの腰に重荷を負わされました。あなたは、人々に私たちの頭をまたがせ、私たちは、火の中、水の中を通りました。しかし、あなたは私たちを豊かな所へ、導き出してくださいました。（詩篇66：10～12）

13 人の本質を決定するもの

旧約聖書に民数記という書があります。民数記は、出エジプトの後、律法を与えられたイスラエルの民が約束の地に入るのを恐れ、38年間荒野で放浪した記録です。神様の約束を信じることができない不従順な者の失敗と、それを見捨てない神様の忍耐と導きが記されています。

その最初に人口調査について命じられています。兵役に就くことができる20歳以上の男子が一人一人名を呼ばれて、戦士として登録され、自分の働き場が与えられます。

1年前まで奴隷だった者たちが、戦士として登録されたのです。まともな武器も持たず、戦う方法も知らない、恐れに満ちた者たちです。人間的な基準から言えば、戦士などではあり得ません。誰も自分たちが戦えるとは思っていなかったのです。

しかし、神様は、彼らに戦士としての立場をお与えになりました。神様が彼らに代わって戦い、彼らに勝利を与えるおつもりだったからです。

神様は、私たちが弱く、戦い方も知らない者であることを良くご存知です。それでも、私たち一人一人を神の国の戦士、愛の戦士として登録し、「勇士であれ」と呼びかけてくださる。

私たちの本質は、自分についてのイメージによって決まるのではなく、私たちを呼んでくださる方によって決まるのです。「あなたは、神の子だ。あなたはわたしに仕える愛の勇士だ」と語りかけてくださる神様の言葉が私たちの本質となるのです。

確かに恐れはあります。しかし、恐れは、私たちの本質を取り消すことはできません。「恐れるな。わたしが共にいる」と言ってくださる方がそばにいるのです。


イスラエルの全会衆を、氏族ごと、一族ごとに調べ、すべての男子を一人ひとり名を数えて、その頭数を調べよ。あなたとアロンは、イスラエルにおいて、二十歳以上で戦に出ることができる者をすべて、その軍団ごとに登録しなければならない。（民数記1：2〜3）

14 聖なる者として

「聖人」という言葉がありますが、それで日本人が思い浮かべるのは、比叡山千日回峰行など、常人がなし得ない難行苦行を成し遂げた宗教的達人で、人々から礼拝の対象として手を合わせられるほど、修行によって自らの汚れを清めることができた人のことだと思います。

しかし、聖書の中で最初に祭司として任命され、聖なる者とされたアロンは、宗教的達人などからは程遠く、人の言葉に従って偶像を作り、偶像崇拝者のお先棒を担いだことがある人でした。私たちの目から見ても、決して「聖なる人」などとは言えない俗人でした。

しかし神様は、そんなアロンを聖別し、祭司となさるのです。聖書が言う「聖」とは、「他の全てから隔絶された、区別された」という意味です。他の用には決して用いられないものを「聖なるもの」と呼びます。そして、何を「聖」とするかは、神様だけが神様の方法でお決めになるのです。人の基準や努力が入り込む余地が全くないのが、神様が決める「聖」の世界です。

罪深い私たち。精進努力する気力も失い、自らの汚れをどうすることもできずに立ち尽くし、一歩も前に進むことができない私たちです。しかし神様は、そんな私たちを「聖なる者」として受け入れてくださると聖書は言うのです。御子イエス・キリストの十字架の血が私たちに注がれる時、私たちは「聖なる者」とされる。私たちを「聖なる者」とし、そばに呼び、ご自分のために用いてくださる神様がいるのだと。

自分の罪深さや汚れを見つめる目を、十字架のイエス・キリストに向けることができますように。神様には神様の方法がある。


あなたがたも、かつては神から離れ、敵意を抱き、悪い行いの中にありましたが、今は、神が御子の肉のからだにおいて、その死によって、あなたがたをご自分と和解させてくださいました。あなたがたを聖なる者、傷のない者、責められることのない者として御前に立たせるためです。（コロサイ人への手紙1：22〜23）

15 神様に食い下がる

イエス様は愛の方だ、と聖書は言います。しかし、イエス様は、娘の癒しを求めてやって来た外国人の女性の願いをはねつけ、こともあろうに、その娘のことを「子犬」と呼ばれました。イエス様は、「聖なるものを犬に投げてやるな」ともおっしゃっています。

あなただったら、どうするでしょうか。怒って帰ってしまうでしょうか。

しかし、この女性は食い下がります。どんなに低められても、犬と呼ばれても、「聖なるものを与えられる資格はない」と言われても、諦めませんでした。イエス様が憐れんでくださったら、娘は癒されると心から信じていたからです。

「あなた様の食卓から落ちるパン屑の恵みだけで、私の娘は癒されます。あなた様のお力は、それ程偉大なのです。」

イエス様は、この女性の信仰に驚嘆なさいます。そして、その信仰に答え、娘を癒されました。

この後、多くの外国人の群衆がイエス様の癒しを求めて山の上までついてやってきました。イエス様は、イスラエルの人々を癒されたように彼らを癒し、イスラエルの人々にパンと魚を与えられたように、彼らにパンくずではなく、パンと魚を与えられるのです。

パンくずほどの恵みで癒されると告白した女性にお答になったイエス様の恵みは、イスラエルに止まらず、異教徒であった外国の人々をも、溢れるように、同じように満たされました。その同じ恵みが私たちのところにも届いたのです。

食い下がる私たちに答えてくださるお方がいる。諦めてはなりません。答えてくださるお方がいるのです。

しかし、彼女は言った。「主よ。そのとおりです。ただ、小犬でも主人の食卓から落ちるパンくずはいただきます。」そのとき、イエスは彼女に答えて言われた。「女の方、あなたの信仰は立派です。あなたが願うとおりになるように。」すると、彼女の娘はすぐに癒やされた。

（マタイの福音書15：27〜28）

16 神様の直接介入を信じて

イエス様は、「御心が天で行なわれるように、地でも行なってください」と祈るように弟子たちにお教えになりました。天で行なわれる御心とは何か、それをいつも求めながら生活することが大切だと教えておられるのです。

問題の解決のために、あるいは病の癒しのために祈るとき、天で行なわれる御心を求めていると、問題が解決され苦しんでいた人が神様に感謝を捧げている状況や、病で苦しんでいた人が癒され、喜びに満たされて神様に感謝している状況が目の中に浮かぶことがあります。

そのとき、「神様、あなたはこれを望んでおられるのですね。こうしようと思っていらっしゃるのですね。神様、こうしてください」と祈ります。すると、不思議に問題が解決したり、病が癒されるということを幾度も経験させていただきました。

自分の力では絶対に解決することができない問題に神様が直接介入し、解決と癒しを与えてくださることがあるということを、まず知り、それを信じることが大切です。その信じる心に、解決後の姿、癒された姿を見せてくださる。そのとき、私たちはそれを信じて思い切って祈れば良いのです。

神様は、御心を行われます。

まことに、あなたがたに言います。もし、からし種ほどの信仰があるなら、この山に、『ここからあそこに移れ』と言えば移ります。あなたがたにできないことは何もありません。（マタイの福音書17：20）

17 成功の鍵を握るのは？

キリスト宣教が成功するのは、必ずしも語る者が力強く自信に満ちて語っている時だけではないようです。

パウロは、アテネでの伝道に失敗して、意気消沈してコリントに行きました。彼は言っています。「コリントに行ったとき、弱く恐れていた」と。その中で彼が語ったのは、十字架に磔《はりつけ》にされたままのイエス・キリストでした。すると、そこにキリストの御霊が働き、キリストの力が現れたと言います。

力と自信に満ちている時だけ語るのではない。弱さの中で語ること、恐れの中で語ることが許されている。それなら、弱さと恐れを感じる私たちにも、十字架に磔にされたままのキリストを語ることができるかもしれない。

私たちの弱さの中にも、私たちが語りかける人たちの中にも、十字架のキリストから流れ出る血が注がれる。聖霊が働いてくださる。

兄弟たち。私があなたがたのところに行ったとき、私は、すぐれたことばや知恵を用いて神の奥義を宣べ伝えることはしませんでした。なぜなら私は、あなたがたの間で、イエス・キリスト、しかも十字架につけられた（原文の意味は「十字架に磔にされている」）**キリストのほかには、何も知るまいと決心していたからです。あなたがたのところに行ったときの私は、弱く、恐れおののいていました。そして、私のことばと私の宣教は、説得力のある知恵のことばによるものではなく、御霊と御力の現れによるものでした。**

（コリント人への手紙第一2：1〜4）

18 心を満たす言葉、思い浮かべる情景

主イエスは、弟子たちを無銭徒歩伝道に遣わされた時、目標の町に入るまで人に挨拶するなと命じておられる。一つの町に入り、受け入れてくれる家に泊まり、悪霊を追い出し、病気を癒す。しかし、その途中の道では、人と口を聞くなと言うのである。

人と口を聞かず、彼らは誰の声を聞いていたのか？きっと弟子たちは、主イエスが悪霊を追い出すときに使っておられた言葉、病人の癒しのときの言葉、福音を語られる言葉を心の中で繰り返し、その時の情景を目に思い浮かべながら歩いていたに違いない。自分も同じように悪霊を追い出し、病人を癒し、福音を語る姿を思い浮かべながら。

多くの情報が洪水のように押し寄せて来る毎日。恐れと不安が社会を覆い、私たち一人ひとりの心を満たしている今、私たちが心に繰り返す言葉は何か？　私たちが心に思い浮かべる情景は何か？

主イエスはお命じになった。「神の国が近づいた」と言えと。悪霊を追い出し、病人を癒せと。

今こそ、私たちの心が主イエスの言葉で満たされるように。主イエスの業が私たちの業となるように。その情景を思い浮べよう。そして祈ろう。「主よ。こうしてください。これをなさせてください」と。

神の国はここから始まる。

財布も袋も持たず、履き物も履かずに行きなさい。道でだれにもあいさつしてはいけません。

（ルカの福音書10：4）

19 体は分解できない

日本語には「分解」と「解体」という似た言葉がありますが、全体と部分の関係という点で両者には意味の違いがあります。機械のように着脱可能な部品でできてい

るものは、分解することができ、再び組み立てることができます。また、壊れた部品は新しいものに取り替えることができます。

一方、部分と全体が本質的一体性の関係にある場合、分解するとは言えません。「マグロを解体する」とは言いますが、「マグロを分解する」とは言えません。また、解体したものは、再び元の状態に戻すことはできないのです。

体とその部分は本質的一体性の関係にあり、部分を失うと、体は完全ではなくなります。また、悪くなった体の部分を新しいものと取り替えることもできません。

教会はキリストの体であると聖書は言います。これは、私たちの一人が欠けると、キリストの体（＝教会）は完全でなくなるということを意味します。一人一人とイエス様の体は本質的な一体性の関係にあるということです。一人一人は、イエス様にとって、そして互いにとって、欠くことのできない存在なのだと。

今も、教会の中で痛んでいる方々、いろいろな人生の苦しみのため、礼拝の交わりに加わることができなくなっている人たちがいます。中には、祈ることも、聖書を読むこともできなくなっている人もいるかもしれません。

私も、礼拝に行くことも、祈ることも、聖書を読むこともできなくなった時期がありました。しかし、そんな私を愛し、祈り続けてくれていた人がいました。

イエス様は、そんな私をご自分の体の一部として、しっかりと保ってくださっていたのです。そして、時がやって来て、私をもう一度喜びの中に生かすために、いのちを溢れるように注いでくださいました。

やがて、お一人お一人がイエス様のいのちの中に立ち上がる時がやって来る。その時、私も共に立ち上がり、主の前に感謝の賛美を捧げることができるようになる。共に喜びの賛美を捧げる時が来るのです。

今日は、痛みと苦しみの中にある方々を覚え、私も主の前にひれ伏して祈ります。

一つの部分が苦しめば、すべての部分がともに苦しみ、一つの部分が尊ばれれば、すべての部分がともに喜ぶのです。あなたがたはキリストのからだであって、一人ひとりはその部分です。

（コリント人への手紙第一12：26〜27）

20

神様の憩いの場

人は、権力や財力を持つようになると、大きな建物を建てたくなります。神様のために神殿を建てたり、聖堂を建てたりするのも、その思いの表れです。神様は、預言者の口を通して、このことを厳しく戒めておられます。

「天はわたしの王座、地はわたしの足台。わたしのために、あなたがたの建てる家は、いったいどこにあるのか。わたしのいこいの場は、いったいどこにあるのか。これらすべては、わたしの手が造ったもの、これらすべてはわたしのものだ。――主の御告げ。――わたしが目を留める者は、へりくだって心砕かれ、わたしのことばにおののく者だ。」（イザヤ書66：1～2）

神様のために建物を造ることの虚しさが語られています。神様は、そのようなものにお住みにならないと。

神様の住む場所、神様の休み場、憩いの場は、私たち一人一人だと神様はおっしゃっているのです。へりくだって、心砕かれた者、神様のお言葉におののく者だと。

私たちは、自分の休み場、安息の場を神様の中に求めてきました。それは間違ったことではなく、神様も私たちの求めに溢れるように答えてくださいました。

しかし、神様も、私たち一人一人の中にご自身の憩いの場を求めていらっしゃるというのです。この言葉を聞き、私の心はおののきます。震えます。あまりにも罪に汚れ、それに相応しくない自分がここにいるからです。

聖書のいろいろな箇所が頭の中を巡ります。罪を犯して隠れている人を探し求められた神様がいらっしゃいました。教会の交わりの外に締め出され、さまよいつつ、私たちの心のドアを叩いておられるイエス様がおられると聖書は告げます。

私たち一人一人を探し求めている神様がいらっしゃる。私たちをご自身の憩いの場としたいと願っている神様がいらっしゃるのだと。

神である主は、人に呼びかけ、彼に言われた。「あなたはどこにいるのか。」（創世記3：9）

21

預言は神の国を進める

今から、20数年前にアメリカで開催されたキリスト教の大会に参加しました。二日目の昼の集会の最中に、たまたま隣に座った見知らぬアメリカ人女性が急に私に話しかけてきました。

「私には、あなたの手の中に巨大な剣があるのが見える。柄にはダイヤモンドが埋め込まれている。しかし、その剣があまりにも巨大なので、あなたはそれを使うことができない。言うまでもなく、その剣とは神の言葉だ。ただ、イエス様に、あなたの心を集中させよ。」

そして、その人は席を立って、どこかに行ってしまいました。

この人の言葉は、私にとって戒めとなり、それ以来、私は、与えられている賜物と、それを支える人格との関係について考えるようになりました。

その数年後、私は、全く伝道できない状態に陥りました。聖書の言葉を語る賜物が与えられていたことは自覚していました。しかし、人格的な問題のため、それを使うことができないということを身をもって経験することになるのです。

失意の中で、私は聖書の言葉に短いメッセージをつけてインターネットで配信するように導かれました。すると、思いがけず、多くの方々が読んでくださるようになりました。今、共に集まり礼拝を捧げる仲間が与えられています。

このような出来事を聖書は「預言」と言います。単に未来のことを言い当てるということでありません。人の内面に語りかけ、戒め、ある時には倒し、しかし、励まし、人を内側から動かし、立ち上がらせ、やがてそのことをとおして、神様がご計画をお進めになるのです。今も私の人格的な問題がなくなったわけではありません。神様は、生涯にわたる戒めを与えてくださったのです。

主様、今日もあなたの御顔を仰ぎ望みます。

しかし預言する人は、人を育てることばや勧めや慰めを、人に向かって話します。異言を語る人は自らを成長させますが、預言する人は、教会を成長させます。

（コリント人への手紙第一 14：3〜4）

（注）その後私は数名の自称「預言者」にも出会いました。「偽預言者」もいるので注意しなければなりません。

22 共に弱くなるほど愛する

主イエスが私たちにお命じになったことは、互いを自分自身のように愛するということでした。誰か一人でも良い。そのように愛し合う友が与えられることは、神様が私たちに与えてくださる祝福です。

しかし、その祝福には、一緒にいることを喜び楽しむということだけではなく、その人の痛みを自分の痛みとして受け取ることも含まれるのです。

友が弱っていると聞く、そうすると自分自身も弱ってしまうほど心が痛む。友が信仰が分からなくなったと聞く、そうすると気が狂うほどに激しく心がわななく。

このようなことで自分が疲れきってしまうことは賢い生き方ではないかもしれません。

しかし、愛は、共に弱くなるのです。共に弱くなるから、共に強くなれる。共に泣くから、共に笑うことができるのです。

だれかが弱くて、私が弱くない、ということがあるでしょうか。だれかがつまずいていて、私の心が激しく痛まないでおられましょうか。

（コリント人への手紙第二11：29）

23 食べることは祝福 ～収穫感謝に寄せて～

古代ギリシャの哲学者ソクラテスは「生きるために食べよ。食べるために生きるな」と言いました。目的のない人生を送らないようにという戒めとして一定の意味があるようにも思います。

しかし、これは、家族を養い育てるために喜びを感じない仕事に必死で取り組んできた人たち、また、今生きるために仕事を求めている人たちの人生を正当に評価するものでも、希望と力を与えるものでもないと思います。

聖書は言います。「私たちに食べ物をくださる神様がいる」と。「私たちを生かしてくださる神様がいる」と。食べ物を得る力を与えくださる神様がいるのです。

食べ物を得るために生きることは、けっして卑しいことではありません。食べることは生きること。生きることは食べることです。

主イエスは言われました。「わたしの肉はまことの食べ物、わたしの血はまことの飲み物である」と。食べることは生きること、生きることは食べることであることを前提としてこの言葉を語っておられるのです。

自分の人生の価値を見出せず、自分の尊さを見失う時、あなたに食べ物を得る力を与えてくださる神様を見あげよう。神様は、あなたを養い生かそうとしておられる天のお父さんです。

天のお父さんが溢れるように、あなたの必要を満たしてくださいますように。食べものを得る力を与えてくださいますよう、心から祈ります。

あなたは、地を訪れ、水を注ぎ、これを大いに豊かにされます。神の川は水で満ちています。あなたは、こうして地の下ごしらえをし、彼らの穀物を作ってくださいます。地のあぜ溝を水で満たし、そのうねをならし、夕立で地を柔らかにし、その生長を祝福されます。あなたは、その年に、御恵の冠をかぶらせます。あなたの通られた跡にはあぶらが滴っています。荒野の牧場に滴り、もろもろの丘も喜びをまとっています。牧草地は羊の群れをまとい、広やかな平原は穀物を覆《おおい》いとしています。まことに喜び叫び、歌っています。（詩篇65：9〜13）

24 愛は諦めない

イエス・キリストは言われました。「求めよ。そうすれば与えられる。探せ。そうすれば見出す。門を叩け。そうすれば開かれる」と。

しかし、聖書全体を読むと、これは神様が人を求め、探し、人の心の門を叩き続けておられることと呼応した招きであることが分かります。しかも、この双方向の関係は、父と子の関係を前提としているのです。

思い切って求めて大丈夫なのだ。天地を造られた神様もあなたを探し求め、あなたの心の扉を叩き続けておられるのだから。このお方はあなたの天のお父さんなのだからとイエス様は教えておられるのです。

求め、探し、門を叩き続ける者たちに開かれる絶大な霊の祝福の世界がある。それが現実の世界を動かす。イエス様が生きておられた世界を垣間見ることができますように。

求めなさい。そうすれば与えられます。探しなさい。そうすれば見出します。たたきなさい。そうすれば開かれます。だれでも、求める者は受け、探す者は見出し、たたく者には開かれます。あなたがたのうちのだれが、自分の子がパンを求めているのに石を与えるでしょうか。魚を求めているのに、蛇を与えるでしょうか。このように、あなたがたは悪い者であっても、自分の子どもたちには良いものを与えることを知っているのです。それならなおのこと、天におられるあなたがたの父は、ご自分に求める者たちに、良いものを与えてくださらないことがあるでしょうか。(マタイの福音書7：7〜11)

25
旅の仲間

自分が隊長となり、絶対に失敗が許されない、困難な使命を遂行するミッションのチームを作る時、どのような人をメンバーとして選ぶでしょうか。いざという時に自分を見捨てたことがある人や、仲間を絶対に信じない人、すぐに感情的になって理性的な判断ができなくなる人をメンバーに入れたりするでしょうか。

私だったら、そんな人たちを仲間として選んだりはしないと思います。

しかし、キリストは復活してご自分のチームを再結成するとき、そのような人たちを敢えて選び、彼らにご自分のミッションをお委ねになったのです。

ペテロは自分の全存在をかけてキリストを否定して逃げ、絶望の中に自分自身を失っていました。トマスは、復活のキリストに出会った仲間の言葉を絶対に信じない疑い深い人でした。また、マグダラのマリアは、感情豊かな直覚力のある人でしたが、感情に流され、理性的な判断のできない人だったのです。

キリストは、そんな弟子たちを信じ抜かれました。復活したキリストが信じ抜いてくれたから、弟子たちは再び、キリストについて行くことができるようになったのです。

このキリストが今も私たち一人一人を信じ抜いてくださっています。自分で自分に愛想をつかせるような私たちを信じ抜き、私たちをとおして「神の歴史」を綴らせようとしておられるのです。

自分に何ができるだろうと思う私たち。しかし、甦ったキリストは、私たちと共に歩き、私たちが歩けなくなった時には背負って私たちのミッションを完成させてくださる方。自分を見るのではなく、私たちを信じ抜いてくださっているキリストを見上げて歩いて行こう。そして、私たちも旅の仲間を信じて共に歩いて行こう。

あなたがたがわたしを選んだのではなく、わたしがあなたがたを選び、あなたがたを任命しました。それは、あなたがたが行って実を結び、その実が残るようになるため、また、あなたがたがわたしの名によって父に求めるものをすべて、父が与えてくださるようになるためです。

（ヨハネの福音書15：16）

26

手を繋いで歩く

私は10年ほど前、年老いて一人で歩くことが困難になった父を車に乗せ、高速道路を走りました。途中のパーキングで父をトイレに連れて行ったのですが、そこで父と40数年ぶりに手を繋いで歩きました。何とも言えない違和感がありました。

子どもの時は父と手を繋いで歩くのが好きだったはずです。父と手を繋いで歩くことに理由は必要ありませんでした。しかし、今、父が弱ってしまって、私の手を必要としているという理由なしに、父と手を繋ぐことができなくなっているのです。

イエス様は言われました。「子どものように神の国を受け入れる者でなければ、決してそこに入ることはできない」（マルコの福音書10：15）と。

本来は神様と共に歩むこと、神様と手を繋いで歩くということにも理由は必要なかったはずです。ただ神様と一緒にいるのが好きだから一緒にいる、それだけだったはずです。「エノクは神と共に歩んだ」(創世記5：24)。

しかし、大人のクリスチャンは信じるための理由を求めます。罪が赦されるために信じる、天国に行くために信じる……。イエス様との関係が手段になってしまっている。

イエス様は理由なしに愛してくださった。こんな私たちを好きで好きで仕方がないとおっしゃってくださっている。私たちに向かって手を差し伸ばしてくださっています。「さあ、手を繋いで一緒に歩いて行こう」と。

この方がどのようなお方であるのか、あとで分かってくる。繋いでくださっている手が血に染まっていることに気がつく。泣きながら、笑いながら一緒に歩いてくださるお方がいる。躓く私たちを握って離さないお方がいるのです。


人の歩みは主によって確かにされる。主はその人の道を喜ばれる。その人は倒れても、まっさかさまに倒れはしない。主がその手を支えておられるからだ。」

(詩篇37：23〜24)

27 指導者がいなくなる時

パウロは、キリストを伝えたため捕らえられ、牢獄に入れられますが、その中から、エペソにある教会に手紙を書きました。もう二度と顔を見ることができない愛する者たちのために祈ります。

いつも一緒にいることができるなら、いろいろと指導することができるかもしれない。しかし、もう二度と会えないのです。

一人一人の中に住んでくださるイエス様。この方が、内に住み始め、成長させ、奥義を理解できるよう導いてくださる。そして、やがてこの方と同じ姿にまで変えてくださる。

パウロは、イエス様の反対者、迫害者でした。しかし、そんな自分に復活したイエス様が現れ、出会い、内に住み、奥義を知らせて導いてくださったことが、自分の経験に止まらず、福音を聞く全ての人に、共通に与えられる経験となると願い、また信じざるを得ませんでした。

いつか、頼みとしていた指導者はいなくなるからです。

内在のイエス様だけが、永遠に私たちと共にいて、強め、教え、変えて行ってくださる。この方だけに希望があるのです。

どうか父が、その栄光の豊かさに従い、御霊により、力をもって、あなたがたの内なる人を強くしてくださいますように。こうしてキリストが、あなたがたの信仰によって、あなたがたの心のうちに住んでいてくださいますように。また、愛に根ざし、愛に基礎を置いているあなたがたが、すべての聖徒とともに、その広さ、長さ、高さ、深さがどれほどであるかを理解する力を持つようになり、人知をはるかに越えたキリストの愛を知ることができますように。こうして、神ご自身の満ち満ちたさまにまで、あなたがたが満たされますように。

（エペソ人への手紙3：16〜19）

28 痛みは私たちを前進させる

神様の御業は、しばしば私たちにとって不都合なことがらを通して行なわれます。

初代教会時代、エルサレムに限定されていた教会の活動が他の地域に広がって行ったのは、伝道者ステパノの殺害に始まるエルサレム教会に対する激しい迫害によるものでした。

使徒以外のクリスチャンたちはエルサレムから逃れますが、イエス様のことを語りながら巡り歩いたと言います。それによって、イエス様の福音がエルサレムから、イスラエル全土、さらにヨーロッパ世界に広がって行くのです。

今日、私たちにとっても不都合なこと、痛みを伴うことがあるかもしれません。

しかし、イエス様は、私たちの内側から外に向かって働き、ご自身の業をなそうとしておられる。

痛みは、私たちが同じところに留まることを許さない。私たちを前進させるのです。そして、そこにイエス様の業が行なわれて行く。イエス様が私たちと共におられるからです。

その日、エルサレム教会に対する激しい迫害が起こり、

使徒たち以外はみな、ユダヤとサマリヤの諸地方に散らされた。……散らされた人たちは、みことばの福音を伝えながら巡り歩いた。（使徒の働き8：1～4）

29 十字架の上の賛美と希望

イエス・キリストが十字架の苦しみの中で叫ばれた言葉は、詩篇22篇の冒頭の言葉でした。この詩篇は神様から見捨てられたかのような苦しみの言葉に始まりますが、後半は神様の主権と恵みを高らかに歌い上げる、賛美と希望に満ちた言葉で終わります。

「主を恐れる人々よ。主を賛美せよ。ヤコブのすべての末よ。主をあがめよ。イスラエルのすべての末よ。主の前におののけ。まことに、主は悩む者の悩みをさげすむことなく、いとうことなく、御顔を隠されもしなかった」（詩篇22：23～24）。

キリストは、十字架の上でこの賛美の詩を最後まで歌い上げようとなさいましたが、死によって中断させられたのです。学者の中には、キリストは最後までこの詩篇を歌い上げたが、福音書は冒頭部分だけを引用した、と考える人もいます。

まさに最期の最期まで、父なる神様に対する深い信頼に満ちた戦う王、これがキリストの本質でした。

私たちも、神様に見捨てられたかのような苦しみに陥ることがあります。しかし、その中にキリストがやって来られる。共に詩篇22篇を歌ってくださる。

今は、最後まで歌えないかもしれない。賛美と感謝を捧げることは難しいと感じるかもしれません。

しかし、この詩篇の最初の苦しみの言葉をキリストと共に口ずさんだあなたを、神様が見捨てられることがあるでしょうか。キリストが甦えらされたように、あなたも甦らされるのです。キリストと共にこの詩篇を最後まで歌い上げることができるまで、神様はあなたを握り続け、救い続け、完成へと導いてくださるのです。

三時ごろ、イエスは大声で叫ばれた。「エリ、エリ、レマ、サバクタニ。」これは、「わが神、わが神、どうしてわたしをお見捨てになったのですか」という意味である。（マタイの福音書27：46）

30 神は聞いておられた

人生の試練と不条理の中に投げ込まれ呻き苦しむヨブは、神様と直接議論し、苦しみの理由を知りたいと訴え続けます。人との議論の後、ヨブが沈黙した時、神様は直接ヨブにお答えになりました。

「知識もなしに言い分を述べて、摂理を暗くするこの者はだれか」(ヨブ記38：2)。

この言葉は厳しいもののように感じますが、神様は「知識もない言い分」を聞いておられたと語っておられます。ヨブは、自分は神様に無視されていたと思っていました。しかし神様は、「わたしは聞いていた」とお答えになったのです。

その後、神様は、ご自分を紹介していかれます。全てを創造した偉大な神、全てを知っている者、小さな命を守り育てる者、渇いた荒野に雨を降らせる者。

ヨブは、自分が経験している試練と不条理に対する直接的な説明は頂けませんでしたが、この神様の声を聞いた時、自分の中にあった問題の全てが解決したことを知るのです。

試練と不条理の中から私たちが述べ立てる不満の声、嘆きと呻きを聞いてくださっている神様がおられます。この方が、私たちの全てを知ってくださっているのです。全てを知ってくださっていることを知るとき、私たちは立ち上がることができる。このお方の声を聞くからです。

主は嵐の中からヨブに答えられた。「知識もなしに言い分を述べて、摂理を暗くするこの者はだれか。さあ、あなたは勇士のように腰に帯を締めよ。」

(ヨブ記38：1〜3)

366日元気が出る
聖書のことば

12月

December

1 一番大切なこと

私たちは意識的に、あるいは無意識のうちに、物事に対する優先順位をつけていると思います。優先順位が無意識のときは、生活と心に統一性がなく、状況の変化に右往左往することにもなります。一方、優先順位を意識化すると、自分の進む方向がはっきりするので、変化する状況の中でブレることなく判断することができるようになります。

自分にとっての第一の優先事項は何か。そのことを意識することは大切です。これが取りも直さず、「愛する」ということなのです。

中世にキリスト教を日本に最初に伝えたヨーロッパの宣教師たちは、聖書の「愛」という言葉を「大切」と訳しました。「大切」とは、最優先に取り組むべき事柄という意味を持つ言葉でした。

神にとっての最優先事項は、私たち人間なのだ、神は、ご自分のことよりも、私たちのことを最優先に考えておられるのだと言うのです。神がキリストとしてこの地にやって来られ、十字架にかかって血を流されたのは、私たちに命を与えるためだったのだと。そのように、ご自分よりも私たちを第一の優先事項としてくださったのだと。

聖書は問いかけます。私たちが生涯をかけて第一にすべきものは何か。今日、最も大切にすべきものは何かと。

わたしたちが神を愛したのではなく、神がわたしたちを愛して、わたしたちの罪を償ういけにえとして、御子をお遣わしになりました。ここに愛があります。愛する者たち、神がこのようにわたしたちを愛されたのですから、わたしたちも互いに愛し合うべきです。

（ヨハネの第一の手紙4：10〜11）

2 私たちの天の父

「自分が恵まれないのは、神を信じる力が弱いからだ」とか、「信じることができるようになるためにもっと修行しなければ」と思ったり、言われたりする宗教がありま す。

しかし、親子の関係で、もし子どもが「僕のおやつが少ないのは、僕がお父さんをちゃんと信じていないからだ」と思ったり、「お父さんを信じることができるようもっと頑張らなければなりません」と言われたりしたら変だとは思いませんか。

私たちの天の父である本物の神様はそのようなことを人に求めたりはしません。私たちの必要のすべてを知って、それを満たそうとしておられるのです。それが私たちの父なる神様です。

私たちに必要なのは、嬉しいときも、悲しいときも、良いときも、悪いときも、いつも神様に向かって、「天のお父様」「お父さん」と呼びかけつつ、生きることです。

あなたがたの父は、あなたがたが求める前から、あなたがたに必要なものを知っておられるのです。

（マタイの福音書6：8）

3 私たちの王が立ち上がる時

私たちのこの地上の生涯においては、苦しみがなくなることや、誘惑がなくなることはないと思います。次から次に問題がやって来て、疲れ果てたりします。

私たちは一人だと弱い存在です。まどろむこともあります。あの信仰はどこに行ったのかと思うような状態にも陥ることもあります。

しかし、王の王、主の主であるイエス・キリストのそばにいる時、私たちは勇士として立つことができる。この王の権威、この主の尊厳と力と栄光が、私たちを勇者とするからです。悪魔の囁きに打ち勝つものとするのです。

私たちの決心でもない、私たちの信仰でもない、いわんや、私たちの力ではない。ただ、私たちの中に住んでくださっている私たちの王、私たちの主イエス・キリストが立ち上がってくださるとき、私たちも共に立ち上がることができるのです。

主様、立ち上がってください。あなたと共に立ち上がらせてください。どうぞ、この心を満たし、喜びと希望に溢れさせてください。あなたの思いを私の思いとして、今日一日を生きることができますように。あなたが今日なそうとしておられることは何ですか。何をなそうとしておられますか。それを教えてください。それを今日私に行わせてください。

目を覚ましていなさい。堅く信仰に立ちなさい。雄々しく、強くありなさい。（コリント人への手紙第一16：13）

4 神は恵みを減らすことはない

私は、大学生の時、東京で下宿をし、毎月父から送られてくる仕送りで生活していました。父がキリスト教の伝道をしていたため私は小さい時からクリスチャンとして育ちましたが、私は大学3年生の時、信仰を否定して神のいない世界、自分が好き勝手にできる世界で生きようとしました。

父の生き方とその価値観を否定したわけですが、父はそんな私の状況を知りながら、毎月の仕送りを続けてくれました。新学期になると、本を買うようにと、いつもより多めに送ってくれていました。

元気な時も、病気に倒れた時も、信仰に燃えている時も、信仰を捨てた時も、変わらずに仕送りを続けてくれたのです。親として当たり前のことかもしれません。しかし、親だから当たり前なのです。

神様は、私たちが良い時にも悪い時にも、太陽を昇らせ、雨を降らせてくださる。私たちが悪くても、その恵みを決して減らしたりなさらない。天地を造られた神様が、私たちの天の父なのです。

この方が永遠に私たちのことを心に留めてくださる。決して見捨てられることはありません。

［天の］父はご自分の太陽を悪人にも善人にも昇らせ、正しい者にも正しくない者にも雨を降らせてくださるからです。（マタイの福音書5：45）

5 全てに勝る喜び

古代ローマの教父アウグスチヌスが書いた「告白」という本の中に、母モニカの死について述べている部分があります。

イエス様に対する真実の信仰を守り通したモニカでしたが、元気な頃には、自分の遺体は故郷にある夫の墓の隣に葬ってほしいと言っていました。ところが旅先で死の病に倒れた時、故郷の土地に対する執着はなくなっていました。「神様がご存じない土地などない。終わりの時、神様はどの土地からでも私を甦らせてくださる。何も心配することはないのです」と告白しました。

私たちは、自分の力で目に見えるものに対する執着を捨てることは難しいです。自分の目では永遠なるイエス様を見ることはできないでしょう。モニカの心から執着を取り、イエス様だけに目を向けさせたのは、苦しい時、モニカを支え続け、導き、満たし続けたイエス様ご自身でした。

喜びの時も苦しい時も、私たちを支え、導いてくださるイエス様がいる。このお方の愛と慈しみに包まれつつ生きて行くなら、きっと私たちも執着を捨てて行くことができるでしょう。イエス様を見上げる喜びが全てに勝る喜びとなるからです。

イエス様は、溢れるように満たしてくださる。

私たちは、見えるものにではなく、見えないものに目を留めます。見えるものは一時的であり、見えないものは永遠に続くからです。（コリント人への手紙第二4：18）

6 分裂した心を

私たちの心にはいろいろな声が聞こえます。期待と不安、為したいと思うことと恐れで心が揺れることもあるでしょう。あるいは、自分の心が何を欲しているのか分からないほど、忙しさに心が奪われることもあるでしょう。また、痛みや自己嫌悪のために心が動かないということもあります。

多くの声が心の中で聞こえ、心が分裂し、何が本当の自分の願いかが分からない時、私たちの魂は、心が一つになることを求め、喘いでいます。本当の自分の心に出会いたいのです。自分の心が何を本当に求めているかを知りたいのです。

聖書は言います。「みことばの戸が開くと、光が差し込む」（詩篇119：130）。

私たちを創造してくださった神様の言葉を聞く時、この分裂した心に光が差し込む。分裂した心が一つになり、私たちは本当の自分を知るのです。

主よ。あなたの道を私に教えてください。私はあなたの真理のうちを歩みます。私の心を一つにしてください。御名を恐れるように。（詩篇86：11）

7 一人を大切にする

全ての人を自分より優先することはできないかもしれない。しかし、誰か一人の人を自分より優先することはできるかもしれない。全ての人に仕えることはできないかもしれない。しかし、誰か一人の人に仕えることはできるかもしれない。

私たち一人一人に託された一人の人を大切にする。キリストは、それを求めておられるのではないだろうか。

「タラントの譬」で、キリストは預けた一タラントを土に埋めて隠した僕を罰せられた。私は、この一タラントは、一人の人だと理解している。テキスト構造がそれを示唆しているからだ。（譬の後にその解説が続くのは、キリストの他の譬え話にも見られるテキスト構造だ。）

キリストから託されたキリストの宝である一人の人、それは誰か？　私は、その人を土に埋めなかったか？　その人に仕えることができたか？

キリストは言われた。「あなたの隣人をあなた自身のように愛せよ」（マタイの福音書22：39）と。

キリストが与えてくださった隣人がいる。キリストがその中に愛を注いでくださった。この愛に生きよと。

すると、王は彼らに答えます。「まことに、あなたがたに言います。あなたがたが、これらのわたしの兄弟たち、それも最も小さい者たちの一人にしたことは、わたしにしたのです。」（マタイの福音書25：40）

8 神様の修理工場

救われるとは、どういうことでしょうか。コンピュータに例えると分かりやすいかもしれません。

壊れたコンピュータは、本来の機能と能力を発揮することはできません。また、ウイルスに感染したコンピュータは、ネットで繋がっている他のコンピュータに次々にウイルスを拡散し、壊滅的なダメージを与えてしまいます。これを罪というのです。そのままの状態では、捨てるしかありません。

しかし、どんなに壊れたコンピュータでも、またウイルスに感染したコンピュータでも、製造会社の修理工場なら、元どおりに直してくれます。これが救いです。

聖書は言っています。私たちは神様が造られた最高傑作だと。しかし、悪魔の声に耳を傾けた人は、罪を犯して不信感と汚れの中に陥りました。人を傷つけ、また傷つけられ、毒を周囲に撒き散らすような存在になってしまったのです。神様の子、神様の最高傑作としての尊厳を失ってしまったのが人です。

私たちは私たちを造ってくださった神様の修理工場に帰らなければなりません。神様の修理工場、それは、イエス・キリストの血がしたたる十字架の御許です。十字架の血を注がれ、私たちは、本当の自分に帰ることができます。自分の尊さを知り、自分が何のために創造され、何のために生きているのかを知るのです。

神様は今も私たちを待っておられます。「帰って来い」と。

御子イエスの血がすべての罪から私たちをきよめてくださいます。（ヨハネの手紙第一1：7）

9 心は窓

私たちは、心満たされて生きることを望み、心が傷つく時には、これが癒されることを願います。しかし、一方で心ほど粗末に扱われているものもないかもしれません。

聖書は、力の限り見張って心を見守れと言います。それほど尊いものが私たち一人一人の心なのだと。心は神様の世界との間に開いた窓だからです。これを通して私たちは神様を知り、神様の愛を知り、その導きを受けていくことができるのです。

神様の世界との間に開いた窓は、私たちだけのものではありません。それは神様のものでもあります。二つの世界に属しているのです。

神様ご自身が、力の限り見張って、これを守ろうとしておられる。そして私たちにも、力の限り見張って、これを守れと言われる。

神様はそこから私たちに命の水を注ぎ、私たちを潤し、満たし、癒そうとしておられるのです。

心が渇く時、心が疲れる時、そして痛む時、神様はこの窓のそばにおられます。この窓を通して私たちの全存在に光を照らし、ご自身の子としての尊厳に満たそうとしておられるのです。心を粗末にしてはなりません。

力の限り、見張って、あなたの心を見守れ。いのちの泉はこれから湧く。（箴言4：23）

10 死を打ち破る命に

人の命の神秘は、その誕生と成長だけに見られるものではない。その死の時に最も神秘な輝きを放つようにと、神は人の命を創造されたのである。

死を滅び、不吉なものとしたのは、人の罪、悪魔の仕業だ。

キリストは、十字架上で刑死するとき、神の愛の最も強い光を放たれた。ご自分を十字架に釘付けにする者たちの罪の赦しのために祈り続け、まさに命が尽きるとき、「我が神！我が神！」とご自分の信頼する父なる神に向かって叫び、ご自分の霊をお捧げになった。

キリストは、十字架という地獄の苦しみと恥辱の中で、悪魔に勝利なさったのである。

キリストの御霊を注がれた者たちは、まさに死に及んだときに、キリストと同じように「我が神！主様！」と叫び、自分の霊を父なる神に捧げるようになる。

そして父なる神は、キリストを死者の中から甦らせられたように、私たちをも甦らせてくださる。

最期の時こそ、悪魔に勝利する時だ。神は、人をそのように創造なさったのだ。罪という壁が閉ざしていたものを、キリストは打ち破ってくださった。

聖書は言う。「エノクは神と共に歩み、神が彼を取られたので、見えなくなった」(創世記5:26)。

エノクは、死を見ずに天に移されたと言う。エノクは死に勝利したキリストの雛形だ。私たちは、どのように生き、どのような死を迎えるだろうか。エノクのように今日もキリストと共に歩もう。

しかし、それ以上に、キリストが私たちと共に歩んでくださる。私たちにはできないことを、成し遂げてくださった方がいる。私たちを背負ってくださる方がいるのだ。

死よ。おまえのとげはどこにあるのか。よみよ。おまえの針はどこにあるのか。(ホセア書13:14)

11 天国は今、ここに

大抵の日本人は、家族や友達が死んだら「天国に行った」と言います。「天国から見守ってくれる」と言います。しかし、ここで「天国」と言われるものは、一体どのようなものなのでしょう?

死んだ父母や、家族、親しい友人、そういう人たちが、病むことも痛むこともなく、みんな仲良く、いつまでも暮らすところ。そこには、嫌いな人はいない……。

これは、自分の頭が思い浮かべる逃避的な理想、すなわち、空想でしかありません。妄想といっても良い。そんな空想や妄想が人を現実に救う力がないことは明らかです。

聖書が言う「天国」とは、人が死んでから行くところではありません。この地上にやってきて人を救うのが「天国」という言葉で誤解されている「天の支配」、すなわち「神の支配」「神の国」なのです。

そして、この「天の支配」の中に招き入れられ、神との関係の中に生きるようにされた者たちを神は永遠に握ってくださる。天地を造られた神が永遠に私たちの神となってくださるのです。

永遠の命とは、死後の命のことではありません。今ここにある、永遠なるお方との関係を意味するのです。このお方が永遠に私たちの神である。だから私たちも永遠の中に生きるのです。

私たちは妄想の中に生きるのではなく、今、ここにやって来る神の国の現実の中に生きることができますように。

時は満ちた、そして神の王国は近づいた。回心せよ。そして福音の中で信ぜよ。（マルコによる福音書1：15［新約聖書翻訳委員会訳］）

12 一つとなる祈り

私たちは、自分の罪と他の人の罪を分けて考える傾向があります。他の人が罪を犯しても、自分には関係ないと思うし、他の人の罪のために自分が不利益をこうむると、被害者意識を持つようになります。

旧約聖書の預言者ダニエルは、ペルシャに捕囚として連れてこられた人々の子孫で、神を敬い、常に礼拝し、自らを律する者でした。彼自身は、国を滅ぼされなければならないような罪を犯す者ではありませんでしたが、異教の地にあって不自由な信仰生活を送っていました。

しかし、彼は、被害者意識を持つのではなく、それを「私たちの罪」と言って告白しています。先祖たちの罪は自分の罪であるという意識です。

すると、この祈りは天に届き、エルサレム再建の命令がくだされ、神の計画がダニエルに示されます。

人の罪を自分の罪として告白し、赦しを乞う祈りが捧げられる時、神の御手が働くのを聖書の他の箇所にも見ることができます（ネヘミヤ記参照）。

私たちは、罪を犯した人を見たとき、心の中でその人を断罪して終わりにするでしょうか。それとも、「その罪は私の罪です」と告白し、共に祈ろうとするでしょうか。

私たちがお互いのためにこのように祈り始めるとき、きっと神の大きな御手が働くでしょう。癒しと回復の業が始められるでしょう。

主よ。不面目は、あなたに罪を犯した私たちと私たち

の王たち、首長たち、および先祖たちのものです。あわれみと赦しとは、私たちの神、主のものです。これは私たちが神にそむいたからです。（ダニエル書9：8～9）

13 神は必ず決着を付けられる

小中高校でいじめに耐えかねて子どもたちが自ら命を絶つ事件が相次いでいます。校長も教育委員会も真実が明らかにされることを恐れ、自ら動こうとはしません。数年前には子どもたちの悪意によって追いつめられ、先輩教員からも罵倒されて自ら命を絶たざるを得なかった若いクリスチャン教師がいました。

今、大人だけでなく、子どもたちの中にも反逆と悪意が満ちる。大人も子どもも罪の中にある。私は、これらの事件が自殺と扱われることに強い違和感を覚えます。魂の殺人を自殺と言い換える欺瞞《ぎまん》がこの時代を覆っています。

主の日、終わりの日は必ず来る。そのことを全ての人が知らなければなりません。

主が叫ばれる。主が声を出される。苦しめられ、殺される者たち、主が愛される者のために主が叫ばれるのです。

今こそ主に帰る時です。悪魔に心を支配されている者たちが罪を悔い、主の前にひれ伏さなければならない時です。

子どもだからといって主の前に罪が見逃されることはありません。キリストの十字架の血を自分の避け所にするか否か、それだけが救いと滅びを隔てるのです。

悪意によって人を死に追いやった者たちの罪を贖うことができるのは、主イエスの十字架の血だけです。主イエスの十字架の血は、死に追いやられた人たちの霊をも癒し救う。このお方の十字架の血においてのみ完全な赦しと和解が与えられるのです。

罪を悔い、主に帰れ！　そこにしか救いはない！

主はシオンから叫び、エルサレムから声を出される。天も地も震える。だが、主は、その民の避け所、イスラエルの子らのとりでである。（ヨエル書3：16）

14

愛に理由はない

小さな子どもの親に対する認識と信頼には驚くべきものがあります。まさに、神秘な関係、これが親子の関係です。

子どもは親が自分の親であることを信じて疑いません。自分に必要な食物を与え、衣服を着せ、危険から守ってくれる。小さな子どもは、親が自分を体の一部のように愛し保護してくれることを理屈なしに知っています。

大人になると、愛を受け入れ、愛を信じるために、私たちはいろいろな理由を求めます。愛するための理由、愛されるための理由を求めるようになるのです。

神様を信じるための理屈を求める。しかし、愛の理由と理屈を求める時に、愛は死にます。愛は思考の対象ではなく、理由なしに人を生かすいのちだからです。

私たちは、理由と理屈なしに神様に向かって「天のお父様」と呼びかけ生きることができたらどんなに幸いでしょう。理由なしにあなたを愛してくださっている神様の熱い愛を知ることができるようになるでしょう。実在の神様とのいのちの繋がりの中に生かされていくのです。

あなたがたは知りなさい、いったいどれほどの愛を父が私たちに賜って、私たちが神の子と呼ばれるようにしてくれたことか。そしていま現に私たちは神の子なのである。（ヨハネの第一の手紙3：1〔新約聖書翻訳委員会訳〕）

15

光合成の神秘

植物の葉は葉緑体によって光合成を行い、炭水化物（糖）を生成しますが、太陽の光をよりたくさん受ける葉の表のほうが裏よりも多くの糖を生成します。葉の表には葉緑体が多く、裏には少ないため、葉緑体の数と生成される糖の量はほぼ比例すると考えられていました。

ところが東京大学の寺島一郎教授は、光の強さと葉緑体の糖生成能力の関係を調べた約30年前の研究によって、強い光を受け続けた葉緑体は、弱い光を受けたものに比べ、糖の生成能力が高まり、多くの糖を生成するようになるという事実を発見しました。

強い光を受け続けると、葉緑体の数も増えることはそれ以前から知られていましたが、光合成能力そのものが高まるということはそれまで知られていなかったとのことです。（以上、寺島教授のご教示による。）

この自然の神秘は、キリストと私たちの関係と平行的です。

薄暗い光でなく、眩く輝くキリストの光に照らされ続けるとき、私たちの人格の中にキリストの人格が輝き出るようになる。私ではなく、私の中に住んでくださっているキリストが強く大きくなり、周囲の人たちを生かすようになる。

今日もキリストの御顔の光を求め、光の子どもらしく、光の中を歩み続けよう。心うつむく時、罪の誘惑がある時、顔を天に向けて祈ろう。「あなたの御顔の光を照らしてください」と。キリストは御顔の光を照らしてくださる。キリストは言われた。「我は世の光なり」と。

あなたがたは、以前は闇でしたが、今は、主にあって光となりました。光の子どもらしく歩みなさい。光の結ぶ実は、あらゆる善意と正義と真実なのです。

（エペソ人への手紙5：8～9）

16 歯車

大きさの合わない二つの歯車は、どんなに頑張っても噛み合わず、互いの歯を痛めてしまうだけです。しかし、その二つの歯車のあいだにもう一つ、それぞれの歯に合う歯車を入れると、全体として調和のとれた動きと働きをすることができます。

イエス様は、私たちの人間関係の間に入ってくださる歯車です。それぞれの歯の大きさに合わせ、互いの動きに調和を与えてくださいます。一人一人がイエス様と繋がっていれば、お互い歯を痛めることもなく、協力して一つの働きをすることができるでしょう。

私たちに関わる全ての人間関係の中にイエス様をお迎えすることができますように。イエス様が共にいて祝福を満たしてくださいますように。

キリストこそ私たちの平和であり、二つのものを一つにし、隔ての壁を打ち壊し、ご自分の肉において敵意を廃棄された方です。（エペソ人への手紙2：14～15）

17 この愛という実在者

永遠に絶えることがない実在者、ヘ・アガペー（この愛）という言葉でしか表すことができなかった実在者、聖書はこの実在者を指し示す（手島郁郎『聖霊の愛』より）。

私たちは、愛の表現を愛そのものだと勘違いしやすい。寛容であることが愛だ、親切であることが愛だと。確かに、私たちは愛の表現に触れて、助けられ、生きていく勇気を与えられる。しかし、愛の表現は、愛の実体そのものではない。

イエス・キリストの十字架も、愛の究極の表現であった。しかし、イエスの十字架そのものが愛だったのではない。イエスの中に満ちていた「この愛」という実在者が、十字架において自らを現したのである。

私たちを真に生かすのは、愛の表現ではない。愛の実体が私たちを救うのだ。私たちの思考は、愛をその表現においてしか捉えることができない。だから、私たちは愛とは何か、その表現を頭で理解しようとする。

しかし、いのちはいのちによってしか知ることができない。いのちは、いのちによってしか受け取ることはできない。いのちを生かすものはいのちだ。

私たちは、「この愛」の実体に触れたい。「この愛」というのちの実体に満たされたいのだ。その時、私たちの存在のあり方そのものが変わる。私たちも、「この愛」に生きる者となって行くであろう。「この愛」を表現する者となって行くであろう。イエスに似た者とされて行くであろう。

キリストは私たちのために、ご自分のいのちを捨ててくださいました。それによって私たちに愛が分かったのです〔直訳「この愛」を知ったのです〕。ですから、私たちも兄弟のために、いのちを捨てるべきです。

（ヨハネの手紙第一 3：16）

18 私たちは状況の奴隷ではない

無実の罪で捕らえられた人が世の権力者の前に引き出された時、何と言うでしょうか。「私は無実です。早く真実を明らかにし、私を解放してください」と言うのが普通だと思います。

しかし、伝道者パウロは、2年以上も無実の罪で牢獄に繋がれ、鎖で手錠や足かせをかけられた状態でアグリッパ王の前に引き出された時、次のように語りました。「私が神に祈ることは、ただあなただけでなく、きょう、私の話を聞いた人もみな、私のようになってくださることです」(使徒の働き26：29)。

2年以上も牢獄に繋がれていたのに、パウロの中には世の最高権力者も持つことができない内的な輝き、決して取り去ることができない喜びがありました。パウロは言うのです。「王よ。あなたにこの輝き、喜びを知っていただきたい。イエス・キリストに出会っていただきたい」と。

私たちは人生の中で、思いもよらぬ出来事に遭遇することがあります。一方的に人から否定されることがあります。確かに、私たちは傷つき、痛みますが、そのような中にあって、なお湧き上がる喜びと輝きを与える神がいると言うのです。

あなたは状況の奴隷ではありません。尊い神の子です。神の息吹があなたに吹き込まれる時、あなたは立ち上がるのです。キリストが私たちの中に住み始めるからです。

状況は思うようには変わらないかもしれません。しかし、状況はあなたを卑しめることはできません。あなたは、状況よりも尊い存在だからです。あなたは、キリストと共に喜びの道を歩き始めるのです。あなたのために祈っています。

ですから、私たちは落胆しません。たとえ私たちの外なる人は衰えても、内なる人は日々新たにされています。私たちの一時の軽い患難は、それとは比べものにならないほど重い永遠の栄光を私たちにもたらすのです。私たちは、見えるものにではなく、見えないものに目を留めます。見えるものは一時的であり、見えないものは永遠に続くからです。(コリント人への手紙第二4：16～18)

19　みかんのカビはみかんではない

私は、少年時代を長崎で過ごしました。長崎はみかんの産地ですので、私の家ではいつもみかんは箱買いしていました。しかし、少し経つと、みかんにカビが発生します。カビの生えたみかんは、見つけるとすぐに捨てます。他のみかんにカビが移るからです。

カビが生え、腐ってしまったみかん、それは誰でしょう？　それは、神が選んだイスラエル、神が選んだ者たちです。それは、わたしです。あなたはどう思うでしょうか。

カビの生えたみかんを握りしめ、それを捨てない神がいる。カビで腐ったみかんに、「お前は、わたしのしもべだ。わたしのために生きよ。わたしがお前を選んだからだ」と語り続けておられる神がいると聖書は言います。

どんなにカビが生えても、みかんはカビそのものではありません。カビで腐ったみかんを元通りにすることができる全能のお方がいる。このお方が握ってくださっていると言うのです。自分を賤《いや》しめてはなりません。

あなたは、わたしのしもべ。わたしはあなたを選んで捨てなかった。（イザヤ書41：9）

20　最も小さな者たちの中から

イエス様が生まれる七百数十年前に預言者ミカは、ユダのベツレヘムからイスラエルの王、イスラエルの救い主が生まれるとの主の言葉を伝えました。

ユダの氏族の中で最も小さいベツレヘム。そのベツレヘムの中でもさらに卑しめられた、家畜小屋の餌箱、ここにイエス様はやって来られたのです。ここからイエス様の救いの業は始められました。

社会的な力を持った大きな者、家畜小屋の汚れとは関係のない優雅な人々のところではなく、自分の小ささを嘆く者、自分の汚れに絶望する者のところにこそ、イエス様はやって来られたと聖書は言います。

自分の小ささ、自分の汚れに泣く者とは誰でしょう。

私たちの心は家畜の餌箱に劣るかもしれません。雑菌だらけの汚れた心の奥底。しかし、こんな者の中にイエス様はご自分の居場所を見つけてくださったのです。
私たちも、この方を大切にすることができますように。

ベツレヘム・エフラテよ。あなたはユダの氏族の中で最も小さいものだが、あなたのうちから、わたしのために、イスラエルの支配者になる者が出る。その出ることは、昔から、永遠の昔からの定めである。（ミカ書5：2）

21 聖霊の主権

「聖霊」という言葉は一般の言葉ではないので、これを「精霊」と同じと思っている人も多いようです。また、クリスチャンであっても、聖霊の働きを精神世界の中の事柄に限定して考える人が多いように思います。聖霊が三位一体の神であると聞いても、それが物質の世界を支配し、これに介入し、必要とあらば、これをご自身の意のままに動かす方であることを体験として知っている人が少ないからだと思います。

しかし、ルカの福音書を読むと、主イエスの降誕には聖霊が主権者として歴史に介入し、物質世界を動かしておられることが分かります。ルカは「聖霊」「聖霊」「聖霊」と何度も「聖霊」に言及し、主イエス降誕における聖霊の主権を高らかに謳《うた》い上げるのです。

聖霊が物質世界をも動かす方であることは、経験無しに知ることは難しいかもしれません。しかし聖霊は、今も驚くべきことを行われることがあるのです。それによって、ご自身が主権者であることを私たちに知らせようとしておられるのだと思います。私も常識では考えられないような、物質界に働く聖霊の力を経験したことがあります。

私たちは、そのようなことが事実として存在するということを認めることが先ず必要です。自分の頭脳を超えた世界があることを認めるのです。

このクリスマスの時、人間の頭脳の理解を超えた世界から切り込んで来られたキリストに出会うことができますように。天と地が接するような聖霊の働きを経験することができますように。溢れる喜びと湧き上がるいのちに満たされますように。

聖霊があなたの上に臨み、いと高き方の力があなたをおおいます。それゆえ、生まれる子は聖なる者、神の子と呼ばれます。……神にとって不可能なことは何もありません。（ルカの福音書1：35、37）

22 ご自分の民を救うために

元来、人は神と共に歩み、神と語り合う者として創造されました。しかし、人は神と共に歩むことを望まず、神から離れ、神と語り合うことを拒むようになりました。いのちの源である神から離れたら、人は枯れ、滅ぶしかありません。聖書は、これを罪と言います。

しかし神は、こんな者たちを救うために人となり、イエス・キリストとしてやって来られました。聖書はキリストを次のように紹介しています。「この方こそ、ご自分の民をその罪から救う方である」と。

罪から救われたら神の民になる、のではありません。罪深い性質がなくなったら神の民になる、のではないと聖書は言うのです。

私たちをご自分の民として、まず創造し、選んでくださった神がいる。私たちがご自分と共に歩むことを望まず、罪の只中にいるときにさえ、私たちを「わたしの民」と呼んでくださっていた神がいたと言うのです。その神が、罪の只中にある私たちと共に歩み、私たちを救うために、キリストとしてこの地にやって来られたのだと。

罪の痛みの中にあるとき、このことに思いを巡らせましょう。そして、主イエスに向かって語りかけましょう。「イエス様、私はあなたの民です。あなたは私の王です」と。

このクリスマスの時、私たちを「私の民」と呼んでくださる神に出会うことができますように。

マリヤは男の子を産みます。その名をイエスとつけなさい。この方こそ、ご自分の民をその罪から救ってくださる方です。（マタイの福音書1：21）

23 低められた人の一人として

救い主誕生の知らせを最初に受けたのは、住む家もなく、家族もなく、社会的な権利も認められない、貧しく卑しめられていた羊飼いたちでした。

神が人となってこの地に来てくださった。その有様は、この羊飼いたちと同じように、生まれる部屋もなく、餌箱をベッドとし、家畜と共に眠る、低められ、卑しめられた誕生だったのです。

黄金の揺り籠、錦の産着こそふさわしい、王の王、主の主はこのようにして私たちのところにやって来てくださいました。

人は誰でも、自分を高めようとします。そのことで自分の存在の価値を確認しようとし、また、そのための努力が讃えられるこの世の中にあって、一方では低められ、卑しめられ、自分の存在の意味を見失う人々がいるのです。

主イエスは、低められた人の一人としてこの世にやって来られました。その中に、神の国をもたらすためです。低められた一人一人を神の子の尊厳で満たすためです。

人が自分の楽しみを満たそうとするこのクリスマスの時、主イエスの御思いはどこにあるのでしょう。

主イエスは、私たち一人一人、私のため、あなたのため、そして、あの人のために来られたのです。

さて、この土地に、羊飼いたちが、野宿で夜番をしながら羊の群れを見守っていた。……「きょうダビデの町で、あなたがたのために、救い主がお生まれになりました。この方こそ主キリストです。あなたがたは、布にくるまって飼葉おけに寝ておられるみどりごを見つけます。これが、あなたがたのためのしるしです。」

（ルカの福音書2：8～12）

24

自分の居場所を知る

私たちは生きて行く上で様々な問題に遭遇します。その中には、教育や研鑽《けんさん》、成長によって解決できるようになるものもあります。また、他の人の問題を解決してあげられるようになるなら、それは大きな喜びともなります。

しかし、私たちの心の奥底には、自分で解決できない深い悲しみがあります。自分が何者なのか、自分がどこから来て、どこに行くのか、自分は一体どこにいるのかが分からない嘆きです。どんなに高い能力を身につけても、存在の奥底にあるこの悲しみ、嘆きはどうすることもできません。

そんな私たちに聖書は語りかけます。「飼い葉桶(餌箱)の上に寝かせられた神の御子を探しに行きなさい」と。

旅先で客間にはいる場所もなく、生まれてすぐに飼い葉桶に置かれなければならなかった神の子イエス様、この方と出会う時に、神様が自分のそばにいることが分かる。ここが自分の居場所だということが分かる。自分が何者なのかが本当に分かるようになるのです。

神様は、人となってやって来てくださいました。私たちの居場所を作り、私たちが本当の自分を生きることができるようになるためです。

あなたも飼い葉桶に寝ておられるイエス様を探しに行きませんか。

きょうダビデの町で、あなた方のために、救い主がお生まれになりました。この方こそ主キリストです。あなたがたは、布にくるまって飼馬おけにねておられるみどりごを見つけます。これが、あなたがたのためのしるしです。(ルカの福音書2:11～12)

25 贖いの心を知る者たち

イエス様の居場所がなかったこの地上で、救い主の誕生の知らせを受け、イエス様を探しに行った人々がいました。それは、社会的な権利も保障されず、住む家もなく、羊と一緒に生活していたベツレヘムの羊飼いたちでした。

ベツレヘムとその近郊は、エルサレムの神殿で人の罪のための犠牲として捧げられる子羊を育てる場所でした。自分の子どものように大切に育てた子羊たちが、人の罪の犠牲となるために連れられて行く。

ご自分の最愛の独り子イエス様を、全人類の罪の犠牲とするために、この地にお送りになった神様の痛み、悲しみを一番良く知るのがベツレヘムの羊飼いたちだったのかもしれません。

神様は、救い主の誕生を、この痛み、この贖いの心を知る羊飼いたちと分かち合いたいと思われました。そして、生まれたばかりのイエス様のところに彼らをお招きになるのです。

私たちは、このベツレヘムの羊飼いたちのようではないかもしれません。しかし、神様は、私たちもこの贖いの心を知るものとなるようにと、飼い葉桶のイエス様の周りに招いてくださっていると思います。

私たちも飼い葉桶の上の救い主を探しに行きましょう。主は、あなたの心の中の飼い葉桶に寝ておられます。

御使いたちが彼らから離れて天に帰ったとき、羊飼いたちは話し合った。「さあ、ベツレヘムまで行って、主が私たちに知らせてくださったこの出来事を見届けて来よう。」そして急いで行って、マリアとヨセフと、飼葉桶に寝ているみどりごを捜し当てた。

(ルカの福音書2:15〜16)

26

神から直接の導きを与えられる人生へ

主イエスがエルサレムに近いベツレヘムでお生まれになって、暫くたった時、メソポタミアの占星術師たちが幼子の主イエスを礼拝するためにやってきました。彼らは異教徒でしたが、不思議な星の出現によりユダヤ人に新たな王が生まれたことを悟り、その星に導かれてユダヤまでやって来たのでした。

しかし、そこで彼らは星を見失います。常識に囚われ、王は王宮にいると思い込んだからです。そして、狂気の殺戮者《さつりくしゃ》ヘロデ王のところに行ってしまうのです。彼らはヘロデに言いくるめられて、知らず知らずのうちにヘロデのスパイに仕立て上げられてしまいます。しかし、東方で見た星が彼らを先導し、ついに幼子を捜しあてることができました。

彼らは主イエスに捧げ物をし、礼拝します。しかし、このことが彼らの人生を変えることになるのです。彼らは不思議な夢を見、ヘロデのところに帰るなとの示しを受け、別の道をとおって自分のところに帰って行きました。

自分の判断に頼って神の導きを見失い、悪魔の術策に陥ってしまった者が、主イエスを礼拝することをとおして、神の導きの道を歩む者と変えられる。悪魔の道を離れ、命の道を歩む者と変えられるのです。

主イエスを礼拝する、これは、私たちの存在のあり方を根本から造り変える出来事です。主イエスが私たちの王となるからです。私たちの王は、私たちを悪魔の落とし穴から救い出し、命の道へと導いてくださる。王と同じ道を歩む者へと導いてくださるのです。


そしてその家にはいって、母マリヤとともにおられる幼子を見、ひれ伏して礼拝した。そして、宝の箱をあけて、黄金、乳香、没薬を贈り物として献げた。彼らは夢で、ヘロデのところへ戻るなと警告されたので、別の道から自分の国へ帰って行った。

（マタイの福音書2：11〜12）

27 神から生まれ神に帰るために

人のアイデンティティは、自分が誰の子どもであるかということがその基礎となります。ですから、親が罪を犯した結果生まれた子どもや、誰かが罪を犯されなければ生まれるはずがなかった子どもは、自分の存在の正当性を疑い、自己分裂と自己否定に陥ってしまうのです。

マタイの福音書の冒頭には、イエス・キリストの系図が掲げられていますが、この中には、親が罪を犯さなければ存在するはずがなかった人たちの名前が含まれています。

もし、人の本質が先祖から続く血の中にあるのであれば、誰が自分の存在を正当なものであると胸を張ることができるでしょうか。

土から出て土に帰り、滅んでしまう私たち人間を、神から出て神に帰る存在へと本質的に新しく造り変えるためにキリストは来られました。キリストの血を注がれ、この方と一体とされる時、先祖の血を自分の本質とする私たちがキリストの血を自分の本質とする者へと生まれ変わるのです。

私自身も、祖父が岩本の家を壊滅させるような罪を犯さなければ生まれることはありませんでした。また、アメリカが長崎に原爆を投下し、一度に7万人に上る人たちを殺すという大罪を犯すことがなければ、私は生まれることはなかったのです。(詳しくは、本書8月10日参照。)

私は、この事実に思い至った時、絶望しました。人の罪を指弾し、原爆を糾弾すればするほど、自分自身の存在を否定することになるのです。そんな自己分裂と自己否定の苦しみの中で絶望していた私のところに、イエス・キリストはやって来てくださり、聖霊を注ぎ、十字架の血を注ぎ、私を十字架に接木してくださいました。私は、キリストの血、聖霊によってキリストのものとされ、新しく生まれ変わったのです。

全ての人に御自身の血を注いでくださるキリストがいます。神にあるアイデンティティを与えてくださるキリストがいるのです。あなたも新しく生まれ変わることができるのです。

イエスは答えられた。「まことに、まことに、あなたに言います。人は、新しく生まれなければ、神の国を見ることはできません。……肉によって生まれた者は肉です。御霊によって生まれた者は霊です。」

(ヨハネの福音書3:3、6)

その後、わたしはすべての人にわたしの霊を注ぐ。あなたがたの息子や娘は預言し、老人は夢を見、青年は幻を見る。その日わたしは、男奴隷にも女奴隷にもわたしの霊を注ぐ。(ヨエル書2:28~29)

28 自分ではなく、神を信じて

人生の大舞台に立つ時、人生を左右するような試験を受ける時、私たちの心は失敗を恐れ、足はすくみます。そんな時、よく聞く言葉が「自分を信じて」というものです。これまで自分は必死で努力して来た。努力は人を裏切らない。だからそれを信じて思い切り力を発揮すれば良い。結果はおのずからついて来る、と。

しかし、私たちは本当に自分を信じることができるでしょうか。足がすくんで一歩を踏み出すことを恐れる自

分をどうすれば信じることができるというのでしょう。

長野オリンピックの親善大使となったジャネット・リンさんは、札幌オリンピックの時、「銀盤の妖精」と呼ばれた人で、55歳以上の人なら、知らない人はいないと思います。

彼女は、フィギュアスケートのアメリカ代表として、金メダルだけを目指して、小さいときから必死で努力してきました。しかし、規定（昔はショートプログラムはなかった）の失敗が大きく、フリーでどんなに良い演技をしても、決して金メダルには届かないことが決まりました。彼女は、宿舎で泣きじゃくりますが、小さい時からそうして来たように、夜、祈りの時を持ちます。

祈っているうちに平安がやって来ました。「自分の中で最善を尽くし、あとは神様にお任せしよう。」翌日のフリーでは、簡単なはずのスピンで尻もちをついてしまいます。しかし、そこでニコリと笑顔がこぼれました。彼女の中にはイエス様の喜びが満ちていたのです。その笑顔に日本中が喜びに湧き、心をつかまれました。

彼女は自分ではなく、神様を信じました。彼女はこう言っています。「愛情、厚遇、栄誉。金メダルはもらえなかったけれど、代わりにもっと大切なものを日本で手にしました（『朝日新聞』１９９６年12月9日）。」彼女は、その後、キリスト教の宣教師となり、イエス様の愛を伝える人となっていきます。

私たちは自分を信じることができなくても良いのです。恐れることはあるでしょう。自分に失望することもあるかもしれません。しかし、イエス様が私たちを愛し、私たちの人生を握ってくださっているのです。この方を信じれば良い。この方にお任せしよう。尻もちをつくことはあるかもしれません。しかし、それも神様が最善の御手の中に握り祝福し、ご自身の目的のために用いてくださるのです。

神を信じる人々、すなわち、神のご計画に従って召された人々のためには、すべてのことがともに働いて益となることを、私たちは知っています。

（ローマ人への手紙8：28）

29 私は誰のもの？

私たちは自分の生涯を自分の思い通りに生きたいと思います。しかし、自分のものだと思う自分の生涯が、案外自分の思い通りにはならないのです。

生まれる日を決めることができず、両親を選ぶことも、性別や名前を自分で選ぶこともできませんでした。自分の性格や生まれ持った能力を選ぶこともできません。そして、死ぬ日を選ぶことも普通はできないのです。

家具や車なら、自分の好きな物を選び、好きなように変えられるのに、自分自身は選ぶことも変えることもできない。自分が自分の所有物ではないからです。

聖書の中に「主のために生き、主のために死ぬ」という言葉がありますが、これは宣教のために生涯を捧げたり、殉教するということを意味するのではありません。何をしていても、何もできなくても、死ぬ時でさえ、自分は主のものだということを知ることを意味するのです。

イエス様のものはイエス様がお守りになります。

私たちの中でだれひとりとして、自分のために生きている者はなく、また自分のために死ぬ者もありません。もし生きるなら、主のために生き、もし死ぬなら、主のために死ぬのです。ですから、生きるにしても、死ぬにしても、私たちは主のものです。

（ローマ人への手紙14：7～8）

30 食物を与える神

この年も終わりが近づいてきました。この年は、お一人お一人にとってどのような年だったでしょうか。大きな変化を経験した方も、そうでない方もおられることでしょう。喜び一杯という方も、喜びよりも苦しみのほうが多かったという方もおられるかもしれません。

私たちは、今日、一年を振り返るにあたり、一つ一つの出来事の背後に神様が恵みの備えをしてくださったことを覚えたいと思います。

苦しい時も悲しい時も、私たちに食物を備えてくださった方がおられました。喜びの時だけでなく、悲しみの時も、私たちは食べてきました。食べることを感謝できないような時でさえ、神様は、私たちに食物を備え、いのちを与えてくださったのです。

私たちに今日の食事を与えるために、太陽を昇らせ、雨を降らせて生命を育て、野を耕す人を助け、流通に従事する人を守られた方がおられました。神様は、その一つ一つに働きかけ、全体に調和を与えられたのです。

全ての背後に神様の働きがある。今仮に苦しいことがあったとしても、神様は忘れておられない。

この年にあった全てのことを神様は覚え、全てのことを働かせて益とするために、多くのことを備えてくださっているのです。

神様にこの年の感謝を捧げましょう。来る年も、永遠に共にいてくださるイエス様を誉め讃えることができますように。

誰が烏のために餌を置いてやるのか。その雛が神に向かって鳴き、食べ物を求めて迷い出るとき。

(ヨブ記38：41)

31 記憶

睡眠は、私たちの生活のリズムを形作る最も重要な部分となっています。質の良い十分な睡眠が取れないと、健康や生活の様々な部分に悪影響が出てきます。

最近の睡眠研究によると、睡眠は長期記憶の形成に重要な役割を果たしているということです。長期記憶とは、覚えてもすぐに忘れて行く短期記憶とは違って、安定した記憶として脳内に保存され、私たちの人格を形成して行くものです。

睡眠中、脳は休眠しているわけではなく、一日の間に起こった様々な出来事を整理し、長期記憶として保存すべきものと、記憶から消し去るものを仕分けしていると言います。嫌なことがあっても、次の日の朝、さっぱりした気持ちで目覚めることができるのは、嫌なことを経験して作られた脳神経の連結が弱くなるからです。逆に、良い経験の記憶が睡眠中に強められ、長期記憶として残されるなら、それは素晴らしいことだとは思いませんか。

しかし、私たちは、睡眠中に自分の脳をコントロールすることはできません。どのような経験が長期記憶として残るかは、私たちの力の及ばないところで行なわれているのです。

神様は、昼と夜を造り、夜眠るものとして私たちを創造してくださいました。それは、私たちが夜眠っている間に、ご自身の御手を私たちの頭に置くためではなかったでしょうか。痛みや恐れの記憶を取り去り、喜びと祝福の記憶で私たちを満たそうとするお方がいる。このお方が、私たちが眠っている間に私たちを訪れてくださるのです。

この一年、長く記憶に残したいと思う出来事も、忘れてしまいたいと思う出来事もあったと思います。眠るとき、その全てを神様にお委ねしてみませんか。私たちが眠っているときに、私たちを訪れ、御手を置いてくださる神様を深く知ることができますように。

夕暮れには涙が宿っても、朝明けには喜びの叫びがある。（詩篇30：5）

岩本遠億（いわもと・えのく）

1959年名古屋生まれ。東京学芸大学、国際基督教大学大学院を経て、オーストラリア国立大学博士課程修了。言語学博士。神田外語大学大学院言語科学研究科教授。キリストの平和教会牧師。1988年〜1989年、1990年パプア・ニューギニア伝道。2001年イエス・キリスト教会(単立)の牧師に任職される。2003年11月よりミッション・エイド・フェローシップ聖書教師。2006年8月「キリストの平和教会」を立ち上げる。

著書:『元気の出る聖書のことば　神さまの宝もの』（いのちのことば社、2009年）、『元気の出る聖書のことば　神さまは見捨てない』（いのちのことば社、2010年）、『Linguistics: In Search of the Human Mind』［編］（開拓社、1999年）、『事象アスペクト論』（開拓社、2008年）、『366日元気が出る聖書のことば　あなたはひとりではない』（2020年）、『聖霊の上昇気流　神は見捨てなかった』（2022年）、『神はあなたの真の願いに答える ―― ルカの福音書説教集1』（2023年）、『聖霊は愛を完成する ―― ルカの福音書説教集2』（2024年、以上ヨベル）他。

e-mail：enoch.iwamoto@gmail.com

366日元気が出る聖書のことば　あなたはひとりではない

2020年10月8日 初版発行　　2024年12月16日 8版発行

著　者 − 岩本遠億
発行者 − 安田正人
発行所 − 株式会社ヨベル　*YOBEL, Inc.*
〒113-0033 東京都文京区本郷4−1−1　菊花ビル5F
TEL03-3818-4851　FAX03-3818-4858
e-mail：info@yobel. co. jp

装　幀 − ロゴスデザイン：長尾 優
表紙&本文カット − 森住ゆき
印　刷 − 中央精版印刷株式会社

定価は表紙に表示してあります。
本書の無断複写（コピー）は著作権法上での例外を除き、禁じられています。
落丁本・乱丁本は小社宛にお送りください。送料小社負担にてお取り替えいたします。

配給元 − 日本キリスト教書販売株式会社（日キ販）
〒112 - 0014　東京都文京区関口1-44-4　宗屋関口ビル
Tel 03-3260-5670　Fax 03-3260-5637

© 岩本遠億, 2020, 2024
ISBN978-4-909871-19-0 C0016
聖書 新改訳2017©2017 新日本聖書刊行会　許諾番号4-2-734号